KB142143

일본이 온다

일본의 부상, 한국 경제의 위기

일본이 온다

김현철
(서울대 국제대학원 원장)

차례

일본의 새로운 대외 팽창과
한국 경제의 미래

일본 유학 시절, 버스 뒤에 부착된 재미난 교통안전 표어를 본 적이 있다. "작은 일본에서 너무 서두르지 맙시다"라는 표어였다. 뒤따라오는 운전자들에게 지나치게 서두르지 말라는 뜻이었는데, 당시 나는 일본이 작다는 표현이 이해되지 않았다. 일본은 생각보다 큰 나라. 국토면적만 보더라도 한국의 4배쯤 된다. 프랑스보다는 조금 작지만 영국이나 이탈리아, 독일보다 크다. 홋카이도부터 오키나와까지 다양한 기후지대를 가지고 있으니 분단된 나라에서 유학 간 나에게 이 표현은 매우 이상했다.

　하지만 10여 년을 일본에서 연구하고 생활하다 보니 이 '작다'는 표현이 일본인들의 일반적인 인식일 수도 있겠다는 생각이 들었다. 실제 국토는 크지만 일본인들은 자국을 '작은 섬나라'로 인식하고 있고, 그 안에서 다 같이 질서를 지키며 살자는 생활의 지혜를 이 교통 표어에 담았던 것이다.

문제는 이러한 인식을 가진 나라가 한 번씩 대국을 꿈꾸며 해외로 팽창할 때마다 동아시아는 물론 세계 전체를 흔들어 놓았다는 사실이다. 첫 번째가 임진왜란이었다. 전국시대를 통일한 도요토미 히데요시는 조총이라는 최신식 무기와 다양한 전투 경험으로 조선을 침략했다. 이 침략은 조선의 관군과 의병, 명나라의 저항 등으로 패퇴했지만, 일본의 첫 해외 출병은 동북아를 흔들어 놓았다.

두 번째는 19세기 말과 20세기 초의 대륙 침략과 태평양전쟁이었다. 이번에는 대아시아주의를 표방하며 조선을 강제로 병탄한 뒤 중국과 아시아 여러 나라를 침략했다. 급기야 미국을 상대로 태평양전쟁을 일으켜 참담하게 패했지만 전 세계에 끼친 피해는 엄청났다.

그 후 잠잠하던 일본이 2012년경부터 또다시 팽창하기 시작했다. 군사대국을 꿈꾸며 지구본 전체를 조감하는 외교전략을 구사한 것이 세 번째 팽창에 해당한다. 일본은 먼저 인도·태평양 전략을 만들어 굴기하는 중국을 봉쇄하려고 했다. 혼자 힘으로는 한계가 있어 이번에는 미국을 적극적으로 끌어들였다. 여기에 미국이 호응해 일본의 세 번째 팽창은 미중 패권경쟁으로 비화하는 중이다. 그 결과 전 세계는 대혼란에 빠졌으며 특히 한국은 이 세 번째 팽창의 무대이자 직접적인 피해국이 되고 있다.

왜 이렇게 된 것일까? 잠잠하던 일본은 왜 갑자기 대국 외교를 꿈꿀까? 미국은 왜 일본에 동조할까? 한국은 미중 패권경쟁 속에서 어떤 입장을 취해야 할까? 한국 경제는 어떤 영향을 받고, 앞으로 어떻게 될까? 질문은 꼬리에 꼬리를 문다.

미중 패권경쟁의 시작점에 서서

2017년 6월, 청와대 경제보좌관으로 발령을 받았다. 청와대 인선이 막 시작된 시기여서 정책실에는 정책실장과 사회수석밖에 없었다. 하지만 대통령의 미국 순방과 유럽 순방이 코앞으로 다가와 있었다. 특히 트럼프 대통령과의 정상회담은 새 정부에 굉장히 중요한 회담인데도 불구하고 이 회담을 준비할 경제수석이 아직 임명되지 않았다. 하는 수 없이 내가 경제수석실 산하 비서관들을 모아 정상회담을 준비했다.*

대부분의 정상회담은 안보와 경제 이슈가 핵심이다. 그중 경제 이슈는 청와대 정책실이 준비한다. 그 자료를 외교수석이 검토해 안보와 경제의 통합안을 만들면, 비서실장 주재의 검토회의를 여러 차례 한 후 최종적으로 안건이 준비된다.

많은 국민은 정상회담의 메인 이슈가 '안보와 외교'라고 생각하는 듯하다. 물론 미국이나 중국 같은 소위 강대국과의 정상회담은 안보와 외교 이슈가 중요하다. 하지만 그런 회담에서도 경제 이슈는 대단히 중요하다. 우리나라는 세계적인 통상국가이기 때문에 국가 간 통상문제나 대외경제 이슈가 대통령의 핵심 과업이다.

워싱턴 한미 정상회담과 함부르크 G7 정상회담을 마치고 귀국했지만 러시아, 일본, 중국 등 다른 주요국 정상회담이 줄줄이 기다리고 있었다. 그중 가장 인상 깊었던 회담이 시진핑 주석과의 정상회담이었다.

2017년 12월에 열린 한중 정상회담은 시작 전부터 이슈가 많았다. 성주에 배치된 사드 때문에 중국에 진출한 한국 기업들이 엄청난 타격을 입고 있었다. 한국 정부는 이것을 정상화하는 문제가 가장 시급했고, 회담의 성패 역시 거기에 달려 있었다.

하지만 정상회담 첫머리에 시진핑 주석은 일본 이야기를 먼

---

*   경제보좌관은 말 그대로 대통령의 경제문제를 보좌하는 자리에 불과하다. 대한민국 경제 전반을 관장하고 정상회담을 준비하는 일은 경제수석이 맡는다.

저 꺼냈다. 한국과의 정상회담에서 일본 이야기를 먼저 꺼낸다? 그 자체도 대단히 이례적이었지만, 그 발언의 강도가 세서 많이들 놀랐다. 그런데 일본 전문가인 나에게 이것은 새로운 발견이었다. 중국이 일본과 계속해서 대립하는 관계였기에 한국과의 정상회담 에서조차 일본 문제를 꺼내 들었다는 사실은, 앞으로 중일 관계가 더 악화되고 살벌해질 것임을 예고하는 것이었기 때문이다.

당시 일본은 2017년 1월에 취임한 도널드 트럼프 미국 전 대 통령을 집요하게 설득해 그해 11월에 열린 미일 정상회담에서 '자 유롭고 개방된 인도·태평양'을 양국 공동 외교전략으로 추진하기 로 합의했다. 이것은 지금까지 아시아에서만 서로 대립하던 중일 관계가 미중 패권경쟁으로 옮아가는 시작점이 되었다. 그러니 바 로 그 직후에 열린 한중 정상회담에서 시진핑 주석은 작심하고 일 본을 비난했다.

역사의 전개는 다양한 요소에 의해 바뀌지만, 2017년 연말의 한중 정상회담은 커다란 역사적 변곡점이었다. 그다음 해 트럼프 대통령은 중국으로부터 수입해오는 물품에 대해 고율의 관세를 부과하며 무역전쟁을 시작했다. 그리고 같은 해 하와이 '태평양사 령부'의 이름을 '인도·태평양사령부'로 바꾸며 군사적 대결을 더욱 노골화했다.

일본은 왜 세 번째 팽창을 꿈꾸나?

2년 가까운 짧은 경험이었지만, 청와대에서의 하루하루는 한반도와 세계가 요동치는 것을 생생히 느낀 최전선의 경험 그 자체였다. 그리고 그곳에서 학교 연구실에서는 접할 수 없었던 새로운 세계를 보았다. 그 세계의 일부를 이 책에서 공유하고자 한다.

이 책은 한국과 일본의 경제 상황을 면밀하게 분석하는 것부터 논의를 시작한다. 그 속에서 일본이 왜 다시 대외 팽창을 시도하게 되었는지, 한국은 그에 대항할 수 있는 충분한 체력을 비축했는지 알아볼 것이다.

1부 '일본이라는 거울'에서는 지난 30년의 일본 경제를 뒤돌아보고, 일본이 왜 장기침체에 빠지게 되었는지, 특히 경제의 발목을 잡은 정치의 문제점을 알아본다. 2부 '기적을 만든 한국'에서는 같은 기간에 일본을 추격하던 한국이 세계화와 디지털화를 통해 어떻게 일본을 따라잡았는지 살펴본다. 3부 '일본의 새로운 대외 팽창'에서는 일본이 왜 인태전략으로 중국을 봉쇄하려는지, 그리고 그 와중에 왜 한국에 수출 보복을 감행했는지 살펴본다. 4부 '한국이 선택할 미래'에서는 판을 흔드는 일본의 전략에 휩쓸리지 않기 위해서 한국이 어떠한 세계 전략과 내수 전략을 가지고 대응해야 하는지를 제안한다.

이처럼 일본의 움직임을 그 어느 때보다 면밀하게 연구하고 철저히 대비해야 할 시기에, 유감스럽게도 현실은 거꾸로 가고 있다. 한국 정부가 일본이 그려 놓은 시나리오대로 움직이고 있고, 그 결과 지금 한국 경제는 예상 경로를 빠르게 벗어나고 있다. 책의 마지막 장에서는 그 근본적인 이유와 해법을 알아본다.

일본에서 교수 생활을 하다가 서울대로 부임한 뒤에 가장 먼저 한 일 중 하나가 서울대에 일본연구소를 설립하는 일이었다. 일본은 꼼꼼하고 치밀하게 대한對韓 전략을 준비하는데 우리는 그런 연구조차 유행을 따라 가기 때문이다. 일본이 유행하면 일본으로 쫓아가고 중국이 유행하면 중국으로 몰려간다. 이러한 자세로는 결코 일본에 제대로 대응할 수 없다.

이제 서울대에 일본연구소도 제대로 갖추어졌고 미국과 중국을 비롯한 지역연구도 국제대학원이 잘하고 있다. 이곳에서의 연구성과와 경험을 바탕으로 이 책을 준비했다. 물론 이 책은 연구소와 대학의 공식적인 의견이 아니라 나의 사견임을 전제로 한다. 새로운 형태의 국난 앞에서 한국 경제의 작은 희망을 찾는 계기가 되었으면 한다.

역사의 분기점에서

김현철

PART 1.
일본이라는 거울

1

잃어버린 30년은
어디서 시작되었나?

학자 인생의 대전환점

1990년은 내 인생의 진로가 확 바뀐 해였다. 당시 나는 서울대학교 경영대학원에 재학 중이었는데, 어느 날 조교 후배가 '포항제철 박태준 회장님의 비서가 찾아와 지도교수님을 뵙고 갔다'는 이야기를 해주었다. 그 목적이 무엇인가 했더니, 대학원생 중에 1명이라도 좋으니 제철장학회 일본 유학생으로 지원할 수 있도록 추천해달라고 부탁하기 위해서였다는 것이다.

당시는 서울대 경영대 졸업생들이 거의 대부분 미국으로 유학을 가던 시절이었다. 그래서 일본 유학을 생각하는 학생은 거의 없었다. 나 또한 일본에 별 관심이 없었지만, 장학금 조건을 보니 파격적인 수준이었다. 학비와 생활비는 물론이고, 일본어 연수비와 일본 내 여행 경비까지 지원해준다는 조건이었기 때문이다.

더구나 장학금 지원에 대한 요구조건이 박사학위를 취득하는 것밖에 없었다. 학위를 받고 나서 포항제철에 근무해야 하는 조건도 없었고, 일본에 남든 고국에 돌아오든 학위취득 이후에 관한 추가적인 요구가 일절 없었다. 그냥 일본을 마음껏 공부해보라는, 굉장히 파격적인 장학금이었다.

유학은 가고 싶었지만 돈이 없던 나에게 너무나 좋은 조건이 아닐 수 없었다. 더구나 당시는 일본 기업들의 경쟁력이 하늘을 찌르던 시절이었다. 경영학 분야에서는 너도나도 일본 기업의 경영을 공부하자는 분위기도 있었다.

게다가 나는 학부 때 동아리에서 일본어로 된 체제 비판서를 읽던 경험이 있었다. 또 석사 전문요원이라는 군입대 시험도 있었는데, 시험을 통과한 석사 졸업생에게는 6개월의 단기 근무로 군 복무를 대체하는 제도였다. 이 시험에 제2외국어 과목이 있어서 나는 자연스럽게 일본어를 선택해 집중적으로 공부했다. 이런저런 상황을 고려해보니 제철장학회에서 어학연수 경비만 지원받는다면 일본어도 쉽게 따라잡을 수 있을 것 같았다. 나는 기쁜 마음으로 서류를 갖추어 지원했고, 어렵지 않게 선발되었다. 이 기쁜 소식을 아내에게도 전했지만, 당시 나는 우리에게 닥칠 시련을 알지 못했다.

그렇게 1991년 여름, 난생처음으로 도쿄에 갔다. 비행기라고는 신혼여행 때 제주행 비행기를 타본 경험밖에 없었던 나에게는 첫 해외여행이었다. 여행의 목적은 내가 입학할 대학을 알아보기 위한 것이었다. 당연히 일본 최고의 대학인 도쿄대를 제일 먼저 방문해보았지만, 그곳에 계신 선배들이 이구동성으로 진학을 만류했다. 당시 도쿄대는 외국인에게 박사학위를 주지 않았다. 장학금의 유일한 조건이 박사학위였기에 외국인에게 학위를 안 주는 대학에 진학할 수는 없었다.

그다음에 방문한 대학이 히토츠바시대학이었다. 전신이 도쿄대 상과대학으로 우리나라로 치면 서울대 경영대학과 같은 곳이었다. 우리나라야 많은 학과가 모여 있는 종합대학이 주류이지만, 일본은 주요 단과대학이 자체적으로 발전해 전문대학이 되는 경우가 많다. 하지만 국립대학인 히토츠바시대학도 외국인에게 박사학위를 주지 않기는 마찬가지였다.

여러 대학을 수소문한 끝에 게이오대에서는 박사학위를 받을 수 있을지도 모른다는 정보를 얻었다. 게이오대는 한국으로 치면 연세대에 해당하는데, 당시 미국식 비즈니스스쿨이 새로 생겼다는 것이다. 그렇게 여러 사람의 소개에 소개를 거쳐서 게이오대 비즈니스스쿨의 가장 훌륭한 교수님을 소개받은 뒤, 나는 그분의 추천으로 박사과정에 입학하게 되었다.

내가 만난 불황기 일본 기업들

1992년 봄부터 낮에는 수업을 듣고 밤에는 일본어를 배우는 고된 유학 생활을 시작했다. 아침부터 도서관에 틀어박혀서 공부만 하는 생활이었지만, 제철장학회에서 학비와 생활비를 모두 지원해주었기 때문에 힘들지 않았다.

문제는 공부의 내용이었다. 학교에서 읽은 책이나 경영 사례들은 모두 일본 기업과 일본 경제를 칭찬하는 것들이었지만 현실은 정반대였기 때문이었다. 당시 일본 경제는 자산 거품이 붕괴되면서 추락해가고 있었다. 급등하던 주식과 부동산이 폭락하면서 기업들이 도산했고, 경제 전체에 위기감이 고조되기 시작했다. 매일 접하는 어두운 소식들은 교과서와 정반대인 것들뿐이었다.

2년간의 필수 코스가 끝나가는 시점에 지도교수님께 면담을 신청했다. 책과 현실의 괴리가 너무 커서 도서관보다는 직접 기업 현장에 들어가 연구를 하고 싶다고 말씀드렸다. 그러자 지도교수님이 기꺼이 일본 기업들을 소개해주셨다. 처음에는 닛산자동차나 도시바, 소니와 같은 대기업의 문을 두드렸지만 외국인이라는 이유로, 게다가 한국인이라는 이유로 거절당했다. 결국 어쩔 수 없이 중소상사와 같은 내수 유통 기업들을 연구하기 시작했다.

시작부터 외국인으로서, 특히 한국인으로서 좌절을 맛보았지만 거꾸로 이것이 행운이 되었다. 일본 경제가 어려워지면서 대기업보다는 중견, 중소기업이 먼저 어려움을 겪기 시작했고, 또 경쟁력이 높은 제조업보다는 유통 기업들이 더 빠르게 어려워졌기 때문이다. 그들은 생존하기 위해 누구보다 빨리 혁신에 돌입했고, 그 생생한 현장을 목격할 수 있었다.

그렇게 나는 생존과 혁신을 위해 몸부림치는 기업들을 연구했고 그 내용으로 박사학위를 받았다. 그 후 나고야 상과대학에서 교편을 잡았고, 그곳에서도 기업들을 계속 연구했다. 특히 계속해서 어려움을 겪는 일본 기업들과 산업들을 주로 연구했는데, 그러다 보니 기존 연구들과 다른 이론들을 활발하게 발표해 일본 학계의 주목을 받기 시작했다. 이러한 연구 덕분에 일본 최고의 국립대학 중 하나인 츠쿠바대학으로 옮겨갈 수 있었다. 츠쿠바대학은 한국으로 치면 카이스트 같은 과학 중심 대학인데 연구비도 대단히 풍부해서 그야말로 하고 싶은 연구를 원 없이 할 수 있었다.

또 이 과정에서 일본 기업들을 직접 지도할 기회도 얻었다. 일본이 한창 잘나가던 때였더라면 감히 만날 수조차 없을 법한 기업들도 많았는데, 그런 기업을 만나서 연구하고 조언했다. 누구보다도 먼저 일본 기업의 생존과 혁신 현장을 연구했기에 나 같은 외국인도 접근할 수 있었다고 생각한다. 외국인이라고 문전박대당했던 서러움도 한순간에 녹아내리는 경험이었다.

그렇다고 다 좋은 것은 아니었다. 한국으로의 귀국이 번번이 좌절되었기 때문이다. 이미 한국의 주요 대학에서는 미국 유학파 교수들이 학생들을 가르치고 있었기 때문에 나 같은 비非미국파 출신들은 자리 잡기가 쉽지 않았다. 항상 최종 면접까지 갔지만, 임용은 번번이 탈락하고 말았다.

하지만 일본 생활 11년째가 되던 해에 기회가 왔다. 식민지 경험 때문에 일본어 학과조차 두지 않았던 서울대학교에 지역학을 전문적으로 하는 대학원이 만들어진다는 것이다. 거기에 일본 전공 교수를 뽑는다는 공고가 났다. 경영대학은 아니었지만 일본을 연구한 전문가가 거의 없던 시절이었기에 나는 어렵지 않게 서울대 국제대학원으로 부임할 수 있었다. 그 후 서울대 최초로 일본연구센터(현재 일본연구소)도 만들고 한국에서의 일본학 진흥에 매진했다. 또 학생들에게 일본의 저성장 경제와 일본 산업의 쇠퇴,

▶ [그림 1-1] 내가 만난 한국과 일본의 기업들(가나다 순)

내가 지도한 일본 기업들	내가 자문한 한국 기업들
기분식품, 닛산자동차, 다이하츠자동차, 도요타자동차, 도쿄디즈니, 동일본철도, 미쓰비시그룹, 바이엘재팬, 신일본제철, 아메리칸패밀리, 아사히맥주, 아사히카세이, 에자이, 오키전기, 요코하마고무, 월드패션, 이세탄, 이토요카도, 일본농협, 저스코, 카오, 캐논, 후지제록스, 후지필름, NEC 등	넥센타이어, 삼성글로벌리서치, 삼성전기, 삼성전자, 삼성카드, 아모레퍼시픽, 애경, 제일모직, 파라다이스산업, 현대자동차, BGF, LG CNS, LG생활건강, SK텔레콤, TSE 등

일본 기업의 혁신을 집중적으로 가르쳤다. 한국에 온 후에도 일본을 자주 방문해 현장 연구 역시 계속했다.

그런데 돌이켜보면 학자로서 나의 연구 여정은 일본의 '잃어버린 30년'과 신기할 정도로 일치했다. 버블경제가 붕괴된 해에 일본으로 가서 '잃어버린 10년'을 현지에서 연구했고, 나머지 '잃어버린 20년'은 서울대학교에서 연구하고 교육하며 보냈기 때문이다. 물론 한국의 학계는 나를 반겨주지 않았다. 그들이 배운 미국 교과서와는 다른 이야기를 많이 했기 때문이었다. 하지만 나는 별로 개의치 않았다. 오히려 그럴수록 기업에 더 집중했고, 더 생생하고 현실적인 생존과 혁신의 드라마가 펼쳐진 현장 연구를 지속해나갔다.

그러다 보니 일찍부터 일본의 저성장과 일본 기업의 생존 전략에 관심을 가진 한국 기업들도 자문하게 되었다. 지금의 한국 기업들은 그렇지 않지만, 20여 년 전에는 일본 기업이 여전히 벤치마킹 대상이었다. '소니, 도요타 같은 세계적인 기업이 되려면 한국 기업은 어떻게 해야 하는가?', '일본 기업과의 경쟁에서 이기기 위해서는 어떻게 해야 하는가?', '쇠락하는 일본 기업처럼 되지 않으려면 어떻게 혁신해야 하는가?' 이런 것을 고민하는 선도적인 한국 기업들을 중점적으로 지도했다. 덕분에 그런 고민을 해결하고자 하는 기업의 입장에서 나는 또 다른 차원의 일본 경제와 일본 기업을 다시 공부할 수 있었다.

세계 2위 경제대국, 절정의 일본 경제

그렇다면 다시 처음으로 돌아가, 1990년에 포항제철의 박태준 회장님은 왜 일본으로 장학생을 보낸 것일까? 가장 큰 이유는 당시 욱일승천하던 일본 경제와 일본 기업을 제대로 배워서 한국의 발전에 기여하라는 것이었다. 당시 박태준 회장님이 본 일본은 세계 최고의 경쟁력을 가진 국가였다. 그때 일본이 얼마나 잘나갔느냐 하면 하버드대학의 동아시아 석학 에즈라 보겔Ezra Vogel 교수가 《세계 최고의 일본Japan As No.1》(1979년 출간)이라는 책을 집필할 정도였다. 이 책에서 그는 일본 경제와 일본 기업이 뛰어난 이유를 설명하면서 미국도 따라 하고 배워야 한다고 주장했다.

일본은 1968년에 서독을 추월해 세계 2위의 경제대국이 되었다. 그 후 세계 1위의 경제대국이었던 미국마저 급속도로 따라잡고 있었다. 특히 오일쇼크 이후 미국 경제가 주춤하는 사이에 일본은 에너지 절약형 제품과 경소단박(가볍고 작고 짧고 얇은) 제품들을 출시하며 세계 시장을 석권하기 시작했다. 그 결과 1980년대 후반에는 1인당 국민소득이 미국보다 높아지기도 했다. 그렇게 경제가 급성장하고 국민소득이 증대되니 일본에서는 인프라 투자와 건설 붐이 일어났다. 그러자 부동산 같은 자산의 가격도 덩달아 높아졌다. 일례로 1980년대 말에는 도쿄 도심의 왕궁 하나를 팔면 미국 캘리포니아주 전체를 살 수 있다는 말이 나돌기도 했다.

실제로 일본 기업들은 수출로 벌어들인 외화를 가지고 미국의 자산을 적극적으로 사들였다. 미쓰비시 부동산은 록펠러 센터 빌딩을, 미쓰이 부동산은 엑손 빌딩을 매입했다. 또 스미토모는 캘리포니아 페블비치 골프장을, 일본의 한 펀드 회사는 미국의 상징이라고 할 수 있는 엠파이어 스테이트 빌딩을 사버렸다.

게다가 마쓰시타(현재 파나소닉) 그룹은 유니버셜 픽쳐스를, 소니는 컬럼비아 픽쳐스를 경쟁적으로 인수했다. 특히 미국을 대표하는 주요 영화사 인수는 미국인의 자존심에 큰 상처를 남기기에 충분했다. 미국 시장에 일본 제품을 실컷 팔아치운 뒤 그 자금을 가지고 미국의 자존심과 같은 건물과 영화사를 사버리다니, 자본 괴물 같은 일본 기업의 행태에 미국인들은 위기감을 느꼈을 것이고 기분도 상당히 언짢았을 것이다.

하지만 그러거나 말거나 일본 기업의 약진은 멈추지 않았다. 소니는 워크맨으로 전 세계적인 선풍을 만들어냈고, 도요타와 닛산은 세계 소형차 시장을 놓고 각축을 벌였다. 그 결과 일본 기업들은 주가가 급등했고, 전 세계 시가총액 기업 순위에서 상위권으로 치고 올라갔다. 지금이야 애플이나 아마존, 구글 같은 미국 회사가 시가총액 상위 기업이지만, 당시에는 일본 기업들이 상위권

▶ [그림 1-2] 1989년 시가총액 상위 20개 기업

순위	기업명	시가총액(억 달러)	국명
1	NTT	1638.6	일본
2	니혼코교은행	715.9	일본
3	스미토모은행	695.9	일본
4	후지은행	670.8	일본
5	다이이치칸교은행	660.9	일본
6	IBM	646.5	미국
7	미쓰비시은행	592.7	일본
8	엑손	549.2	미국
9	도쿄전력	544.6	일본
10	로열더치쉘	543.6	영국
11	도요타자동차	541.7	일본
12	GE	493.6	미국
13	산와은행	492.9	일본
14	노무라증권	444.4	일본
15	신일본제철	414.8	일본
16	AT&T	381.2	미국
17	히타치제작소	358.2	일본
18	마쓰시타전기	357.0	일본
19	필립모리스	321.4	미국
20	도시바	309.1	일본

출처: www.adelaide.co.kr/information/29612

을 거의 독점하다시피 했다. 통신회사인 NTT가 부동의 1위였고, 일본의 주요 은행들과 증권 회사가 상위권에 있었다. 또 도요타자동차와 신일본제철, 히타치와 파나소닉, 도시바 등도 그 뒤를 바짝 쫓았다. 그러다 보니 시가총액 순으로 20위까지 꼽았을 때, 일본 기업이 무려 14개였다. 그 위력이 얼마나 대단했는지 짐작할 수 있을 것이다.

그렇게 기세등등했던 일본 기업들이 30여 년이 지난 지금은 모두 자취를 감추었다. 현재 20위 기업 중에 일본 기업은 한 곳도 없다. 30년 사이에 썰물 빠지듯이 사라져버린 것이다. 그 자리를 미국과 유럽, 중국 기업들이 차지하게 되었다. 물론 한국의 삼성전자도 진입해 있지만 일본 기업은 전멸이다. 대체 왜 이렇게 된 것일까?

버블이 꺼진 자리에 불황 블랙홀이 열리다

지난 30년의 일본 경제를 되돌아보면 한마디로 '정체의 30년'이었다. 1990년대까지 급속하게 성장하던 일본 경제가 1991년의 버블 붕괴를 기점으로 장기침체기에 진입한 것이다.

[그림 1-3]은 지난 30여 년간 일본의 경제성장률을 보여준다. 1990년대까지 성장하던 경제가 1991년을 기점으로 급격히 성장률이 떨어지더니, 그 이후에는 여러 번의 마이너스 성장을 거듭했다. 이 기간의 평균 성장률은 0.7%대에 불과했다.

이러한 저성장을 일본에서는 '잃어버린 30년'으로 부르기도 한다. 1990년대만 하더라도 '잃어버린 10년'이라고 했는데 이것이 20년, 30년으로 길어진 것이다. 히토츠바시대 명예교수인 노구치 유키오 교수는 '쇠퇴의 30년'이라고 평가했다. 이것은 어느 정도의 경제성장률을 유지하는 다른 선진국과 비교해보았을 때, 그만큼 일본 경제가 상대적으로 뒤처졌다는 것을 지적한 말이다.

일본 경제는 4번의 커다란 경제적 쇼크 때문에 장기침체에 빠졌다. 첫 번째 쇼크는 1985년의 '플라자 합의'였다. 플라자 합의는 미국과 영국, 프랑스, 독일, 일본의 5개국 재무장관과 중앙은행장들이 미국 뉴욕에 있는 플라자 호텔에 모여서 달러화 약세와 엔화 강세를 유도하기로 한 합의를 말한다. 달러 강세로 무역수지 적자에 허덕이던 미국이 달러화 약세를 유도함과 동시에 계속해서 무역흑자를 내고 있던 일본을 압박해 엔화 강세를 유도했다. 이 합의에 의해 당시 1달러당 240엔대였던 엔화가 1주일 만에 8.3% 내려가며 엔화 강세로 전환되더니, 2년에 걸쳐 120엔대로 급격히 절상되었다([그림 1-4] 참고).

이러한 엔화 강세는 일본의 수출 기업들에게 엄청난 충격을

▶ **[그림 1–3] 지난 30여 년간의 일본 경제성장률 추이**

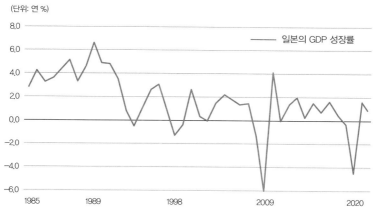

(단위: 연 %)

일본의 GDP 성장률

출처: 일본은행

주었다. 환율변동으로 말미암아 미국 시장의 판매가격이 급등한 것이다. 쉽게 말해 미국에서 100달러에 팔던 일본 제품 가격이 갑자기 200달러로 올랐다는 뜻이다. 이것은 일본 제품을 미국에 수출하지 말라는 조치와 비슷한 결과를 낳았다. 실제로 당시 일본 기업은 대미 수출에 큰 타격을 받았고, 일본 경제도 급속하게 엔화발※ 불황에 빠져들었다.

수출이 큰 타격을 받자 일본 정부는 내수를 진작시켜 불황을 타개하고자 했다. 이를 위해 기준 금리를 낮추는 등 시중에 돈을 푸는 조치를 강력하게 추진했다. 하지만 예상과 달리 일본 기업들의 대미 수출이 시차를 두고 회복되기 시작했다. 기업들이 뼈를

▶ **[그림 1–4] 플라자 합의 후 엔화 환율변동**

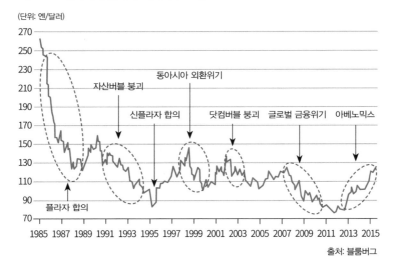

(단위: 엔/달러)

출처: 블룸버그

깎는 원가절감 노력 등을 통해 환율 충격을 흡수해 나간 것이다.

그러자 수출 기업들이 벌어들인 외화와 일본 정부가 푼 돈까지 합쳐져 일본 내에 돈이 넘쳐나기 시작했다. 그렇게 풀린 돈이 주식과 부동산에 몰렸고, 자산버블이 급속하게 생겨난 것이다.

[그림 1-5]는 일본의 주식과 부동산 가격의 변화를 보여준다. 전후 고도성장기에 꾸준히 상승하던 주식과 부동산 가격이 1985년 플라자 합의 이후 급격히 상승했다. 닛케이 주식이 4배 이상 올랐고, 6대 도시의 땅값 역시 3배 이상 올랐다. 이러한 자산 가격의 가파른 상승과 지나친 과열을 정부가 막아야 했지만, 일본 정부는 이것을 막지 못했다(거의 모든 버블은 꺼지고 나서야 알게 된다).

▶ [그림 1-5] 버블경제 전후의 주식 및 부동산 가격 추이

— 6대 도시 땅값　— 닛케이255

(2000년=100)　　　　　　　　　　　　　　　　　　　　　(엔)

부동산
1980년대 들어 355% 상승

주식
1980년대 들어 492% 상승

출처: 톰슨로이터, KDB대우증권리서치센터

그러다 거의 폭발 직전까지 급등한 1990년경에 일본 정부는 그제야 긴축 조치를 시작한다. 은행의 부동산 대출을 금지하고 기준 금리를 확 올리는 등의 조치를 단행한 것이다. 그런데 이러한 조치가 너무 급작스럽고 강력하다 보니, 또 다른 문제가 생겨났다. 이번에는 주식과 부동산이 급락하기 시작했다.

[그림 1-5]를 보면 1990년에는 주식이, 1991년에는 부동산 가격이 급격하게 추락했음을 알 수 있다. 한때 4만 엔 가까이 갔던 닛케이 평균 주가는 1만 엔 이하로 떨어졌고, 1991년에 300까지 간 부동산 가격이 2005년에 100까지 하락했다. 이러한 자산의 급락은 버블기에 주식과 부동산에 투자한 수많은 개인과 기업에 타격을 주었고, 그 영향으로 일본 경제 전체가 크게 휘청이게 된다.

충격에 빠진 일본 국민들은 버블의 발생과 붕괴를 가져온 정부의 무능을 질타하며 투표로 심판했다. 그 결과 전후 안정을 구가했던 자민당 정권이 흔들리기 시작했고, 재임 기간 1년을 넘기지 못하는 수상도 여러 명 나왔다. 때문에 경제대책들도 일관성 있게 추진되지 못했고 미봉책만 남발되었다.

언론에서는 '잃어버린 10년'이라는 표현으로 어려움에 처한 일본 경제를 묘사하기도 했다. 하지만 대마불사랄까, '부자는 망해도 3년은 간다'는 말처럼 전후 고도성장으로 세계 2위 경제대국으로 도약한 일본 경제는 축적해둔 힘이 있었기에 이 시기를 그런대로 버틸 수 있었다.

연속된 경제 쇼크와 개혁의 실패

이러한 일본 경제가 1997년에 두 번째 쇼크를 경험하게 된다. 대개 1997년이라고 하면 우리 국민들은 IMF 경제위기를 많이 떠올린다. 아시아발 외환위기가 우리나라에도 영향을 주어 큰 어려움을 겪었기 때문이다.

물론 이 시기에 일본도 큰 어려움에 빠졌다. 버블붕괴 후 근근이 버티던 일본 경제가 본격적인 불황에 빠진 것이 바로 이때부터다. 재무구조가 부실한 많은 한계 기업들이 도산했을 뿐 아니라 이 기업들에 대출해준 금융기관도 함께 부실해졌다. 부실화된 금융기관 때문에 추가 대출을 받지 못해 흑자도산하는 기업도 연쇄적으로 생겨나기 시작했다. 이익도 잘 내고 경영도 잘하는 회사가 단기적인 자금을 변통하지 못해 도산하고 마는 것이다.

이때부터 일본에서는 '복합불황'이라는 말이 회자되었다. 실물 경제와 금융 부문이 서로 엮이면서 함께 불황을 맞았다는 뜻이다. 이 시기에 일본 경제는 전후 처음으로 2년 연속 마이너스 성장을 기록했다.

또 안정적이던 실업률도 5%대로 급등했다. 특히 전후 처음으로 청년들의 취업이 어려워졌는데 이때를 '제1기 취업 빙하기'라고 부른다. 게다가 이 시기에는 전후 처음으로 생산 가능 인구까지 감소하기 시작한다. 15세에서 64세까지의 생산 가능 인구가 줄면서 경제의 활력이 떨어지기 시작한 것이다. 지금이야 인구의 경제적 효과를 누구나 다 알지만, 당시는 경제 전문가조차 잘 모르는 부분이었다. 생산 가능 인구가 줄면서 경제의 부가가치 생산 능력이 떨어짐과 동시에 생산된 제품에 대한 수요마저 함께 줄어드는 현상이 벌어진 것이다.

이때부터 일본 경제는 본격적인 디플레이션 국면으로 접어들었다. 수요가 약하니 기업은 가격을 낮추고, 소비자는 가격이 더

떨어질 것을 예상하고 구입을 미뤘다. 이 시기에 소매 시장에서는 '할인판매', '가격파괴' 같은 단어가 일상화되기 시작했다. 일본 정부는 중앙은행의 기준 금리를 제로 수준까지 인하하면서 경기를 회복시키려고 했지만 한번 빠졌던 디플레이션의 악순환에서 좀처럼 벗어나지 못했다. 버블경제 붕괴 후 근근이 버티던 일본 기업과 국민은 본격적으로 경제위기를 체감하게 되었다.

그런데 이러한 위기를 그런대로 잘 봉합한 사람이 바로 고이즈미 준이치로 수상이다. 2001년부터 2006년 9월까지 재임하면서 그는 부실해진 금융기관에 과감하게 공적 자금을 투입해 안정화시켰고, 경제 분야에서 다양한 구조개혁을 단행했다. 먼저 신자유주의 사조를 적극적으로 받아들여 공공 부문을 민영화했고, 비정규직 고용을 과감히 확대해 정규직 중심의 전통적인 고용 관행에 '고용 유동화'라는 새로운 흐름을 만들었다.

또 복지 부분에도 메스를 들이대어 연금이나 의료, 간병 등에 개인의 부담률을 높이는 정책을 시행했다. 이러한 노력 덕분에 일본 경제는 다시 플러스 성장으로 반등했지만 문제점도 없지 않았다. 사회 양극화가 심화된 것이다. 일본 지식인들은 양극화를 우려하는 저작물을 내놓기 시작했다. 미우라 아쓰시의 《하류사회》, 다치바나키 도시아키의 《격차사회》, 야마다 마사히로의 《희망 격차사회》 등이 대표적인 책들이다. 시민사회도 고이즈미 정권의 신자유주의적 정책에 반기를 들었다.

이러던 차에 2008년 글로벌 금융위기의 충격이 다시 한번 일본을 덮친다. 이것이 일본 경제의 세 번째 쇼크였다.

2008년 글로벌 금융위기는 미국에서 발생해 유럽으로 전이된 경제위기였지만 당시 일본도 자본주의 경제 진영의 큰 축이었기에 이 유탄을 맞았다. 2009년 일본 경제는 −5.4% 성장률을 기록하며 전후 최대의 하락 폭을 기록했다. 또 실업률도 5.5%로 급등했으며 특히 청년들의 취업이 더욱 어려워졌다. 이때부터 일본 청년들은 '제2의 취업 빙하기'를 경험한다.

게다가 이번에는 엔화 강세까지 겹쳐 '엔화 강세→수출 악화→수입 물가 하락→디플레이션 심화'라는 악순환에 일본 경제가 다시 빨려 들어가게 되었다. 일본 국민들은 이러한 경제위기를 자민당 정권으로는 더 이상 극복할 수 없다고 판단했고, 2009년 민주당으로 정권을 교체하는 정권 심판을 단행했다. 이 역시 전후 처음으로 일어난 일이었다.

2009년부터 2012년 연말까지 집권한 민주당은 버블경제 붕괴 뒤에 자민당이 추진해왔던 여러 경제 정책의 노선을 180도 선회하는 방식으로 경제회복을 시도했다. 공공사업 중심의 경기부양 대책을 중단했고, 규제 완화와 노동시장 유연화 같은 신자유주의 정책을 폐지했다. 그리고 '콘크리트에서 인간으로'라는 슬로건을 내걸고 환경과 의료, 복지 등을 중시하는 정책 기조로 전환했다. 또 성장 위주의 경제 정책에서 국민 생활의 질적인 측면을 중시하고 국민의 행복도를 높이는 쪽으로 기조를 바꾸었다.

이를 통해 내수 경제의 일정 부분은 회복되었지만, 엔화 강세를 그대로 용인하는 우를 범했다. 그 결과 수출 기업들은 더욱 어려워졌고 수입 물가가 계속 하락함에 따라 디플레이션이 더욱 심화되었다. 특히 처음으로 정권을 잡은 민주당이 다른 정책에서도 미숙함을 보이자 재계와 보수 언론들이 반발하기 시작했다. 급기야 몇몇 정책에 대해서는 경제산업성과 재무성, 외무성을 위시한 일부 관료들이 집단적으로 반발하기도 했다.

이 와중에 2011년 3월 동북지방에서 대지진이 발생했고, 그 영향으로 후쿠시마 원자력 발전소가 폭발하는 대참사가 일어났다. 전후 최악의 재해에 민주당이 제대로 대처하지 못하자 여론은 더욱 싸늘하게 식어갔다. 그리고 2012년 선거에서 아베 신조가 대승을 거두면서 정권은 다시 자민당으로 넘어갔다.

아베노믹스는 왜 반쪽짜리가 되었나?

아베는 2012년 12월부터 2020년 9월까지 역대 최장기간 집권한 총리였다. 그는 취임하자마자 '일본경제재생본부'를 설치하고 분배 위주 정책에서 성장 위주 정책으로 경제 정책을 재선회했다. 그리고 '3개의 화살'이라는 경제 정책을 바탕으로 아베노믹스를 시작했다. 3개의 화살이란 과감한 금융 완화와 적극적인 재정, 감세와 규제 완화 정책이었다.

그중에도 특히 '과감한 금융 완화' 정책은 2년 사이에 통화량을 2배로 늘리는, 소위 '차원이 다른 금융 정책'이었다. 이로 말미암아 8,000엔이던 주가가 1만 5,000엔 수준으로 회복되었고, 시중에 다시 경제의 온기가 돌기 시작했다. 또 통화량 증가에 따른 엔저 효과로 수출 기업들이 살아나기 시작했고 외국인 중심의 관광 산업도 활성화되었다.

아베 수상은 경기가 더욱 살아날 것이라고 지나치게 확신한 나머지 2014년 4월에 소비세(우리나라의 부가가치세에 해당)를 인상해 경기를 일시적으로 냉각시키는 잘못을 저질렀지만, 이후 2015년 생산성 혁신, 2016년 4차 산업혁명을 중심으로 한 일본 부흥전략, 2017년 '사회 5.0' 실현을 위한 미래 투자 전략 등을 계속 발표하면서 일본 경제를 회복시켜 나갔다.

이러한 아베노믹스의 최대 수혜자는 기업들이었다. 지속적인 산업 부양책과 규제 완화, 통화 공급과 엔저 효과 등으로 기업들의 이익은 확실히 개선되었다. 더구나 주식 시장이 활황으로 돌아서고 부동산 시장이 회복되면서 소비가 일부 개선되었고, 미미하지만 디플레이션이 인플레이션으로 전환되기도 했다.

　기업의 경기가 회복되자 줄어만 가던 정규직 고용이 2014년부터 늘기 시작했고, 비정규직 고용도 함께 늘면서 실업률도 크게 낮아졌다. 특히 청년 취업률이 높아지자 대학가에서는 '취업 빙하기'란 단어가 사라졌다.

　하지만 아베노믹스는 반쪽짜리 개혁이었다. 기업을 중심으로 한 공급 사이드는 정책의 혜택을 톡톡히 보았지만, 가계를 중심으로 한 수요 사이드는 여전히 뒷전에 밀려나 있었기 때문이다. 고용은 개선되었지만 실질 임금은 여전히 정체되어 시장 수요는 살아나지 못했다. 정부가 나서서 기업들에게 임금인상을 종용했지만, 기업들은 모처럼 찾아온 기회를 이용해 현금을 쌓아두기에 바빴다.

　이런 와중에 2019년에는 미중 통상분쟁이 본격화되면서 세계 경제가 하강하기 시작했고 일본 경제도 그 영향을 받기 시작했다. 더구나 이때 두 번이나 연기했던 소비세를 인상하자 일본 내수 경기는 급속히 냉각되었다. 그런데 이처럼 하루도 바람 잘 날 없던 일본 경제에 직격탄을 날린 것이, 바로 2020년 코로나19 팬데믹이었다. 이것이 일본 경제의 네 번째 쇼크였다.

　코로나19 팬데믹은 미증유의 사태이었기에 전 세계 대부분의 국가가 초기 대응에 큰 어려움을 겪었지만, 일본은 일본만의 특수한 상황 때문에 더욱 더디고 혼란스러웠다. 먼저 일본은 사스나 메르스 같은 감염병 대처 경험이 없었기에 의료계에 방역 매뉴얼이 제대로 갖추어져 있지 않았다. 게다가 2020년 도쿄 하계올림픽을 성공적으로 개최하고자 한 정치인들 때문에 정부도 더욱 우왕좌왕하는 모습을 보였다.

특히 도쿄 올림픽은 아베 정권이 '일본 부흥의 상징'으로 줄곧 의미를 부여해온 까닭에, 일본 정부는 코로나 확진자 발견이나 상황 공유에 미온적이었다. 하지만 일본에서도 대유행이 일어났고 외국인의 방일을 전면적으로 금지했으며 가게들의 영업을 제한하는 긴급 조치도 발령했다. 이것이 하강하던 일본 경제에 직격탄이되었다.

2020년 2분기에는 경제성장률이 −7.8%를 기록하며 전후 최대 하락 폭을 경신했다. 아베 수상은 지병을 핑계로 급히 사임했지만, 그의 경제 정책인 아베노믹스의 성과도 코로나 직격탄을 맞고 초라하게 막을 내린다. 버블붕괴 뒤 소위 '잃어버린 20년' 동안 일본의 실질 경제성장률은 0.8%였다. 그리고 아베노믹스 기간의 실질 경제성장률은 0.9%를 기록했다. 겉으로는 요란했지만 그가 목표로 잡은 2% 경제성장률에도 한참 못 미치는 결과였다.

"이대로라면 일본은 망한다"

아베 정권을 계승한 스가 정권(2020년 9월부터 2021년 10월까지 재임)은 코로나 긴급사태를 다시 선언했고 감염병 대유행을 억제하면서 과감한 경기부양책을 실시했다. 국민총생산GDP의 15.6%에 이르는 재정투입과 28.4%에 이르는 금융지원을 했다. 비슷한 시기에 우리나라에서는 GDP 3.4%의 재정투입과 10.2%의 금융지원이 있었는데, 이와 비교하면 상당히 파격적인 경기부양책인 셈이었다. 하지만 과유불급이었을까, 경기부양 효과는 미미했고 이로 말미암아 일본의 국가부채는 GDP의 240% 가까이 늘어났다.

문제는 오래도록 일본을 괴롭혀온 양극화 현상이 더욱 심화되었다는 것이다. 팬데믹 같은 전 세계적인 재난, 재해 상황에는 어려운 계층일수록 더 큰 어려움을 겪게 마련이다. 그런 상황에서 양극화가 더욱 심해졌으니 국민의 불만이 더 커질 수밖에 없었고, 결국 그 불만은 정치로 향했다. 스가 정권은 1년 만에 막을 내리고 기시다 정권이 탄생한다.

아베의 계승자에 불과한 스가와 달리 기시다 후미오 총리는 아베 정권과의 차별화에 노력했다. 자민당 내의 소수 파벌에 불과했지만 신新 주류가 된 아베파와 달리, 기시다 수상은 구舊 주류 파

▸ **[그림 1–6] 자민당의 주요 파벌**

(단위: 명)

| 7 | 42 | 44 | 49 | 54 | 93 |

기시다파
(기시다
후미오 총리)

아소파
(아소 다로
당 부총재)

모테기파
(모테기 도시미쓰
간사장)

아베파
(아베 신조
전 총리)

모리야마파
(모리야마 히로시
전 농림수산상)

니카이파
(니카이 도시히로
전 간사장)

* 그 외 스가 요시히데
전 총리, 다카이치 사
나에 정조회장 등

벌이었다. 기시다의 구 주류는 전후 미국의 안보 우산 속에서 고도 경제성장을 이끈 파벌로서, 성장기에는 주류였지만 아베 정권 출범 후에는 비주류로 전락했다. 때문에 기시다 수상은 아베 정권과 다른 정책을 펴는 데 집중했다.

특히 경제 정책에서 기시다 수상은 기업을 중시한 아베노믹스와는 차별화된 새로운 자본주의 노선을 제시했다. 아베노믹스가 기업의 이익을 증대시키는 데는 크게 기여했지만 임금인상과 소비증가에는 별 성과가 없었다는 반성에 근거해 새로운 경제노선을 제시한 것이다.

[그림 1-7]은 기시다 수상이 제시한 새로운 자본주의의 틀이다. 임금을 높이고 분배를 개선하면 가계의 소비가 확대되어 다시 경제성장이 가능해진다는 구조다. 아베노믹스가 기업 주도 성장

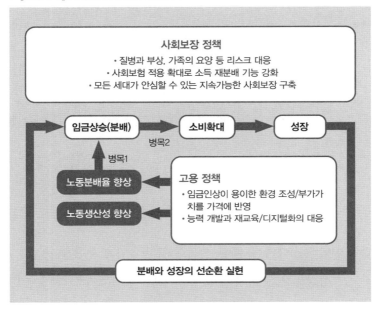

정책이었다면 기시다는 임금 주도 성장 정책을 제시한 것이다.

하지만 기시다의 새로운 경제 정책이 제대로 실행되지는 못했다. 여러 이유가 있지만 먼저 소수 파벌의 힘을 보완하기 위해 아베 전 수상의 국장을 무리하게 강행하다 국민들의 반감을 샀다. 그리고 아베 암살의 계기가 된 통일교 문제를 제대로 처리하지 못해 지지율이 많이 하락했다. 그러다 보니 자신의 경제 정책을 힘 있게 추진하지 못하고 신 주류의 힘에 끌려가는 형국이 되었다.

때문에 많은 전문가가 일본 경제의 앞날을 우려하고 있다. 골드만삭스의 일본 경제 애널리스트였던 일본 전문가 데이비드 앳킨슨David Atkinson은 《위험한 일본 경제의 미래》에서 일본 경제가 위험한 길로 들어섰다고 지적했으며, 〈재팬타임스〉의 전 논설위원인 브래드 글로서먼Brad Glosserman 역시 《피크 재팬, 마지막 정점을 찍은 일본》에서 일본이 피크를 지나 하강하고 있다고 했다. 또 일본의 지식인, 경영자들도 우려의 목소리를 높였다. 히토츠바시대학의 노구치 유키오 교수와 고베대학의 얀베 유키오 교수는 이미 일본 경제가 쇠퇴의 길에 들어섰다고 경고했으며, 유니클로의 야나이 다다시 회장 역시 어느 인터뷰에서 "이대로라면 일본은 망한다"라며 엄중하게 우려했다.

2

정치는 어떻게 경제의 발목을 잡나?

악연의 시작 '플라자 합의'

1장에서 살펴본 것처럼 전후 펄펄 날았던 일본 경제는 외부적인 쇼크에 의해 침체에 빠졌고, 무려 30년간 헤어나오지 못했다. 플라자 합의부터 아시아 외환위기와 글로벌 금융위기, 거기다 코로나19 팬데믹까지 차례로 일본 경제에 쇼크를 주었고, 이러한 충격에 대한 대응에 연이어 실패하면서 더 길고 깊은 침체에 머무를 수밖에 없었다. 이처럼 경제 정책의 실패가 반복되다 보니, 도쿄대의 요시미 순야 교수 등 일본 지식인들은 "실패가 실패를 부르고 쇼크가 쇼크를 부르는 악순환 속에 일본은 계속 쇠퇴하고 있다"고 진단했다.

▶ **[그림 2-1]** 1985년 플라자 합의에 참석한 각국 경제장관들(왼쪽부터 서독, 프랑스, 미국, 영국, 일본)

악순환의 첫 단추는 바로 플라자 합의였다. 플라자 합의는 일본이 해서는 안 되는 것이었다. 당시 미국이 문제 삼았던 것은 대일 무역 적자였는데, 이것이 비단 일본만의 잘못은 아니었기 때문이다. 사실 그보다 한참 전부터 미국의 제조업은 계속 경쟁력이 떨어지고 있었다. 그러니 미국 소비자들이 자국 제품보다 일본 제품을 더 선호하게 된 것은 자연스러운 일이다. 더구나 미국은 제조업 경쟁력을 강화하려는 노력보다 금융과 같은 서비스업을 키우는 전략을 선택했다. 그런 선택의 결과로 시장에 일본 제품이 범람하게 되었고 대일 무역 적자가 눈덩이처럼 커진 것이다.

물론 일본도 잘못이 있었다. '일본식 경영' 혹은 '일본 기업의 경쟁력'을 너무 심하게 자랑하고 다녔다. 하버드대나 MIT 같은 미국 유수 대학의 교수들에게 막대한 연구비를 지원하고 경영 자료를 제공하면서, 그들을 통해 더욱 적극적으로 일본 기업의 우월성을 홍보했다. 그 결과 미국 경영대학원에서 사용하는 교재들에 일본 기업의 성공 사례들이 넘쳐났고, 이것은 역으로 미국인의 감정을 자극했다.

뿐만 아니라 일본 기업들은 부동산, 영화사 등을 사들이며 미국인들의 자존심을 건드렸다. 미국의 상징과도 같은 주요 건물들, 미국인들이 자랑으로 여기는 영화사들이 하나둘 일본 기업 소유로 넘어갔고 이러한 행태가 결국 국민적 반감을 유발했다. 일부 산업의 노동조합이나 일부 지역의 시민들은 일본 제품 불매운동을 시작했고, 때로 제품을 부수는 퍼포먼스를 벌이기도 했다. 그리고 이것을 이용한 것이 미국의 정치가들이었다. 그들은 엔화를 평가절상해 일본 제품의 수출을 강제적으로 차단하려 했고, 그것이 바로 플라자 합의였다.

일본 기업의 팔다리를 묶어놓은 미국

그런데 일본 정부의 양보는 플라자 합의에 그치지 않았다. 미국은 플라자 합의 직전인 1984년에 일본에 금융 협정을 요구해 관철시켰고, 1986년에는 반도체 협정을 관철시켰다. 특히 반도체 협정은 상당히 일방적인 것이었는데, 일본 반도체 기업의 미국 수출을 제한했을 뿐만 아니라 일본이 해외 반도체를 수입하는 것까지도 미국이 원하는 대로 강제해 반드시 지키라고 요구했다.

미국은 자신들이 제시한 반도체 수입 목표에 일본이 미달하자 1991년 제2차 반도체 협정(신반도체 협정)을 요구했다. 이 '신반도체 협정'은 일본의 해외 반도체 수입 목표를 30%까지 끌어 올린 뒤 미국 반도체뿐만 아니라 다른 나라의 반도체까지 수입하도록 강요하는 것이었다. 일본 입장에서는 기가 막힐 노릇이 아니었을까? 미국이 일본 기업의 팔다리를 묶어놓은 사이에 삼성전자나 TSMC 같은 외국 반도체 기업들이 급성장했고, 이것은 결국 일본 반도체 기업들이 몰락하는 결정적인 계기가 되었다.

미국의 요구는 여기서 멈추지 않았다. 1989년에 추진된 '미일구조협의' 내용을 보면 미국의 압력은 상상을 초월하는 것이 많았다.

미일구조협의의 6가지 주요항목은 [그림 2-2]와 같다. 자세한

▶ **[그림 2-2] 미일구조협의 주요 내용**

저축 및 투자	• 2000년까지 10년간 공공투자 기본계획 수립
토지 이용	• 도시 구역 내 농지에 대한 고정 자산세, 상속세 개편 • 임대차법 개정, 정기차지권 창설
유통	• 대형점포법 폐지 • 주류판매업 면허 확대
거래 관행	• 공정거래위원회 심사 강화 • 카르텔이나 담합에 대한 과태료, 과징금 인상 • 행정지도 투명화, 문서화
계열 관계	• 사업자 간 거래의 감시 강화 • 공정위의 주식 보유 제한이나 양도 명령 • 주식 공개 매수(TOB)의 사전 신고제 폐지 • 기업의 정보 공개 제도 강화와 주주의 권리 확충
가격	• 내외 가격 차이 조사 실시 • 수입 장벽으로 이용될 수 있는 불황 카르텔*의 불인가 (* 불황 카르텔: 불황을 극복하기 위해 공정거래법에서 예외로 인정해주는 가격 카르텔)

내용을 모르는 사람이 봐도 거의 내정 간섭 수준이 아닌가 싶을 정도다. 미국은 일본 국민들에게 저축을 줄이고 금융 투자를 더 늘리라고 하거나, 농지 규제를 풀어 토지 공급을 늘리라는 등의 요구를 했다. 또 유통 규제를 완화해 토이저러스 같은 미국 특정 업체가 일본에 쉽게 진출할 수 있도록 했다. 그 외에도 일본 기업의 전통적인 기업 간 관계(계열 관계)나 상거래 관행까지 바꾸도록 요구한 것이다.

이런 과도한 요구들은 독립된 국가라면 도저히 받아들일 수 없는 것들이었지만 일본은 순순히 미국의 요구를 받아주었다. 일부 관료들은 오히려 미국의 힘을 빌려서 일본을 개혁할 수 있는 절호의 기회라며 미국 측에 몰래 자료를 넘겨주기까지 했다.

그렇다면 도대체 왜, 일본은 미국의 요구를 다 받아주었던 것일까? 왜 일본의 정치인들과 관료들은 미국의 요구에 '노^{No}'라고 이야기하지 못했을까? 못한 것일까, 안 한 것일까? 물론 당시에 일부 눈 밝은 기업가들과 지식인들은 미국의 요구를 순순히 받아주는 일본 정치인들과 관료들을 질타했다. 소니 창업자 중 한 사람인 모리타 아키오와 작가이자 정치인이었던 이시하라 신타로는 《No라고 말할 수 있는 일본》이라는 책을 펴내 순종적인 일본 정치인과 관료들을 신랄하게 비판했다. 참고로 이 책은 일본에서 125만 부가 팔리며 베스트셀러가 되었다. 이러한 여론을 등에 업고 일본 정부는 1995년경에야 미국과의 교섭에서 강경한 입장을 취하기도 했지만 이미 일본 경제는 '잃어버린 10년'에 진입하고 난 뒤였다.

정치인들이 패전을 종전으로 둔갑시킨 이유는?

이러한 과정을 다른 각도에서 신랄하게 비판한 사람이 바로 정치학자 시라이 사토시 교수다. 시라이 교수는 전후 일본 정치를 분석하며 '아메리칸 푸들', 즉 '미국의 충견'이 되어버린 정치 구조를 연구해 일본을 뒤흔들어 놓았다.

시라이 교수가 지적한 문제의 출발점은 태평양전쟁의 패전 처리였다. 1941년에 시작해 1945년에 끝난 태평양전쟁은 일으켜서는 안 되는 전쟁이었고, 이 전쟁으로 수많은 군인과 민간인이 목숨을 잃었다. 일본이 이러한 전쟁을 일으키고 패전했다면 당연히 패전을 패전으로 순순히 인정하고 전범국으로서 그에 합당한 책임도 져야 했다.

하지만 패전 후 일본의 정치 지도자들은 엉뚱하게도 패전을 '종전'이라고 규정했다. 패배한 것이 아니라 그냥 전쟁이 종료된 것이라고 자기들끼리 정한 것이다. 패전이라고 규정하면 누군가는 반드시 전쟁의 책임을 져야 하지만, 종전이라고 규정하면 책임이 애매해지거나 모면할 길이 생긴다. 일본 정치인들은 그 점을 노렸다.

우선 전쟁 책임자를 찾는다면 당시 군의 통수권자인 일본 왕이 있다. 내각을 거치치 않고 군을 직접 관할했기 때문에 일왕은 전쟁 책임을 피할 수 없다. 이를 피하기 위해 패전을 종전으로 규정한 것인데, 사실 전쟁 책임자는 일왕만이 아니다. 일왕과 함께 전쟁을 이끈 군부 지도자들, 전쟁 내각의 구성원들에게도 책임이 있다. 문제는 전후의 일본 정치 지도자들이 이러한 전범들과 직간접적으로 연계되어 있다는 것이었다. A급 전범, B급 전범들이 정치 지도자들의 아버지나 친척들이었다.*

어쨌거나 주요 전범들이 자신들의 아버지나 친척 어른이다 보니, 전후의 일본 정치 지도자들은 일왕을 보호한다는 명분을 내세우면서 전쟁 책임을 회피하기 시작했다. 이것은 마치 해방 직후에 한국의 지도층이 자신들의 친일 행각을 감추기 위해 반민족행위특별위원회 활동을 방해한 것과 유사하다. 그리고 그 이후에 독재 정권, 권위주의 정권에 끊임없이 충성하며 친일 청산에서 벗어난 과정과 유사하다.

한국의 친일파들이 해방 직후에 친미로 신속히 전향했던 것처럼 일본의 정치 지도자들도 전쟁 책임에서 벗어난 뒤 신속히 친미로 돌아섰다. 전쟁 중에는 미국을 적국으로 간주하고 국민들에

---

* 전쟁 범죄의 분류에서 A급 전범은 전쟁을 기획, 주도한 사람, B급 전범은 전쟁법 등을 어기고 민간인 학살 등을 저지른 사람을 말한다.

게 '귀축미영(귀신이나 짐승 같은 미국과 영국이라는 뜻)'이란 말로 미국에 대한 증오를 심었던 그들이, 패전 후에는 철저히 국민을 기만하며 친미주의자로 거듭난 것이다. 그리고 그들은 오늘날까지 살아남 았다. 그냥 살아남은 정도가 아니고 세습 정치를 통해 유력 정치 가로, 또한 일본 사회의 지배층으로 군림하고 있다.

사무라이는 어떻게 아메리칸 푸들이 되었나?

시라이 교수는 일본 정치인들이 국민을 어떻게 기만하는지도 날 카롭게 지적했다. 일본은 전통적으로 '사무라이 국가'로도 일컬어 졌다. 막부 시대에 장군(쇼군)을 정점으로 사무라이들이 지배층을 형성했기 때문이다. 이로 인해 에도 시대에는 미야모토 무사시 같 은 전설의 검객이 쓴 책이 각광받기도 했고, 20세기 초에는 정치 인이자 사상가인 니토베 이나조가 쓴 《무사도》 같은 책이 일본인 의 기본 정신으로 미화되기도 했다.

또 우리의 춘향전과 같은 일본 고전 중에는 '주신구라忠臣藏'라 는 사극이 있다. 47명의 사무라이들이 억울하게 죽은 주군을 위해 절치부심한 끝에 복수하고 모두 할복자살한다는 사극이다. "꽃은 사쿠라, 사람은 사무라이"라는 말을 남기고 할복하는 사무라이들을 통해 일본의 미학과 일본인의 정신세계를 묘사했다. 특히 메이지 유신과 군국주의 시대에 일왕에 충성하고 국가를 위해 죽는 이데올로기, 즉 '충군애국忠君愛國'을 심어주는 데 더할 나위 없이 안성맞춤인 사극이었다.

그런데 이런 정신이 충만한 사무라이 국가라면 일본을 패망하게 만든 적국인 미국에 대해 어떠한 형태로든 복수를 해야 하지 않았을까? 하지만 전후 일본은 미국을 원수로 생각하지 않았다. 반대로 미국에 완전히 굴복하고, 미국을 철저히 따르는 노선을 선택했다. 물론 명분은 미국에 안보를 의존하면서 자신들은 경제 부흥에만 철저히 매진하는 전략적 선택이었다고 한다. 하지만 사무라이 국가에서 이런 일은 있을 수 없다. 시라이 교수는 이것을 일본의 수치이자 비굴함이라고 표현했다.

문제는 이러한 비굴함이 초기 경제발전에는 일정 부분 도움이 되었지만, 플라자 합의는 그 명분마저 사라지게 했다는 것이다. 플라자 합의라는 '대미 굴종'이 일본에 이익을 가져다주기는커녕 오히려 경제발전을 방해했기 때문이다. 초기에는 미국에 의존함으로써 경제적으로 확실한 이익을 취할 수 있었기 때문에 일부분 정당화되는 면도 있었다. 하지만 플라자 합의 이후의 대미 굴종은 오히려 일본의 국익을 해치는 굴종이 되어버렸다.

더구나 1991년 소련의 붕괴는 대미 굴종의 합리화 기반마저 완전히 파기해버렸다. 전후에 그리고 플라자 합의를 할 때만 해도 '냉전 체제'라는 양국 공통의 기반이 있었기 때문에 당시 일본으로서는 미국에 납작 엎드려서라도 확보해야만 하는 안보 문제가 있었다. 하지만 냉전 체제가 끝난 후에는 그럴 필요가 없었기 때문에 일본은 당장이라도 미국과의 굴욕적인 관계를 끝내고 당당한 독립 국가로서 자립할 수 있었다.

그러나 일본의 정치가들은 냉전이 끝난 후에도 대미 굴종을 계속했다. 이때는 굴종을 위한 굴종, 종속을 위한 종속만 계속되었다. 경제적 이익도, 안보적 필요도 사라졌는데 굴종의 관성만 남은 것이다. 물론 정치 지도자들은 계속해서 자신들의 권력을 유지할 수 있었기에 대미 굴종을 문제 삼지 않았을 뿐이다.

하지만 이 시기에 일본 경제는 손발이 꽁꽁 묶인 채 정체되었고 냉전 종식 후에 찾아온 세계화 물결에도 뒤처지게 되었다. 대미 종속을 탈피하고 세계화 물결에 올라타 전 세계 국가들과 자유롭게 교류하고 교역했더라면 이후의 경제적 충격도 버틸 수 있었을 것이다. 하지만 일본 정치인들은 경제가 늪에 빠지는 상황을 나 몰라라 한 채 계속 미국에만 의존했다.

시라이 교수는 또 한 가지 재미난 점을 지적했다. 미국에 대한 굴종의 반작용이 아시아에 대한 오만으로 나타났다는 것이다. 사무라이 정신과 정반대로 미국에 굴종하게 된 일본인은 정신적으로 혼란을 피할 수 없었다. 그래서 이 혼란을 정면으로 해소하기

▶ **[그림 2-3]** 731 전투기에 올라탄 아베

보다는 아시아에 오만을 부림으로써 우회적으로 해소하려는 것이 일본인의 정신구조라는 것이다.＊

　패전을 인정하지 않고 종전으로 규정함으로써 일본은 한국과 중국, 아시아 국가들에 대한 전쟁 책임에서 벗어나고자 했다. 더구나 이 나라들은 전후에 일본보다 가난했기에 일본은 이들에게 전쟁 책임을 인정하고 진정으로 사과하기보다는 돈으로 적당히 보상한 뒤 오히려 오만을 부리는 길을 선택했다는 것이다.

＊　굴종과 오만은 일본인의 이중적 정신구조를 잘 나타내는 현상이다. 하지만 이와 비슷한 이중성은 한국의 지배층에서도 잘 나타난다. 이에 대해서는 10장 참조.

그 결과 일본은 여전히 과거사 문제 등에 대해 끊임없이 부정하고 오만한 태도를 고수한다. 물론 어떤 때는 인간적으로 양심의 가책을 느껴 사과하거나 보상하는 행동을 보이기도 하지만, 패전을 종전으로 강변하다 보면 또다시 역사를 부정하고 자신들의 과거를 미화할 수밖에 없다. 특히 미국에 굴종하면 굴종할수록 아시아인에 대한 오만은 더욱 심해졌다고 시라이 교수는 지적했다.

아무도 책임지지 않는 '무책임의 구조화'

일본 정치 지도자들의 이러한 행태는 플라자 합의 이후의 경제 정책 실패에서도 그대로 드러났다. 앞에서 살펴본 바와 같이 플라자 합의 같은 외부적 충격은 일본 경제에 큰 영향을 주었는데, 일본 정부가 이를 수습하기 위해 내놓은 경제 정책이 번번이 실패함으로써 그 자체가 장기침체의 또 다른 근본 원인이 되었다. 버블 경제의 발생과 붕괴도, 1997년의 아시아 외환위기 때도 똑같았다. 2008년 글로벌 금융위기나 2020년 코로나 위기 때도 동일했다.

국내 경제 정책이 연이어 실패했음에도 불구하고, 패전과 동일하게 '누구도 책임을 지지 않는' 일이 반복되었다. 경제 정책이 실패해 국민의 원성이 높아지면 수상은 자리를 내놓는 것으로 충분했다. 그다음에는 자신을 지지하거나 자신의 파벌과 이해관계가 일치하는 정치가를 후임으로 앉히면 끝이다. 후임 수상이 구성하는 내각에 자기 파벌 사람들을 집어넣고, 자신은 뒤에서 영향력을 행사하면 되는 구조이기 때문이다.

그리고 그 영향력이 거의 사라질 즈음에는 마지막으로 자신의 지역구를 자식에게 물려주면 된다. 패전을 종전으로 정의해 전쟁 책임에서 벗어났듯, 경제 정책의 실패에 대해서도 책임을 지지 않는 구조가 그대로 지속되는 것이다. 한마디로 '무책임의 구조화'다.

유일하게 책임을 지고 정권을 내놓았던 것이 2009년 선거였다. 계속된 경제 정책 실패에 책임을 지고 54년 만에 자민당이 민주당에 정권을 넘겨주었다. 하지만 정권 교체는 3년 만에 끝났고 자민당은 정권을 되찾았다. 민주당은 만년 야당이다 보니 수권 능력이 없었다. 그래서 54년 만에 정권을 잡았지만 우왕좌왕하다 3년 만에 다시 내놓고 말았다. 일본 국민은 단 한 번의 기회만 준 뒤에 기대에 부응하지 못한 민주당을 향해 거의 패족에 가까운 심판을 내려버렸다. 그 결과 자민당을 견제할 정당이 사라졌고, 자민당 독주 체제는 더욱 공고해지고 말았다.

특히 자민당은 야당을 붕괴시킬 뿐만 아니라 더불어 언론의 비판 기능도 약화시켰다. 처음에는 위안부 보도의 문제점을 들어

▶ **[그림 2-4] 일본의 언론 자유 지수**

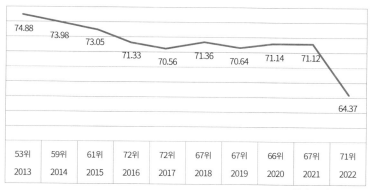

74.88	73.98	73.05	71.33	70.56	71.36	70.64	71.14	71.12	64.37
53위	59위	61위	72위	72위	67위	67위	66위	67위	71위
2013	2014	2015	2016	2017	2018	2019	2020	2021	2022

출처: 국경없는기자회

〈아사히 신문〉을 공격하면서, 보다 우익적인 〈산케이 신문〉 등을 우대해주었다. NHK 같은 공영방송에도 정권의 입맛에 맞는 사장을 앉혀 더욱 보수적인 언론 지형을 만들어버렸다. 그 결과 일본의 언론 자유도는 점점 더 하락했고, 자민당에 대한 비판이나 견제도 더욱 어려워졌다.

시라이 교수는 야당이 완전히 몰락하면서 형성된 2012년부터의 자민당 독주 체제를 '2012년 체제'라고 했다. 여기서 '체제'란 여러 정권을 관통하는 시스템을 말한다. 시라이 교수는 이 시스템 속에서 무책임의 구조화가 더욱 심화되었다고 보았다.

2012년에 탄생한 아베 정권과 그 이후 정권은 사라진 대미 종속의 근거를 중국에서 찾았다. 중국을 구 소련을 대체하는 자유 진영의 새로운 경쟁자로 규정하고, 이를 대미 종속의 새로운 근거로 삼았다. 그리고 집단적 자위권을 인정해 '전쟁 가능한' 국가로 달려나가기 시작했다.

그러나 이 또한 국익과는 반대되는 노선이었다. 중국은 일본 경제에 핵심 이익을 창출해주는 중요 시장이었고, 군비 확대는 경제발전에도 지장을 초래하기 때문이다. 하지만 당시 일본은 이런 자민당을 견제할 야당도, 비판할 언론도 없었다. 이러니 도쿄대 요시미 교수는 "잃어버린 30년이 다시 잃어버린 40년, 50년이 될 것"이라고 우려했다. 또 히토츠바시대학의 노구치 명예교수는 "일본이 곧 선진국에서 탈락할 것"이라고 걱정했다.

정권이 얼마나 무능했는지는 버블붕괴 후 역대 수상들의 재임 기간을 보면 금방 알 수 있다. 고이즈미나 아베처럼 장기 집권한 수상도 있었지만, 대부분이 평균 1년 정도의 임기를 채우고 물러났다. 그러니 장기적이고 근본적인 경제 정책을 내놓기보다는 단기적이고 임시방편적인 정책만 남발되었다.

그런데 여기서 재미있는 점은 이 수상들이 거의 대부분 '세습의원'이라는 점이다. 할아버지나 아버지의 지역구를 이어받아 쉽게 국회의원이 되고, 이후에도 쉽게 당선 횟수를 늘려온 수상이 대부분이었다. 그러니 강력한 리더십을 가지고 제대로 된 개혁을 추진한 수상은 거의 없었다. 적당히 재임하다가 물러나 뒤에서 영향력을 행사하고, 또 나이가 차면 자녀에게 지역구를 물려주면서 국회의원직을 마치 가업처럼 이어간 것이다.

▶ **[그림 2-5] 역대 수상들의 임기와 세습 여부**

대수	이름	임기	세습 여부
76·77대	가이후 도시키	1989.8.10~1991.11.5	비세습
78대	미야자와 기이치	1991.11.5~1993.8.9	세습
79대	호소카와 모리히로	1993.9.9~1994.4.28	비세습
80대	하타 쓰토무	1994.4.28~1994.6.30	세습
81대	무라야마 도미이치	1994.6.30~1996.1.11	비세습
82·83대	하시모토 류타로	1996.1.11~1998.7.30	세습
84대	오부치 게이조	1998.7.30~2000.4.5	세습
85·86대	모리 요시로	2000.4.5~2001.4.26	세습
87·88·89대	고이즈미 준이치로	2001.4.26~2006.9.26	세습
90대	아베 신조	2006.9.26~2007.9.26	세습
91대	후쿠다 야스오	2007.9.26~2008.9.24	세습
92대	아소 다로	2008.9.24~2009.9.16	세습
93대	하토야마 유키오	2009.9.16~2010.6.8	세습
94대	간 나오토	2010.6.8~2011.9.2	비세습
95대	노다 요시히코	2011.9.2~2012.2.26	비세습
96·97·98대	아베 신조	2012.12.26~2020.9.16	세습
99대	스가 요시히데	2020.9.16~2021.10.4	비세습
100·101대	기시다 후미오	2021.10.4~현직	세습

곳곳에 부작용을 낳은 잘못된 경제 처방전

그나마 고이즈미 수상과 아베 수상은 오랫동안 집권하면서 일정 부분의 경제적 성과를 냈다. 고이즈미는 2001년부터 2006년까지

5년간 집권하면서 전후 최장기 호황인 '이자나미 경기(2002년부터 2008년까지 73개월의 초장기 호황)'를 만들어냈다.

그런데 호경기이긴 해도 너무 약한 호경기이다 보니 많은 국민이 경기가 좋아졌음을 피부로 느끼지 못하는, 소위 '저온 호황'이었다. 특히 고이즈미 수상은 민영화와 고용 유연화 같은 신자유주의 경제 정책을 추진함에 따라 일본 사회에 소득 양극화를 심화시키는 우를 범했다.

아베 수상도 7년 8개월간 장기 집권하면서 초기에는 성과를 냈지만 집권 후반기로 갈수록 경제상황이 나빠졌다. '아베노믹스'라는 이름으로 그의 경제 정책을 포장했지만, 앞서 말했듯이 그가 재임하는 동안의 경제성장률은 이전 잃어버린 20년과 비교해 별반 차이가 없었다.

특히 아베는 '제로 금리' 정책을 통해 통화량을 지속적으로 늘렸지만, 목표로 한 2% 인플레이션을 달성하지 못했다. 통화량이 팽창한 데다 저금리까지 합쳐져 엔화 환율이 지나치게 약세였는데, 이것 역시 일본 경제 곳곳에 부작용을 낳았다. 예를 들어 일부 수출 대기업은 환율 약세의 혜택을 보았지만 많은 중소기업은 수입 원자재 가격 상승 등으로 어려움을 겪었다. 또 서민 가계는 생필품 가격이 상승해 생활고에 시달리기도 했다. 때문에 아베 암살 이후, 기시다 내각이 아베의 장례를 국장으로 결정하자 많은 국민이 반대하는 일도 벌어진 것이다.

그렇다면 일본 경제가 장기침체에 빠진 근본적인 원인은 무엇일까? 그리고 어떠한 처방전이 제대로 된 처방전이었을까? 이에 대해 다양한 연구가 진행되었는데 그중에서 우리에게 시사점을 줄 수 있는 2가지 원인을 소개하면 다음과 같다.

하나는 장기침체가 버블의 발생과 붕괴로 시작되었지만 가장 큰 변화는 인구 감소, 특히 생산 가능 인구의 감소 때문이었다는 것이다. 소위 '인구 절벽'과 장기침체가 함께 일어났다. 이것은 한동안 일본이 전혀 생각하지 못한 이유였다. 비슷한 시기에 유럽 경제도 장기침체에 빠졌지만, 인구 충격은 오랜 기간 서서히 나타났다. 게다가 유럽은 경제 통합으로 인구 감소에 따른 충격을 국가 간 인구 이동이나 이민 등을 통해 어느 정도 완화해왔다. 하지만 일본은 인구 충격을 매우 빠른 속도로 경험하게 된 첫 선진국이었다. 저출산과 고령화가 빠르게 진행되면서 생산 가능 인구가 급속도로 줄었고, 이것이 경제에 커다란 충격을 주었다.

일본총합연구소 모타니 고스케 같은 학자들이 2010년대에 들어서 여러 가지 분석을 통해 인구 충격을 지적하자 비로소 이 문제에 눈을 뜨기 시작했다. 하지만 기차는 이미 떠나고 난 뒤였다.

'인구 절벽'을 경험한 최초의 선진국

우리나라도 비슷한 문제를 경험하고 있기에 모타니의 지적 중에 특히 새겨들어야 할 점이 많다. 그중 하나는 인구 감소가 수요 감소를 유발하기 때문에 일본의 역대 정권들이 추진해온 공급 위주의 정책으로는 문제해결이 쉽지 않다는 점이다. 정부가 기업의 영업이나 생산활동, 투자 등을 도와주더라도 인구 충격에 따른 수요 감소 문제를 해결하지 않고는 장기침체에서 벗어날 수 없다. 발상을 180도 바꾸어 수요 위주의 정책을 추진해야 한다.

그 방법 중 하나가 사회 안전망을 촘촘하고 튼튼하게 만들어 국민들이 안심하고 생활할 수 있는 토대를 구축해주는 것이다. 특히 빈곤층과 한계 빈곤층에 대한 사회 안전망을 두텁게 해야 한다. 그래야 그들이 안심하고 소비활동과 생산활동을 할 수 있다.

그리고 고령자들이 생산활동에 적극적으로 참여하면 생산 가능 인구의 감소를 상당 부분 커버할 수 있다. 소위 생산 가능 인구의 상한선을 높여주는 효과가 발생하기 때문이다. 또 돈 많은 고령자에게 충분한 인센티브를 주어서 그들이 소비를 늘리도록 도와야 한다. 만약 그것이 힘들면 고령자의 자산과 소득을 소비활동이 왕성한 자녀 세대나 손자 세대로 조기에 이전하도록 해서, 젊은 세대가 더욱 적극적으로 소비하게 만드는 방법도 있다.

비슷한 방법으로 여성 경제활동 인구를 늘리는 방법이 있다. 일본 사회는 대단히 보수적이어서 여성들을 전업주부로 묶어두거나 일을 하더라도 파트타임 잡에 머무르게 하는 경향이 강했다. 이 여성들을 노동시장으로 불러내고, 또 파트타임보다는 전일제로 일하게 하면 인구 충격을 상당 부분 만회할 수 있다.

특히 여성의 사회진출이 활발해지면 출산율이 떨어질 것이라는 우려가 초기에 많았는데, 실제로는 오히려 그 반대의 현상이 나타났다. 취업한 여성들은 경제적 안정을 이루었고, 덕분에 출산율이 오히려 더 높아진 것이다. 따라서 정책적으로 더 많은 여성이 사회에 진출할 수 있도록 제도를 마련하고, 그들이 안심하고 일할 수 있는 환경을 만들어주는 것이 중요하다. 결혼, 출산, 육아, 교육 등을 지원하는 복지 제도를 더욱 체계적으로 빈틈없이 갖출 수 있다면 출산율도 올라가고 생산 가능 인구도 확대되며 수요도 늘어난다. 이러한 정책이 공급 위주의 경제 정책과 맞물릴 때 경제가 장기침체로부터 벗어날 수 있다는 것이 모타니의 처방전이었다.

총수요 확대를 위한
기시다의 새로운 자본주의

비슷한 처방을 얀베 유키오와 같은 거시경제학자들도 제시했다. 얀베 교수는 잃어버린 30년을 거시경제적으로 분석한 뒤, 결국 장기침체는 총수요 부족으로 인해 지속되었다는 결론을 내렸다.

역대 자민당 정권은 공급 사이드 위주의 정책으로 기업들에게 많은 혜택을 주었다. 하지만 혜택을 받은 기업들은 이익만 잔뜩 쌓아두고 좀처럼 투자를 하지 않았다. 소위 '낙수효과'가 없었던 것이다.

더 나아가 이 기업들은 종업원들의 임금을 거의 올려주지 않았다. 이것은 개별 기업 입장에서는 이익을 높일 수 있는 합리적인 선택이지만, 장기적으로는 기업들 모두가 피해를 보는 결과를 가져다주었다. 임금이 오르지 않으니 종업원들은 소비를 억제하게 되고 그 결과 기업들의 매출도 함께 떨어진다. 그러면 기업은 이를 만회하기 위해 가격을 낮추지만, 소비가 한정되어 매출이 더욱 떨어지는 악순환에 빠진다. 이것이 '디플레이션의 악순환'이고, 이 악순환이 일본 경제를 더 깊은 장기침체로 몰아넣었다.

그런데 아베 등 자민당 정권은 이러한 악순환을 통화량 확대나 환율 인하와 같은 공급 위주 정책으로 해결하고자 했다. 또 역사 수정주의를 통해 잘못된 방향으로 일본 국민의 자긍심을 높여 경제 외적인 방법으로 장기침체를 해결하려는 시도도 했다.

　이러한 잘못된 정책의 폐해를 경험한 기시다 정권은 새로운 자본주의 노선을 가지고 장기침체에 대응하려 했다. 앞에서 살펴본 바와 같이 임금인상을 통해 수요를 진작시키는 노선으로 전환한 것이다. 또 수요를 견고하게 하기 위해 사회 안전망을 강화하는 분배, 복지 정책도 함께 내놓았다.

　하지만 30년의 시행착오 끝에 내놓은 이 새로운 노선의 정책들도 결국 자민당의 주류를 이루고 있는 아베파 등의 반대에 부딪히고 말았다. 임금 주도 성장 정책이나 분배를 통한 성장 정책 같은 진보적인 정책을 보수적인 자민당 주류들이 쉽게 받아들일 수 없었기 때문이다. 결국 기시다의 새로운 자본주의 노선도 용두사미로 끝나버릴 운명이었다.

　많은 학자가 장기침체에서 벗어날 처방전을 내놓았지만, 보수화된 자민당 정권의 권력 구조에서는 좋은 정책도 제대로 시행되지 못했다. 보수 정치인들은 여전히 수출 대기업 지원 같은 낡고 오래된 정책만 반복할 뿐이었다. 결국 경제를 개혁해야 할 정치가 제 기능을 못하고 오히려 경제의 발목을 잡으니 장기침체는 여전히 끝날 기미가 안 보인다. 이것이 바로 이웃 나라 일본에서 일어난 현상이다.

'절망의 나라에서 행복한 국민'이 가능한가?

정치가 경제의 발목을 잡으며 일본은 장기침체에 빠져들었고, 또한 정부는 제대로 된 처방전을 내놓지 않았다. 경제가 도통 좋아질 기미가 보이지 않자 일본 국민들은 의외의 선택을 하게 된다. 다시 회복되리라는 희망을 포기하고 소위 '각자도생'의 길을 찾기 시작한 것이다.

일본인들은 최근 '포기'라는 단어를 많이 사용한다. '포기하다'라는 일본어 단어(아키라메루)는 정치에서도, 언론에서도, 기업에서도, 심지어 가정에서도 자주 들린다. 이유는 '어쩔 수 없기' 때문이다. '어쩔 수 없다'는 뜻의 일본어 단어는 '쇼가나이'다. 정치에 참여해 투표를 해봐도 변화가 없고, 언론이 정론을 펴며 정치를 비판해봐도 바뀌지 않는 상황이 계속되니 말이다. 기업의 느려 터진 의사결정은 종업원으로서 어쩔 수 없는 일이고, 늘지 않는 소득을 가지고 아무리 허리띠를 졸라매어도 어쩔 수 없는 상황이 계속된다. 내일이 더 나아질 거라는 희망은 포기한 지 오래다.

특히 일본 젊은이들의 절망이 심각하다. 정치는 이미 노인들이 장악했다. 투표율은 선거 때마다 점점 낮아지는데, 그 와중에 꼬박꼬박 투표장에 가는 사람들은 노인들이 대다수다. 그러니 자민당은 투표를 열심히 하는 층에 이익을 주는 정책에 더욱 신경 쓸 수밖에 없다. 젊은이들은 투표장에 잘 오지도 않으니 그들을 위한 정책은 선거 승리에 별로 도움이 안 되기 때문이다.

그 결과 일본의 정치는 소위 '실버 민주주의silver democracy'가 되었다. 노인을 위한, 노인의 정치가 된 것이다. 일본의 정치가 점점 더 보수화되는 이면에는 이러한 실버 민주주의가 자리 잡고 있다.

그럴수록 일본의 젊은이들은 포기하고 체념한다. 끝없는 불황과 비좁은 취업문, 늘지 않는 임금에 사회 부조리마저 충만하니 아예 체념해버리는 것이다. 그리고 연애도 포기하고, 결혼도 포기하고, 승진도 포기하고, 도전도 포기하고, 오로지 자신의 자그마한 행복에만 빠져들었다. 한국에도 전파되어 한동안 유행했던 '소확행(소소하지만 확실한 행복)'은 사실 장기침체 속 일본 젊은이들에게 먼저 나타난 사회현상이다.

그들은 편의점 도시락으로만 끼니를 때우고 돈을 벌려는 욕심도 없다. TV나 자동차 같은 비싼 내구재는 사고 싶지도, 갖고 싶지도 않다. 이성에도 관심 없고 섹스에 대한 욕구도 없다. 장기침체 동안 일본에는 이런 젊은이들이 늘어갔다. 그중에서도 게임 등에 몰두해 집 밖으로 나오지 않는 '히키코모리(은둔형 외톨이)'가 1990년대부터 심각한 사회문제로 대두되었다. 늙은 부모가 식사를 방문 앞에 놓아두면 그것만 조용히 가져가 먹고는 방 밖으로 나오지 않는 젊은이들이다. 이들 중 일부가 일탈해 온라인으로 마

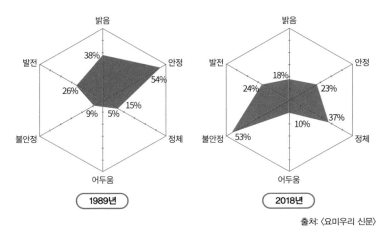

▶ [그림 2–6] **일본 청년들의 미래에 대한 인식 변화**

"다음 시대에 대해 어떤 이미지를 갖고 있나요?"라는 질문에 대한 대답

1989년

2018년

출처: 〈요미우리 신문〉

약을 거래하거나 어린이를 유괴해 집 안에 가두는 비행을 저질러서 신문 사회면을 크게 장식하기도 했다.

　이러한 체념이 깊어지면 득도의 경지에 이르는 것일까? 이제는 이런 절망이 전혀 불편하지도 않고, 오히려 체념 상태가 더욱 편안해졌다. 때문에 이러한 젊은 세대를 일본에서는 '득도 세대'라 부른다. 일본어로 '사토리'가 득도다. '득도'란 종교적 정진을 통해서만 도달할 수 있는 것이 아닌가? 일본 젊은이들이 그 정도로 체념과 절망을 타고난 천성처럼 받아들였다는 의미다. 종교적으로 득도의 경지에 이르면 행복감까지 느낀다고 하는데, 득도 세대 젊은이들 역시 부처의 '염화시중의 미소'처럼 온갖 번뇌 속에서도 행

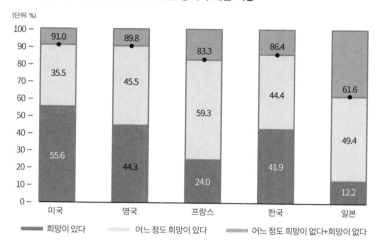

▶ [그림 2-7] 주요국 청년들이 느끼는 장래에 대한 희망

(단위: %)

- 희망이 있다
- 어느 정도 희망이 있다
- 어느 정도 희망이 없다+희망이 없다

출처: 일본 내각부

복감을 느낀다고 한다. 2010년에 〈뉴욕타임스〉 도쿄 지국장이 이런 질문을 일본의 젊은이들에게 던졌다.

"이처럼 불행한 상황에 처했는데 일본의 젊은이들은 왜 저항하지 않습니까?"

이 물음에 일본의 한 젊은 사회학자는 다음과 같이 대답했다.

"저항과 분노를 말씀하시는 겁니까? 저희는 절망의 나라에서 오히려 행복합니다."

PART 2.
기적을 만든 한국

3

한강의 기적보다 더 놀라운
세계화의 기적

눈 떠보니 선진국,
그런데 개혁은 아직 후진국?

2021년에 《눈 떠보니 선진국》이라는 재미난 책이 출간되었다. 마침 유엔무역개발회의UNCTAD에서 한국의 지위를 개발도상국에서 선진국으로 격상시킨 시점과 맞물려서 이 책이 큰 화제가 되었다. 저자는 한빛미디어의 박태웅 이사회 의장이다. 한겨레신문사를 다니다 전직해 오랫동안 IT업계에서 일한 전문가다. 박 의장은 "한국이 선진국이 되었다고는 하나 인공지능 시대에 걸맞지 않은 많은 문제점이 있기에 아직 완전한 선진국이 되기는 이르다"라는 취지에서 이 책을 썼다. 그리고 이러한 문제점들을 극복하기 위한 다양한 해결책을 제시해 반향을 일으켰다.

사실 박 의장은 나와 대학교 동기동창이어서 학부 때부터 가까웠다. 일찍부터 한국 사회의 다양한 모순들을 날카롭게 분석하고 자기 나름의 대안을 제시한 똑똑한 친구였다. 그 친구가 "한국은 아직 선진국이 되기에는 부족한 점이 많다"고 생각하고 그에 대한 대안들을 제시했으니 나 또한 그 책을 재미나게 읽었다.

그런데 한국은 진정 2021년에 선진국이 되었을까? 사실 우리가 선진국이 된 것은 1996년경이다. 선진국을 어떻게 정의하느냐에 따라 시점이 달라질 수 있는데, 선진국 클럽인 OECD에 가입한 시점으로만 따지면 1996년에 선진국이 되었다.

그러나 그 이듬해에 외환위기에 빠지면서 IMF로부터 구제 금융을 받는 신세로 전락했기 때문에 1996년을 선진국 진입 시점으로 기억하는 국민은 많지 않다. 그렇다 해도 우리 국민들은 힘을 합쳐 IMF 구제 금융으로부터 신속하게 벗어났고, 2000년경에는 선진국이 되었다고 볼 수 있다.

때문에 2000년대 초에 들어선 노무현 정권은 선진국에 걸맞는 개혁적인 정책을 실시했지만 보수 언론과 기득권에 밀려 참담한 결말을 맞이하고 말았다. 그리고 그 이후에 탄생한 이명박 정권은 아직 배가 고프다며 더욱 강력한 성장 위주의 정책을 밀어붙였고, 그 반발로 분배에 대한 요구가 거세지자 뒤를 이은 박근혜 정권은 '경제 민주화'를 정권의 최우선 목표로 잡았다.[*]

촛불 혁명과 탄핵 속에서 탄생한 문재인 정부는 적폐를 청산하며 다시 선진국에 걸맞는 개혁적인 정책을 실시했지만, 또다시 보수 언론과 기득권에 밀려 정권을 잃고 말았다. 하지만 한국 경제는 지속적으로 성장했다. 정치적으로는 강한 부침이 있었지만, 경제적으로는 지속적인 성장을 이루어낸 것이다. [그림 3-1]은 1970년대 이후의 한국 경제의 성장을 보여준다. 1997년 외환위기로 주춤했지만 그 이후로는 계속 성장했다. 물론 이 시기에 미소 냉전이 종식되고 글로벌 단일 시장이 형성되는 세계사적인 큰 흐름도 있었지만, 한국 경제는 지난 30년간 엄청난 성장을 이룩했다.

강한 물질주의와 성장 신화

그렇다면 한국 경제를 성장시킨 동력은 무엇이었을까? 우리 국민이 가진 엄청난 물질주의 욕망도 경제성장에 큰 기여를 했다고 생각한다. 많은 한국인이 돈과 같은 물질적 토대를 선호하고, 돈으로

＊ 헌법 제119조 경제민주화법 1항은 "대한민국 경제 질서는 개인과 기업의 경제상 자유와 창의를 존중함을 기본으로 한다"이고 2항은 "국가는 균형 있는 국민경제성장과 적정한 소득 분배, 시장 지배와 경제력 남용 방지, 경제주체 간의 조화를 통한 경제민주화를 위해 경제에 관한 규제와 조정을 할 수 있다"이다.

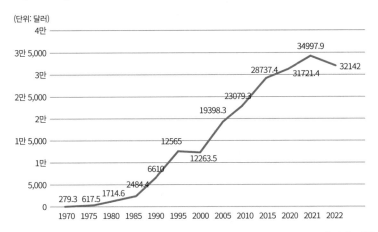

▶ [그림 3-1] 한국의 1인당 GDP 변화

(단위: 달러)

출처: 한국은행

모든 것을 해결할 수 있다는 강한 신념을 가지고 있다. 그 결과 행복의 가장 큰 결정요인이 돈인 나라가 한국이다. 다른 선진국들이 성장주의의 폐해를 지적하며 탈脫 물질주의를 강력히 표방하는 것에 비하면 한국은 선진국 중에 예외적으로 물질주의가 강세다.

서울대에서 물질주의에 관한 국제 비교연구를 한 적이 있었다. 여러 선진국 국민에게 돈이 인생에서 얼마나 중요한지를 설문하고 상호 비교했는데, 그 결과를 보면 다른 선진국 국민들과는 비교가 안 될 정도로 한국인들은 돈을 중요하게 여겼다.

국민의 이러한 물질주의 경향은 선거에서도 그대로 표출되기 때문에 많은 정권이 경제성장을 약속하고 또 그것을 추구했다. 이

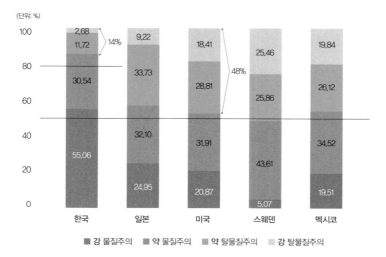

(단위: %)

■ 강 물질주의   ■ 약 물질주의   ■ 약 탈물질주의   ■ 강 탈물질주의

출처: 장덕진, 〈데이터로 본 한국인의 가치관 변동〉(2017)

명박 정권의 7% 성장이나 박근혜, 윤석열 정권의 4% 성장 목표
가 그 대표적인 예다. 그러나 우리나라는 이미 선진국 대열에 들
어섰고, 경제 역시 선진적인 경제 구조가 되었기에 7%나 4%의
성장은 사실상 달성하기 힘들다. 하지만 국민들이 경제성장을 강
력하게 요구하기에 정치가들은 이를 약속할 수밖에 없다.

　독일 카셀대학의 사회학자인 김덕영 교수는 한국인의 성장 신
화를 재미나게 분석한 바 있다. 한국인들이 오래도록 가난을 경험
했기에 이처럼 강력한 성장 욕구를 가지게 된 것은 당연하며, 이
를 정치적으로 가장 잘 활용한 사람이 박정희 대통령이라는 것이

다. 박정희 대통령은 "잘 살아보자"는 슬로건으로 경제성장을 강력히 추진하면서 전 국민에게 성장 신화를 심어주었고 실제로 한국 경제는 눈부시게 성장했다. 이때 성장을 이끈 강력한 추진체가 재벌이었기에, 재벌이 한국 자본주의의 한 축이 된 것은 너무나 당연하다.

김덕영 교수가 성장 신화의 또 다른 축으로 제시한 것이 한국의 종교였다. 세속화된 종교가 정부와 재벌 간 동맹에 끼어들어 경제성장의 강력한 전도사가 되었다는 것이다. 특히 한국의 기독교는 자신들의 교회조차도 끊임없이 성장시킴으로써 정부와 재벌의 성장 신화를 강력하게 구현해주었다. 그 결과 한국인은 정신세계마저 황폐화되고 풍요 속에서도 끊임없이 물질적 빈곤을 느끼는 '한국형 자본주의 정신세계'를 가지게 되었다.

또 다른 사회학자는 한국의 농촌 사회에 만연한 경쟁과 비교 문화에서 성장 신화의 뿌리를 설명한다. 서강대 사회학과 이철승 교수는 농지 개혁을 통해 평균화된 한국의 농촌 사회에서는 각자의 농지에서 나는 쌀의 수확량을 서로 비교할 수 있었다고 지적한다. 옆집 논과 우리 논의 수확량을 서로 비교할 수 있고, 그러한 비교가 자신의 수확량을 높이려는 노력의 원동력이 되었다는 것이다. "사촌이 땅을 사면 배가 아프다"라는 속담처럼 농촌 문화에 내재한 비교와 경쟁의식이 강력한 성장 신화와 물질주의의 토대가 되었고, 이것이 한국의 경제발전의 원동력이 되었다는 의미다. 한강의 기적도 이러한 비교와 경쟁 속에 이루어졌다고 주장한다.

농지 개혁부터 경사발전 모델까지

알다시피 '한강의 기적'은 독일의 '라인강의 기적'에서 따온 이름이다. 전쟁과 분단의 상처를 극복하고 고도의 경제성장을 이룬 독일의 상황에 비유한 표현이다. 보통은 1961년 쿠데타로 집권한 박정희 정권 때 일어난 고도 경제성장을 한강의 기적이라고도 일컫지만, 사실 그 씨앗은 이승만 정권과 장면 정권 시기에 뿌려졌다.

예를 들어 이승만 정권 때 이루어진 농지 개혁은 고도성장의 중요한 토대가 되었다. 조선 시대를 거치면서 굳어진 우리나라의 소작 제도는 일제강점기에 더욱 심화되었다. 광복 직후 농지의 37%만이 자작농 소유였고, 63%는 소작농이 농사를 지었다.

1950년에 단행된 농지 개혁은 유상 매입과 유상 분배, 경자유전의 원칙에 따라 이루어졌다. 지주들에게도 소유권을 인정해주면서 유상으로 매입했고, 소작농에게도 유상으로 토지를 분배하되 5년간 현물로 땅값을 갚도록 했다. 그 결과 자작농들이 전체 토지의 90% 이상을 소유하게 되었다. 이러한 농지 개혁으로 많은 국민이 토지를 소유할 수 있게 되었고, 자신의 토지를 경작해 생활고에서 벗어날 수 있었다. 한발 더 나아가 그 수확물을 거래함으로써 경제성장도 가능해졌다.

일본과 대만도 비슷한 농지 개혁을 단행했는데 그 효과가 대단했다. 이 나라들 모두 어느 정도 평등한 토대 위에서 눈부신 경제발전을 이뤄냈다. 아시아에서 농지 개혁을 단행하지 않은 나라들은 대부분 경제발전 속도가 늦거나 중간에 주저앉았다. 이승만 정권이 단행한 농지 개혁은 한국의 자본주의 발전에 크게 기여했다.*

4·19 혁명으로 탄생한 장면 내각도 경제발전에 중요한 토대를 놓았다. 1961년부터 1966년까지의 '경제개발 5개년 계획'이 바로 그것이었다. 5·16 군사정변으로 정권을 잡은 박정희는 이 계획에 맞추어 경제개발을 시동했고, 그 이후 5차례에 걸친 경제개발 계획으로 한강의 기적을 이룩할 수 있었다.

박정희 정권이 이룩한 '한강의 기적'의 핵심은 바로 대기업에 의한 수출 주도 성장 정책이었다. 한정된 기업에 한정된 자금을 몰아주는 정책은, 일본이 경제발전 초기에 사용한 정책이었다. 만

---

* 농지 개혁을 단행한 사람은 초대 농림부 장관이었던 조봉암 선생이었다. 조봉암은 이승만의 반대를 물리치고 강정택 차관과 강진국 국장 등과 함께 농지 개혁을 단행하였다. 이승만은 농지 개혁 등으로 국민적 인기를 끌었던 조봉암을 간첩으로 몰아 사형시켜버렸다. 이후 52년이 지난 2011년 1월 20일에 대법원 전원합의체에서 무죄가 선고되어 복권되었다.

주 군관학교와 일본 육군사관학교를 졸업한 뒤 만주군에서 근무한 박정희는 일본이 만주국에서 사용한 이 모델을 차용해 수출 주도 성장 정책을 실시했다.

'경사발전 모델'이라고도 불리는 이 발전 정책은 은행을 국유화한 뒤 중앙 관료들이 한정된 자금을 특정 기업에 몰아주는 방식이다. 경제개발 초기, 열악한 자금 사정 하에서 이 자금을 받은 기업들은 특혜 금융을 받은 것과 같았다. 인플레이션이 높은 상황에서 실질이자가 마이너스 수준이다 보니 자금을 받는 것 자체가 특혜였다. 이 자금을 받은 기업들은 그렇지 않은 기업에 비해 쉽게 사업을 일으킬 수 있었고 또한 빠르게 키워나갈 수 있었다.

일본의 경우 기업은 자금 지원의 대가로 정치인들에게 '와이로(뇌물)'를 주었고, 정치인들은 이 자금을 활용해 자신들의 정치적 기반을 탄탄히 다졌다. 또 이들은 관료와 은행을 움직여 또다시 한정된 자금을 자신들에게 유리하게 분배하는 방식으로 성장을 도모했다. 일본에서는 '철의 삼각편대', 즉 정치가와 관료 및 기업이 서로 유착해 경제를 운영했는데, 이런 방식이 초기 자본주의 성장에는 큰 역할을 하기도 했다.

박정희 정권은 이 구조에 더해 특혜 금융을 받은 기업들이 내수 시장에 머물지 않고 수출할 수 있는 길을 열어줌으로써 더욱 빠른 성장을 가능하게 했다. 1960년대는 섬유, 신발 같은 경공업 제품을 수출했고 1970년대에는 중화학공업 제품으로 방향을 전환

▶ [그림 3-3] 경사발전 모델

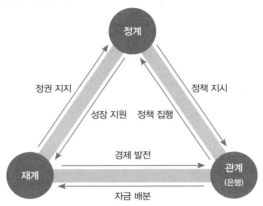

해 철강과 석유화학, 조선, 자동차, 전기·전자 제품 등을 수출했다.

그 결과 1960년에 3,280만 달러에 불과했던 수출액이 1970년에는 10억 달러, 1977년에는 100억 달러로 급증했다. 일본이 경사발전 모델을 통해 수출을 10억 달러에서 100억 달러로 늘리는 데 16년이 걸렸는데, 한국은 7년 만에 100억 달러를 달성하는 쾌거를 이루었다. 또 1960년에 79달러였던 1인당 국민소득도 1977년에는 13배 증가한 1,034달러가 되었다.

냉전 구도를 활용해 수출 길을 열다

한국이 한강의 기적을 이룩한 데는 당시 미국과 소련의 냉전 구도가 큰 역할을 했다. 이승만 정권은 냉전 구도가 만들어지는 과정에서 강력한 반공 정책을 취하면서 미국의 원조를 끌어왔고, 그것을 토대로 경제를 발전시키고자 했다. 하지만 생필품 중심의 원조만 가지고는 제대로 된 경제발전 정책을 추진할 수 없었다.

이러한 한계를 인식하고 다른 방법의 경제발전 정책을 모색한 사람이 박정희 대통령이었다. 박정희 대통령은 냉전을 경제발전에 전략적으로 이용했는데, 가장 먼저 눈을 돌린 것이 일본으로부터 도움을 받는 것이었다. 박정희는 5·16 군사정변으로 집권하자마자 일본의 정치가 기시 노부스케에게 편지를 보냈다. 같은 만주국 출신으로 일본국 수상을 역임한 기시에게 도움을 요청한 것이다. 기시는 자신의 인맥을 총동원해 박정희 정권을 돕기 시작했다.

이러한 도움 요청의 연장선에서 탄생한 것이 1965년의 국교 정상화였고 한일 청구권 자금이었다.* 한일 국교 정상화는 이승

---

*   이때 만들어진 한일 간의 경제 구조를 '1965년 체제'라 할 수 있다. 또 이를 계기로 만들어진 한미일 3각 연대를 제1차 3국 협력이라 할 수 있다.

만 정권 때부터 추진되었지만, 식민지배의 불법성에 관한 의견 충돌로 계속 암초에 부딪혔다. 한국은 당연히 불법이라고 주장했지만 일본은 합법이라고 주장했기 때문이다.

청구권 자금이 필요한 박정희는 서로의 주장을 인정하는 선에서 이 문제를 봉합했다. 우리는 불법이라고, 일본은 합법이라고 주장하는 '서로 간의 의견 불일치를 인정하는 선agree to disagree'에서 타협을 한 것이다. 이것은 이후에도 두고두고 한일 간의 갈등을 일으키는 불씨가 되었지만, 박정희는 어떻게든 이것을 봉합한 뒤 청구권 자금을 받아서 활용하고자 했다.

박정희는 쿠데타로 집권했기 때문에 정권의 정당성이 없었다. 게다가 쿠데타 직후인 1962년 벼농사 대흉작과 1963년 봄보리 흉작까지 이어져 당시 민심 또한 대단히 흉흉했다. 이를 타개하기 위해서라도 박정희에게는 일본의 청구권 자금이 너무나 다급하고 간절했다. 결국 청구권 자금을 받기 위해 박정희는 일본에 고개를 숙이고 들어간 것이다.

"경험도 없는 우리는 그저 맨주먹으로 조국을 건설하겠다는 의욕만 왕성합니다. 마치 일본의 메이지 유신을 성공시킨 청년 지사와 같은 의욕과 사명감을 품고 그분들을 모범으로 삼아 우리나라를 빈곤으로부터 탈출시키고 부강한 국가를 건설하려고 합니다."

당시 일본 수상 관저에서 열린 만찬식에서 박정희가 한 만찬사의 일부다. 메이지 유신에 경의를 표하면서 그 핵심 이념이었던 부국강병을 우리도 본받아서 따라 할 테니 도와달라는 이야기였다. 이렇게까지 하면서 얻어낸 청구권 자금이 무상 3억 달러와 유상 차관 2억 달러였다. 이것이 한국의 경제발전에 소중한 종잣돈이 된 것은 사실이다.

하지만 한국의 경제발전에 결정적 계기가 된 것은 베트남전 참전이었다. 박정희 정권은 베트남전에 미국이 본격적으로 개입한 1965년부터 베트남 평화조약으로 외국군이 철수하는 1973년까지 8년간 5만 명 규모의 전투부대를 파견했다. 무려 5,000여 명의 전사자와 1만여 명의 부상자를 양산한 처참한 전쟁이었지만, 참전으로 인한 경제적 파급효과는 실로 엄청났다. 미국 정부가 한국 정부에 직접적으로 준 돈만 46억 달러였고, 미국으로부터 받은 군사 원조나 경제 지원 등 간접적인 지원까지 합하면 총 81억 달러에 이르렀다. 특히 이 돈은 정부뿐만 아니라 파병 병사나 군무원, 기술자, 노무자 등에 월급 형태로 지급되었기에 그 경제적 파급효과는 일본의 청구권 자금과는 비교가 안 될 정도로 컸다.

게다가 베트남 파병은 미국 수출 길이 열리는 결정적 계기가 되었다. 박정희 정권은 군사 쿠데타로 시작한 정권이었기에 미국과의 관계가 계속 좋지 않았는데, 베트남 파병을 계기로 급격히 개선되었다. 그렇게 미국이라는 거대한 수출 시장이 열리면서 한국 경제는 순풍을 만났다. 일본으로부터 원자재나 부품을 수입해 가공한 뒤 미국으로 수출하는, 한미일 3각 경제 구조가 함께 만들어졌기 때문이다. 하지만 1973년의 1차 오일쇼크와 1979년의 2차 오일쇼크로 수출에 큰 타격을 입었다. 거기다 1979년 박정희가 살해됨에 따라 한국 경제는 암초에 부딪히고 말았다.

'한미일 3국 협력', 그때나 지금이나 일본이 원하는 것?

한미일 3국 협력 구조가 다시 만들어진 것은 전두환 정권 때였다. 이때를 제2차 3국 협력이라 할 수 있다.

1979년 12·12 군사반란으로 권력을 잡은 전두환 신군부에 있어서 가장 큰 걸림돌은 역시 경제문제였다. 1979년 이란 사태로 말미암아 국제유가가 3배나 폭등하는 2차 오일쇼크가 한국을 덮쳤다. 연평균 10% 이상 고도성장하던 한국 경제는 1980년에 1956년 이후 처음으로 −2.7%로 성장률이 곤두박질쳤다.

또 1980년에는 냉해로 인해 농사마저 대흉작이었고, 소비자물가는 1980년에 32.2%, 1981년에 21.5%로 급등했다. 설상가상으로 경상수지 적자도 1979년에 41.5억 달러, 1980년에 56.9억 달러로 급증했다. 국가 채무도 많아서 당시 한국은 브라질, 멕시코, 아르헨티나와 더불어 세계 4대 외채 대국이었다.

이러한 상황에서 전두환 정권은 박정희 때와 마찬가지로 일본에 손을 내밀었다. 매년 20억 달러씩 5년간 100억 달러의 차관을 요청한 것이다. 이에 대한 근거로는 '첫째, 한국은 국방비 부담이 GDP 6%로 과다하다. 둘째, 새롭게 경제개발 5개년 계획을 추진할 예정인데 군사비 부담 때문에 차질이 생겼다. 셋째, 거의 200억 달러나 쌓인 대일 무역적자를 구조적으로 해결해야 한다'는 것이었다. 특히 첫 번째와 두 번째는 한국이 북한 등 공산세력으로부터 일본을 지키는 일종의 방파제 역할을 하는데, 일본은 뒤에서 무임승차만 하고 있으니 그 대가를 지불하라는 논리였다.

하지만 당시 일본의 스즈키 총리(1980년 7월부터 1982년 11월까지 재임)는 한국의 이러한 제안을 일언지하에 거절했다. 일본은 전두환 정권이 군사 쿠데타로 집권한 데다 김대중 가택 연금과 사형 선고까지 했기에 강한 거부감을 가지고 있었다.

그러자 전두환 정권은 미국의 레이건 대통령(1981년 1월부터 1989년 1월까지 재임)에 호소하기 시작했다. 1981년 2월 전두환은 대통령 당선자 자격으로 미국을 방문해 레이건 대통령에게 '한국은 태평양에서 자유 진영의 방파제 역할을 하고 있기에 일본은 한국의 군사 안보적 역할에 협조해야 한다'면서 일본으로부터 원조를 받을 수 있도록 도와달라고 요청했다.

레이건 대통령은 의외로 이에 동조했다. 전임 카터 행정부는 소련의 아프가니스탄 무력 침공에도 무기력했을 뿐만 아니라 이란의 테헤란 미국 대사관 점령에도 속수무책이었다. 카터에 질린 미국 유권자들은 강력한 미국 건설을 표방한 레이건을 압도적으로 지지해 당선시켰다.

이런 레이건 대통령은 한반도와 동북아시아의 평화를 유지하기 위해서는 무엇보다 한미일 3국 안보협력의 구축이 중요하다는 데 인식을 같이했다. 게다가 미국 역시 당시 대일 무역 적자가 커져서 심각한 문제로 대두되고 있었다. 안보와 경제 모두에 있어서 한국과 미국은 일본에 대해 같은 입장인 셈이었다.

이때 일본에서는 나카소네 내각(1982년 11월부터 1987년 11월까지 재임)이 들어섰다. 나카소네는 우익적인 성향이 강한 정치인으로 총리로서는 처음으로 야스쿠니 신사를 공식 참배했다. 그는 야스쿠니 신사가 미국의 국립묘지와 동일하기 때문에 국가를 위해 목숨을 바친 이들에게 감사하는 것은 당연하다고 생각했다. 특히 전범들이 합사된 것에 대해서도 "도쿄 전범 재판은 굴욕적이었고, 이를 따르는 사관은 자학적 사관"이라고 비판했다.

또 수상이 되기 전에 나카소네는 태평양전쟁에 참전하고(인도네시아에서 직접 위안소를 설치, 운영한 것으로도 유명하다) 방위청 장관으로 재직한 경력이 있었기 때문에 그만큼 일본의 군사력 증강에 적극적이었다. 그는 전후 처음으로 방위비를 GDP 대비 1%로 올렸고, 소련의 위협에 맞서서 일본을 '불침 항공모함화' 해야 한다는 소신을 피력하기도 했다.

특히 나카소네는 1959년 기시 노부스케 내각에서 처음 장관으로 재임하며 본격적으로 정치에 입문한 사람이었기에 기시와도 가까운 사이였다. 기시와 그 주변 인물들의 노력으로 차관 협상은 급물살을 타기 시작했고, 나카소네 총리는 1983년 1월 현직 일본 총리로는 처음으로 한국을 방문해 이 문제를 일괄 타결했다. 핵심 내용은 1983년부터 1989년까지 7년간 18억 5,000만 달러, 일본 수출입은행 융자 21억 5,000만 달러 등 총 40억 달러를 '안보·경협 차관'으로 한국에 제공해준다는 것이었다.

이때 그는 "한미일 세 나라가 함께 손잡고 태평양 국가로 돌진하자는 것이 나의 외교전략이다"라고 기자들의 질문에 답한 바 있다. 이후 1984년에는 전두환이 답방하는 형식으로 한국의 현직 대통령으로는 최초로 일본을 방문했다. 이로써 강력한 한미일 3국 협력 구조가 일시적으로 만들어졌다.* 한국은 이것을 기반으로 경제위기를 극복하고 다시 고도성장의 궤도에 올라서게 되었다.

---

*   하지만 이렇게 만들어진 한미일 3국 협력은 레이건의 변심으로 무산되었다. 레이건은 쌍둥이 적자를 이유로 플라자 합의를 통해 일본을 주저앉히는 전략을 구사했다. 미국은 자국 이익을 앞세워 동맹도, 3국 협력도 물거품으로 만들었다.

중진국 함정을 뛰어넘은 기적의 나라

한강의 기적은 대단한 성과임에 틀림없다. 하지만 글로벌 시각에서 보면 다른 지역에서도 많이 볼 수 있는 현상이었다. 가난한 나라가 경제발전을 통해 개발도상국으로 성장하는 것은 한국뿐만 아니라 여러 아시아 국가들과 중동, 아프리카, 동유럽, 중남미 등에서도 일반적으로 일어나는 일이다. 전 세계 100개국 가까운 나라들이 빈곤국에서 개발도상국으로 성장했기 때문이다.

오히려 전 세계가 부러워하는 기적 같은 일은 지난 30년간 한국에서 일어난 일들이다. 우리나라가 개발도상국을 뛰어넘어 선진국으로 가는 과정에서 나타난 이 현상이야말로 기적과도 같은 일이고, 글로벌 시각에서도 좀처럼 찾아볼 수 없는 현상이었다.

전 세계의 많은 개발도상국은 선진국 진입에 대체로 실패했다. 소위 '중진국 함정'에 빠지는 것이다. '중진국 함정'이란 2006년에 세계은행이 처음 제시한 개념으로, 개발도상국이 중간소득 국가middle income country 단계에서 성장력을 상실해 선진국 high income country에 이르지 못하고 중진국에 머무르거나 저소득 국가로 퇴보하는 현상을 말한다. 저소득 국가에서 중진국으로 성장하는 것은 상대적으로 수월하지만, 이후 선진국으로 도약하기는 굉장히 어렵다는 뜻이다.

세계은행의 분석에 따르면 1960년에 중진국이었던 101개 국가 중 2008년까지 선진국으로 도약한 국가는 대한민국과 아일랜드, 대만 등 13개국밖에 없다. 나머지는 50년 동안 그 상태에 머물러 있거나 심지어 더 가난해졌다. 그렇기에 중진국 함정은 예외적인 것이 아닌 보편적인 현상에 가까우며 거기에서 탈출하기란 대단히 어렵다.

중진국 함정에 빠지는 이유는, 지나친 불균형 성장으로 성장 동력이 소진되거나 생산 비용이 과도하게 상승해 산업 경쟁력이 약화되기 때문이다. 또 부정부패가 만연해 정치가 불안정해지거나 소득 양극화 심화로 사회적 통합이 잘 안 되어서 그런 경우도 있다. 중진국 함정에 빠진 대표적인 국가들로는 러시아, 멕시코, 브라질, 태국, 남아프리카공화국 등이다.

그렇다면 한국은 어떻게 중진국 함정에 빠지지 않고 기적적으로 선진국이 되었을까? 1990년대부터 시작된 '세계화 물결'을 잘 이용한 결과다. '한강의 기적'으로 후진국에서 중진국이 되었다면, 이번에는 '세계화의 기적'을 통해 선진국에 진입한 것이다.

냉전이 끝나자 발 빠르게 시작한 '세계화'

세계화globalization는 1991년 소련 체제가 붕괴되면서 시작되었다. 그전까지 미소 냉전 속에서 사회주의 경제권과 자본주의 경제권으로 분리되었던 시장이 통합되면서 범세계적인 시장이 형성되었다. 서구에서는 독일 통일이 이루어지고 유럽 단일 경제권이 형성되었다. 또 북미에서는 NAFTA(미국, 캐나다, 멕시코의 자유무역협정)가 출범했다. 1995년에는 우루과이 라운드가 타결되어 자유 무역의 대상이 원자재나 공산품뿐만 아니라 농수산물과 서비스로 대폭 확대되었다. 또한 세계무역기구WTO가 설립되어 국가 간 무역 분쟁을 조정하는 기구까지 만들어져 국제 무역 거래가 더욱 안정적으로 이루어지게 되었다.

이러한 환경 속에서 많은 나라가 다자간 무역 자유화 협상뿐 아니라, 개별 국가 간의 맞춤형 협정FTA을 맺어 무역 거래를 더욱 활성화시켜 나갔다. 한국도 2004년 칠레와의 FTA를 시작으로 자유 무역 협정을 급속히 확대해갔다.

이 시기를 전후해 탄생한 정권이 바로 김영삼 정권(1993년 2월부터 1998년 2월까지 재임)이다. 김영삼 정권은 1987년 민주화 운동을 이어받아 탄생한 문민정부였지만 국정 기조를 '세계화'로 잡았다.

세계화 물결이 시작되자 인적, 물적 교류가 범지구적으로 자유롭게 일어났고, 전 세계는 그야말로 하나의 지구촌이 되었다. 이러한 물결에 따라 김영삼 정권은 우리나라의 여러 시스템을 국제적 표준에 맞추고자 했다. 구체적으로는 경제 질서의 세계화, 정치와 언론의 세계화, 행정과 지방의 세계화, 교육과 환경의 세계화, 문화와 의식의 세계화를 세부 추진 전략으로 세웠다. 그리고 옛 껍질을 부수고 새로 태어나는 것과 같은 개혁을 통해 한국을 세계에 모범이 되는 국가로 만들어 세계인들이 가보고 싶고 투자하고 싶고 살아보고 싶은 나라로 만들고자 했다. 또 대내적으로는 국민 한 사람 한 사람이 풍요롭고 편안한 나라(부국안민 국가)로 만들고자 했다.

김영삼 정권에서 세계화 정책을 세운 분이 서울대 국제대학원의 고故 박세일 교수다. 박세일 교수는 청와대 정책기획 수석과 사회복지 수석으로 재임하면서 세계화 전략을 수립하고 그 집행을 진두지휘했다. 내가 재직하고 있는 서울대 국제대학원도 이때 만들어졌다. 세계화를 추진하기 위해서는 인재가 필요했고, 그 인재를 배출하는 기관으로 서울대 내에 국제대학원이 설립되었다. 물론 당시에도 서울대 외교학과 등 국제 전문 인력을 배출하는 학과가 있었지만 중국, 일

▶ [그림 3–4] 고 박세일 교수

본 같은 특정 지역을 깊이 연구하고 그 지역들과의 통상 등을 전문적으로 수행할 인력을 육성할 교육기관이 별도로 필요했다. 대학원 특화 과정인 국제대학원은 영어, 현지어 전문 교육을 통해 통상 전문가, 지역 전문가를 꾸준히 배출했다.

당시 삼성 그룹에도 '지역 전문가 제도'라는 파격적인 제도가 있었다. 그룹 내 뛰어난 인재들을 선발해 1~2년간 세계 각 지역으로 파견해 업무와 상관없이 자유롭게 그곳의 언어와 문화를 연구하는 글로벌 인재 양성 프로그램이다(2019년까지 90여 개국에 7,000명이 넘는 인재를 보냈다). 이들은 지역 전문가로서 삼성그룹의 발전에 혁혁한 공헌을 했다. 이 제도의 대학교 버전이 서울대 국제대학원이었다.

배낭여행족과 기러기 아빠들 덕분에

지금은 어느 나라든 자유롭게 드나들지만, 1980년대만 해도 일반인이 해외에 나간다는 것은 꿈도 꾸지 못할 일이었다. 기업인의 출장이나 학생들의 유학처럼 특별한 목적을 가진 경우가 아니면 아예 여권조차 발급되지 않았다. 외환 사정이 좋지 않아 해외에 나가서 소비해도 될 만큼의 여유가 없었기 때문이다.

해외여행이 일차적으로 열린 것이 1983년이었다. 그것도 50세 이상의 국민이 200만 원을 1년간 예치하는 조건으로 연 1회 관광 여권이 발급되었다. 그러니 보통사람들에게 해외여행은 먼 나라 이야기였다. 그러다가 1989년 드디어 해외여행 규제가 전면적으로 풀린다. 1988년 서울 올림픽을 성공적으로 치른 자신감과 생활 수준 향상, 1987년 6월 민주화 운동 이후 국민의 요구도 한 몫했다. 특히 당시의 노태우 정권은 해외여행 자유화와 함께 또 다른 중요한 역사적 결정을 내렸다. 바로 인천국제공항 건설이다. 인천공항을 건설해 세계로 나가는 관문을 만들었고, 이 관문과 전국을 KTX로 연결해 방방곡곡의 사람들이 신속하게 나가고 들어올 수 있는 길을 열었다.

또 1990년에는 북방 정책을 통해 소련과 국교를 정상화했고, 1992년에는 한국전쟁의 주요 적성국이었던 중국과도 국교를 수립했다. 이로써 우리에게는 과거 공산 국가들까지 자유롭게 여행할 수 있는 길이 열렸다. 이러한 변화를 상징적으로 보여준 것이 반공 소양 교육의 폐지였다. 1989년에 해외여행 자유화가 시작되었지만, 당시만 해도 해외로 나가는 사람은 반드시 반공 교육을 받아야 했다. 한국관광공사 산하의 관광교육원이나 자유총연맹 등에서 하루 동안 안보 교육을 받았는데, 내용은 해외에서 일어난 한국인 납치 사례와 조총련 활동 등이었다. 지금이라면 상상도 못할 일이었지만 교육 필증을 제출해야 여권을 손에 쥘 수 있었다. 하지만 노태우 정권의 북방 정책으로 말미암아 1992년에 이 교육 역시 폐지되었다.

이처럼 해외여행 자유화는 우리 국민에게 세계를 직접 경험해 볼 수 있는 길을 열어주었다. 신혼여행이나 효도관광을 통해서도 세계를 볼 수 있었지만, 가장 선두에 섰던 것은 역시 대학생들이 었다. 1990년대 대학생들은 배낭여행으로 세계 곳곳을 돌아다녔 다. 초기에는 일본이나 미국, 유럽을 중심으로 다니던 그들이 나 중에는 남미의 안데스산맥이나 북아프리카까지 안 가는 곳이 없 었다.

당시 '청춘이여, 무조건 떠나라'라는 배낭여행 전문 여행사의 카피도 큰 역할을 했지만 여행 전문가들의 글이나 책도 학생들에 게 동기부여가 되었다. 가령 배낭여행으로 6년간 60여 개국을 다 닌 한비야 작가의 《바람의 딸, 걸어서 지구 세 바퀴 반》(1996년 출간) 같은 책도 큰 인기를 얻었다.

또 한 가지, 1990년대 여행 자유화는 영어 교육 붐과 더불어 '기러기 아빠'라는 독특한 사회현상을 낳았다. 예나 지금이나 한 국인의 교육열은 세계적으로 유명하다. 수능 시험날 영어 듣기평 가 시간에 비행기 이착륙을 금지하는 조치도 놀랍지만, 기러기 아 빠도 세계적으로 보면 상당히 독특한 현상이다. 외국인의 시각에서 보면, 가족이 해외로 이주하는 경우 부모와 자녀가 함께 가는 것이 당연하다. 만약 그럴 수 없는 경우라면 보통은 아빠 혼자 해외에 나가고 엄마와 자녀들은 국내에 남는 것이 일반적이다. 하지만 당시 한국에서는 자녀들의 영어 교육을 위해 엄마와 자녀들이 해외로 나가고, 아빠는 한국에서 돈을 버는 기이한 현상이 벌어졌다. 그리고 그 결과 한국의 국제 전문 인력 양성은 더욱 쉽게 이루어졌다.

예를 들어 현재 서울대 국제대학원에서 공부하는 한국인 학생 중 절반은 소위 유턴 학생들이다. 조기 유학 등을 통해 해외에서 학부를 졸업한 뒤 국제대학원으로 돌아온 경우다. 이들은 외국어를 완벽하게 구사하고 이미 자연스럽게 국제 감각을 익힌 인재들이다. 이들이 국제대학원에서 다시 한번 한국적 시각에서 국제 전문 지식을 습득하고 나면 국제 전문가로 활약하기에 훨씬 유리하다.

한국인의 유학 열기도 세계화 기적에 빼놓을 수 없다. 미국 대학의 한국인 유학생 수는 2022년 기준 3만 3,177명인데, 일본인 유학생 수는 1만 298명에 불과하다. 일본의 인구가 우리보다 2.5배가량 많은 것을 고려하면, 한국은 인구 당 미국 유학생 비율이 엄청나게 높은 것이다. 더구나 중국이나 일본, 유럽 등에 나가 있는 유학생 수까지 합치면 한국인의 해외유학 열기가 얼마나 뜨거운지 알 수 있다. 이들 역시 각 나라의 전문가가 되어 한국의 세계화를 선도하고 있다.

"세계는 넓고 할 일은 많다"

개인들이 여행이나 유학을 통해 국제 감각을 익힌 것도 중요한 역할을 했지만, 역시 세계화 기적의 선봉장은 우리 기업들이었다. 한강의 기적으로 어느 정도 경쟁력과 자신감을 갖게 된 한국 기업들이 세계로 뻗어 나가며 그야말로 '기적 같은' 경제발전을 견인한 것이다.

그 선봉에 선 대표적인 기업이 대우그룹이었다. 삼성이나 현대, LG 등은 여전히 건재하고 있지만, 대우는 어느덧 잊혀진 이름이 된 듯하다. 1990년대 세계화에 앞장섰던 대우그룹은 첫 출발부터가 수출입에 특화된 대우실업이었다. 이후 기계·자동차·조선, 전자·통신 등의 분야로 사업을 다각화하며 한국의 3대 재벌그룹으로 성장했고 각 계열사도 하나 같이 전 세계로 쭉쭉 뻗어나갔다.

대우그룹의 김우중 회장이 1989년 세계화의 여명기에 내놓은 책이 《세계는 넓고 할 일은 많다》이다. 세계화에 관해서는 토머스 프리드먼의 《세계는 평평하다》 등 저명한 책들이 많지만, 김우중 회장의 이 책만큼 한국의 세계화에 크게 공헌한 책은 없다. '내 사랑하는 젊은이에게'라는 부제를 달았던 이 책은 김우중 회장이 대우조선을 키우기 위해 경남 거제시에 머물면서 틈나는 대로 청년들을 위해 쓴 책이다.

"나는 과거나 현재, 그리고 미래에도 우리에게 가장 소중한 자산은 젊은이들이라고 생각한다. 젊은이에게 가장 소중한 재산은 자신감이다. 젊은이들은 자신감으로 경험을 대신해야 한다. 충만한 자신감은 남들이 보지 못하는 것을 볼 수 있게 한다. 반면에 자신감을 잃으면 쉽고 빠른 길을 옳은 길이라 착각하게 된다.

지난 8년 동안 해외 청년사업가를 양성하면서 많은 젊은이들을 만났다. 그들과 대화를 나눠보면 꿈이나 비전이 확실하지 않았다. 우리 기성세대가 젊은이들에게 꿈을 심어주지 못하고 압박만 해댄 것처럼 느껴졌다.

나는 젊은이들의 저력을 믿는다. 내 경험에 의하면 한국인은 다른 나라 사람들보다 머리가 매우 좋다. 부지런하고 승부욕도 강하다. 세상 어디에 가더라도 절대로 경쟁력이 뒤지지 않는다. 그러니 젊은이들이 얼마든지 자신감을 가져도 된다. 아무리 어렵더라도 자신감을 가지고 대처하면 반드시 좋은 성과를 만들어낼 수 있다."

지금 읽어도 가슴 벅찬 이 책은 1989년 8월 출간된 후 6개월이 채 되지 않아 100만 부가 판매되며 '기네스북 최단기 밀리언셀러' 기록을 세웠다. 독서 인구가 빈약한 한국에서 이토록 선풍적인 인기를 끈 이유가 무엇이었을까? 당시 젊은이뿐 아니라 평소에 책을 읽지 않던 어른들도 자녀들을 생각하며 이 책을 읽었다. 그 덕분에 전 국민이 세계화에 눈을 떴다.

김우중 회장의 '세계 경영'은 3가지 점에서 한국 기업들의 세계화에 큰 지침이 되었다. 그중 하나는 신흥국 시장의 공략이었다. 한강의 기적을 통해 어느 정도 경쟁력을 갖추었다고는 하지만 세계 시장에서는 여전히 개발도상국 기업에 불과했다. 특히 선발국이었던 일본에 비하면 품질 경쟁력 등이 많이 떨어져 있었다.

하지만 브릭스(BRICS, 브라질·러시아·인도·중국·남아프리카) 같은 신흥국 시장에서는 달랐다. 일본과 같은 선진국의 제품은 지나치게 고품질이거나 고가격이었다. 그에 비하면 한국 제품은 가성비가 매우 좋았다. 가격은 선진국 제품에 비해 훨씬 싸지만 품질은 그다지 나쁘지 않았기 때문이다. 특히 신흥국들도 세계화의 흐름 속에서 경제가 점점 발전하고 있었기 때문에 전 세계적으로 이들의 수요가 생겨났다. 이 시장을 일찍부터 개척한 것이 대우였다. 요즘 우리가 교두보로 활용하는 베트남이나 인도네시아, 중앙아시아, 동유럽 국가 등의 시장을 가장 먼저 개척한 것도 대우였다.

대우의 세계 경영에서 또 하나 중요한 것이 현지화 전략이었다. 김우중 회장은 이렇게 말했다.

"거점은 인도네시아라고 하면서 마음은 서울에 두고 한국의 눈으로 세계를 보면 아무것도 얻을 수 없다. 한국을 기준으로 하면 사업 가능성이 없지만 인도네시아를 기준으로 하면 충분히 가능한 사업이 있다. 반면에 인도네시아만 염두에 두면 안 되는 것인데 세계를 무대로 생각하면 되는 사업이 얼마든지 있다. 이런 가능성을 볼 수 있어야 한다. 이것이 진정한 세계적 안목이고 글로벌 마인드다."

이러한 마인드는 당시 다국적 기업의 마인드와는 정반대였다. 당시의 다국적 기업들은 표준화standardization를 통한 세계 경영을 달성하고자 했다. 글로벌 표준 제품을 만들어 표준적인 광고와 마케팅을 통해 파는 전략을 주로 구사했다. 하지만 이제 막 세계화에 나선 한국 기업들은 이러한 다국적 기업의 표준화 전략으로 세계를 공략하기에 자원도 능력도 부족했다.

반면 현지화localization 전략은 의외로 우리 기업인들이 사용하기 쉬운 전략이었다. 신흥국의 시장 상황은 국가마다 다 달라서 오히려 표준화 전략을 구사하기 힘든 시장이었다. 이러한 시장을 한국 기업들은 각국에 특화된 전략을 가지고 공략했다. 특히 한국 주재원들은 현지 사정에 철저히 밀착해 시장을 개척해 나갔다. 현지인들이 많이 사는 지역에 같이 살면서 현지 직원뿐만 아니라 현지 거래선들과 동고동락하며 시장을 개척해 나갔다.

더구나 한국 주재원들은 신흥국 시장과 유사한 상황을 한국에서 이미 경험하며 성장했기 때문에 열악한 현지 상황에도 쉽게 적응할 수 있었다. 최빈국에서 개발도상국으로, 개발도상국에서 중진국으로 성장하는 과정에 벌어지는 다양한 경제상황을 이미 경험했다. 또 민주주의뿐 아니라 독재 정권, 군사 쿠데타, 권위주의 정권 등을 한국에서 경험했기 때문에 나라마다 다른 정치체제조차 크게 문제 되지 않았다. 이러한 경험적 유사성은 한국 기업의 현지화 전략에 큰 도움이 되었다.

대우의 세계 경영에서 특히 뛰어났던 것이 윈윈 전략이다. 신흥국에 들어가서 시장을 개척하되 항상 현지 사람들, 업체들과 윈윈 관계를 모색하는 전략이었다. 김우중 회장은 이를 "진출 국가에도 좋고 우리나라에도 좋으며, 현지의 대우에도 좋고 한국의 대우에도 좋은 방법을 찾아 세계 경영을 추진하려 했다"고 말했다.

다국적 기업들은 대체로 신흥국을 개척하더라도 표준화 전략으로 진입한 뒤 여차하면 언제든지 빠져나갈 준비를 한다. 또 진출해 있는 동안에도 배당 등을 통해 진출 이익을 빨리 회수하려고만 한다. 하지만 대우는 현지에 본사를 설치한 뒤 소위 '무국적 기업'을 지향했다. 지역 본사가 독자적인 전략을 가지고 활동하면서 배당보다는 현지 상장 등을 통해 그 나라 기업이 되고자 한 것이다. 그리고 지역 사회에 다양한 기여를 해서 현지 주민들에게도 사랑받는 기업이 되고자 했다.

"우즈베키스탄은 경제발전을 갈망하고 있는데 돈이 없었다. 내가 그 나라의 가치 있는 것을 찾아보니 면화 생산이 많았다. 그래서 면방 산업을 해서 수출을 도와주고 자동차 산업을 할 수 있는 기회를 얻었다. 그 나라의 눈으로 보고 그 나라와 함께할 수 있는 것을 찾았기에 이것이 가능했던 것이다."

　김우중 회장의 세계 경영의 꿈은 2000년에 그룹이 해체되면서 막을 내렸다. 하지만 그가 선두에 서서 보여주었던 세계 경영의 구상은 다른 기업들에게도 전파되었고, 한국 기업들은 더욱 힘차게 뻗어 나갔다. 이러한 기업들의 노력 덕분에 한국은 '세계화의 기적'을 이룰 수 있었다.

4

추격의 발판이 된 디지털 혁명

이미 전 국민이 휴대폰 사용자?

1990년대 우리나라는 세계화도 활발했지만, 동시에 디지털 혁명도 일어나고 있었다. 컴퓨터와 인터넷, 휴대폰 같은 디지털 기기들이 전 국민에게 급속도로 보급되면서 생겨난 혁명적인 변화가 세계화와 함께 일어났던 것이다.* 디지털 혁명의 주역인 컴퓨터는 1946년에, 인공위성은 1957년에, 인터넷은 1969년에 세상에 처음 등장했지만 대중적으로 사용되기까지는 꽤 오랜 시간이 걸렸다. 하지만 1990년대에 들어서면서 디지털 기기들이 급속히 퍼

---

*   디지털 혁명과 더불어 운송수단의 발달도 세계화에 큰 기여를 했다. 항공과 해운의 발달로 인해 세계화가 더욱 촉진되었기 때문이다.

져나갔고, 세계 곳곳에서 디지털 혁명이 시작되었다. 또 디지털 혁명은 세계화도 더욱 촉진하는 역할을 했다. 세계화에는 값싸고 빠른 커뮤니케이션 수단이 절실했다. 그런데 인터넷과 휴대폰 같은 디지털 기기들이 이 방법을 제공해주자 세계화는 더욱 빨라졌다. 그야말로 세계화와 디지털화가 서로 밀어주고 끌어주면서 혁명적인 변화를 낳았다.

어떤 학자들은 이때 일어난 혁명적인 변화를 '3차 산업혁명'이라고 부른다(2011년 출간된 제러미 리프킨의 책 제목 역시 《3차 산업혁명》이었다). 19세기 후반부터 20세기 중반까지 일어났던 전기와 석유, 생산과 이동에 관한 혁명적 변화를 2차 산업혁명이라고 한다면 1990년대부터 일어난 3차 산업혁명은 디지털 기술 발달에 따른 커뮤니케이션 혁명이라고 할 수 있었다. 커뮤니케이션 혁명의 총아는 바로 휴대폰이었다. 휴대폰의 등장은 공중전화와 가정용 전화기만을 사용하던 사람들을 혁명적으로 바꾸어 놓았다.

우리나라에서 이동통신 서비스가 시작된 것은 1986년이었다. 당시는 아날로그 통신1G 기술을 사용한 벽돌 크기만 한 휴대 전화기가 있었다. 크고 무거워 사용하기에 불편한 것은 차치하고 가격이 엄청나게 비쌌다. 첫 출시 가격이 400만 원으로 당시 자동차 1대 가격과 맞먹을 정도였다. 1990년대 중반까지는 일부 부유층이나 회사 중역들만 쓰는 물건으로 여겨져서 당연히 대중화되지 못했다. 일반인들은 여전히 유선전화를 사용했다. 삐삐 같은 무선

호출기도 공중전화와 함께 사용되었다.

그러다 1996년에 디지털 기술인 CDMA[2G] 기술이 개발되면서 한국의 휴대전화는 새로운 시대를 맞이한다. 한국전자통신연구원[ETRI]이 CDMA의 원천 기술을 가진 미국의 퀄컴과 함께 세계 최초로 CDMA 기술을 상용화했다. 여기에 SKT와 KTF, 신세기통신 같은 통신 사업자와 LG, 삼성, 현대 등 단말기 업체가 함께 참여함으로써 휴대폰 대중화가 급속히 이루어졌다. 2000년대에 들어서자 휴대전화 가입자 수는 1,000만 명을 돌파했고, 우리 국민 대부분이 사용하는 커뮤니케이션 수단이 되었다. 이때 삼성은 휴대폰 수출을 개시했는데, 2002년에는 휴대폰 단말기 시장에서 세계 1위 메이커로 등극했다.

하지만 2007년 애플의 아이폰이 등장하면서 스마트폰 시대가 열렸다. 아이폰은 통신기기의 새로운 혁명이었다. 통화는 물론 웬만한 소형 컴퓨터 역할까지 해내는 스마트폰의 등장으로 이전의 휴대폰은 몰락의 길로 들어섰다. 그러나 삼성이 갤럭시 시리즈로 애플을 추격함에 따라 한국에서도 스마트폰이 대중화되기 시작했다. 갤럭시 시리즈는 한국뿐만 아니라 전 세계의 스마트폰 시장에서 뛰어난 품질과 디자인으로 시장점유율을 높여가기 시작했다.

일본의 갈라파고스 케이타이

그렇다면 전자왕국 일본은 어땠을까? 당시 일본은 휴대폰 산업에서도 세계를 리드하고 있었다. 1979년에 일본의 거대 통신기업인 NTT가 세계 최초로 도쿄에서 카폰 서비스를 시작했고, 1985년에는 첫 휴대폰(일본어로는 '케이타이'라고 한다) 서비스를 시작했다.

1993년에는 NTT의 자회사인 도코모가 2G를 이용한 디지털 휴대폰 서비스를 시작했다. 하지만 일본의 휴대폰은 1990년대에 들어서 세계 시장에서 몰락의 길을 걷게 된다. 가장 큰 이유는 역설적이게도 일본의 내수 시장이 충분히 컸기 때문이었다. 당시 일본의 휴대폰 내수 시장은 미국의 2배 가까이 컸고 또한 급격히 성장하는 시장이었다. 이 시장에서 일본의 휴대폰 제조사들은 치열한 경쟁을 벌였다.

이 시기에 벌어진 일본 기업 간의 경쟁을 '구덩이 파기식 경쟁'이라고 했다. 넓은 갯벌에서 문어가 자신만의 구멍을 파들어 가듯 각 기업은 자사만의 차별점을 찾아 파고드는 경쟁을 반복했다. 다른 기업이 새로운 기능이나 서비스를 개발해 성공하면 모두가 그것을 모방하면서 거기에서 또 다른 차별점을 찾아내 경쟁했다.

실제로 1999년에는 이메일 서비스, 2000년에는 카메라폰 경쟁을 했고, 2001년에는 3세대 ^{3G} 네트워크, 2002년에는 음악 내려받기, 2004년에는 전자결제 서비스를 차례로 선보이면서 치열하게 경쟁했다.

이처럼 내수 시장에서의 경쟁이 지나치게 과열되다 보니 일본 기업들은 해외 시장으로 눈 돌릴 틈이 없었다. 삼성과 LG가 일찍부터 세계 시장을 공략할 때 일본 기업들은 내수 시장에서만 이곳 저곳을 옮겨가며 구덩이 파기식 경쟁을 벌여 나갔다. 그러다 어느 순간 고개를 들었을 때는 이미 늦었다. 당시 소니가 스웨덴의 에릭슨과 합작해 세계 시장에 진출했지만 이미 핀란드의 노키아, 한국의 삼성과 LG, 미국의 모토로라가 세계 시장을 선점한 뒤여서 제대로 된 성과를 내지 못했다.

스마트폰 시장에서도 마찬가지였다. 일본의 NTT 도코모가 애플보다 훨씬 앞서 스마트폰을 출시했지만, 내수 시장에만 몰두하다가 세계 시장에서는 뒤처지는 결과를 낳았다. 1999년에 도코모는 세계 최초로 핸드폰에서 인터넷을 사용할 수 있는 '아이모드i-mode'를 내놓았다. 아이모드는 세계인의 일상생활을 바꿔놓은 '스마트폰의 원조'라는 평가를 받는다. '아이 앱'이라는 앱 장터에서 앱을 다운로드해 다양한 서비스를 이용하는 시스템도 아이모드가 세계 최초로 선보였다. 핸드폰에 PC 기능을 결합한 아이모드는 일본에서 큰 인기를 끌었다. 2006년 1월에 가입자 수가 4,568만 명을 넘어서면서 도코모는 세계 최대 무선 인터넷 공급자로 기네스북에 이름을 올리기도 했다.

그렇다면 왜 일본인들이 열광한 아이모드는 글로벌 시장에서 외면받았을까? 이유는 바로 도코모가 지나치게 일본만의 독자성을 고집했기 때문이다. 아이모드를 사용하려면 NTT 도메인 등록이 필수였고, NTT가 자체 개발한 앱만 사용해야 하는 폐쇄적인 방식을 고수했다. 결국 2007년에 애플이 아이폰을 내놓으며 스마트폰 시장을 새롭게 열었을 때 아이모드는 일본만의 스마트폰으로 전락했다. 휴대폰에 인터넷 브라우저를 결합하고 앱을 통해 다양한 서비스를 이용하는 방식은 동일했지만 아이폰은 전 세계의 개발자들이 함께 서비스를 만들어가는 개방형 플랫폼open platform 전략을 채택했기 때문이다.

일본에서는 이 같은 현상을 '갈라파고스화'라고 부른다. 동태평양에 있는 갈라파고스 제도는 오랫동안 대륙과 교류가 없던 섬이었다. 이곳에서는 코끼리거북과 갈라파고스펭귄 등 다른 대륙에서는 찾아보기 어려운 고유종 생물이 여럿 발견되었다. 19세기에 다윈이 이곳을 방문한 뒤 진화론을 설파한 것으로 유명해진 섬이다. 대륙과 동떨어져 자기들만의 생태계를 보존한 갈라파고스 제도처럼 일본 통신업계도 세계적인 흐름과는 완전히 동떨어져 독자적인 진화만 거듭했다.

문제는 대륙에서 섬으로 외래종이 유입되었을 때 특이하게 진화한 일본만의 '고유종'은 쉽게 멸종 위기에 놓인다는 점이다. 일본의 휴대폰과 스마트폰이 그러했다. 재미난 것은 그들 스스로가 이러한 문제점을 잘 알고 지적하면서도 개혁은 하지 않았다는 것이다. 이것이 일본의 지속적인 문제점이었다. 스스로 일본의 휴대폰을 '갈라파고스 케이타이(휴대폰)'라고 하면서 일본만의 고유 기능을 중시하고 즐겼다.

하지만 일본 소비자들도 차츰 애플의 아이폰을 사용하기 시작했고, 중국이나 한국의 제품들에 관심을 갖기 시작했다. 그렇게 섬에 외래종이 침투하자 파나소닉이나 NEC 같은 일본의 대표 기업들은 휴대폰 시장에서 완전히 사라져버렸다.

세계에서 두 번째로
인터넷을 연결한 디지털 강국

군대를 마치고 1990년에 서울대 경영대학원으로 복귀한 나는 연구실에서 아주 생경한 모습을 보았다. 학생들이 IBM이나 매킨토시와 같은 보급용 데스크톱 컴퓨터를 자유자재로 쓰고 있었고, 그해 출시된 월드와이드웹^{www}도 재미나게 이용하고 있었다. 나는 한컴타자 프로그램으로 타이핑을 연습하고, 후배들에게 마이크로소프트의 윈도우와 웹 사용법을 급히 배웠던 기억이 지금도 생생하다. 초기에 한국의 인터넷 서비스는 전화선을 이용한 PC통신 서비스 업체들에 의해 시작되었다. 그리고 월드와이드웹이 탄생한 후에는 신규 PC통신 업체들이 인터넷을 경쟁적으로 깔기 시작하면서 확대되었다.

사실 한국은 미국에 이어 세계에서 두 번째로 인터넷을 연결한 국가다. 1982년 5월 서울대학교와 한국전자통신연구원이 전화선을 통해 연결한 SDN^{Software-Defined Networking}이 인터넷의 시초였다. 많은 사람이 잘 모르는 사실이지만, 이것은 세계에서 두 번째로 연결된 인터넷이고 우리가 자체적으로 개발한 네트워크였다. 이 연결을 주도한 전길남 박사는 '세계 인터넷 개척자 30인' 중 1명으로 인터넷 소사이어티 명예의 전당에 헌액되기도 했다.

하지만 한국에서 인터넷이 획기적으로 보급되기 시작한 것은 김영삼 정부와 김대중 정부 때였다. 1994년 김영삼 정부는 체신부를 정보통신부로 개편한 뒤, 전국에 초고속 통신망을 구축하겠다는 '초고속 정보통신망 구축 기본계획'을 수립했다. 또한 한국통신(현 KT)에서 코넷^{KORNET}이란 이름으로 월드와이드웹 기반의 인터넷 상용 서비스를 최초로 시작했다.

그리고 나서 초고속 통신망 ADSL이 전국적으로 깔리게 된 것은 김대중 정부 때였다. 김대중 정부의 초대 정부통신부 장관에 임명된 대우전자 출신의 배순훈 장관이 ADSL을 전국적으로 깔았다.

당시 정부와 통신업계 주요 인사들은 속도가 일반 전화 모뎀과 크게 다를 바 없는 기존의 ISDN 동축케이블coaxial cable로 인터넷망을 구축해야 한다고 주장했다. 그러나 배순훈 장관은 그들의 말을 듣지 않고, 전화 기지국을 기반으로 ADSL 광케이블fiber-optical cable을 설치해버렸다. ADSL 광케이블은 기지국 의존성이 높지만 한국은 기지국 반경 5km 내에 인구가 밀집되어 있어 결과적으로 배순훈 장관의 선택이 적절했던 것이다. 만약 이때 일본과 독일처럼 ISDN 동축케이블을 깔았다면 한국의 인터넷 발전은 훨씬 늦어졌을 것이다.

이렇게 1999년을 기점으로 ADSL 광케이블 인터넷이 24시간 정액제 요금제도와 함께 보급되면서 기존의 전화 모뎀과 PC통신을 넘어선 진정한 '초고속 인터넷 대중화'가 시작됐다. 더불어 하나로텔레콤과 두루넷, 메가패스 등 인터넷 제공 업체들의 탄생은 전국적인 인터넷 보급에 큰 역할을 했다. 당시 IMF 사태를 극복하기 위해 벤처기업 진흥 정책, 국민 PC 보급 정책 등 인터넷 관련 사업에 집중적인 투자가 이루어졌던 것도 우리에게는 좋은 기회였다.

그 결과 2002년에는 초고속 인터넷 서비스 가입자가 드디어 1,000만 명을 돌파했다. 거의 모든 회사, 학교, 가정에 인터넷이 깔린 셈이다. 또 벤처기업 진흥 정책 덕분에 인터넷으로 이용할 수 있는 콘텐츠 사업도 단기간에 엄청나게 풍부해졌다. 특히 PC방이 대대적으로 확산되었는데, 덕분에 젊은 층을 중심으로 인터넷이 일상에 완전히 정착했다. 이후로 2002년 VDSL, 2005년 100Mbps 광랜, 2014년 1기가 인터넷을 거치며 속도가 계속 향상되었다.

그런데 한편으로 유선 인터넷이 맹렬하게 퍼져나간 것에 비해 모바일 인터넷은 비싼 요금 때문에 사용률이 별로 증가하지 않았다. 그러다가 2010년대에 스마트폰이 전 국민에게 대대적으로 보급되면서 모바일 인터넷의 사용 빈도도 크게 늘었다.

지나친 신중함이 발목을 잡은 일본의 인터넷 보급

일본은 특이하게 무선 인터넷이 유선 인터넷보다 먼저 보편화된 나라였다. 앞서 설명한 바와 같이 일본은 세계 최초로 무선 인터넷 시대를 연 나라였고, 세계에서 가장 빨리 무선 인터넷을 대중화시켰다. NTT 도코모의 아이모드가 1999년 1월에 시작되었고, 이것은 세계 최초의 상용 무선(휴대폰 전용) 인터넷 서비스였다.

사실 우리나라도 1999년에(아이모드 출시 몇 달 뒤에) 무선 인터넷 서비스를 시작했지만, 인터넷에 접속하는 기본 플랫폼은 여전히

PC라는 인식이 매우 강했다. 그런 만큼 무선 인터넷 이용은 시들했다. 집이나 학교, 직장 등 어딜 가나 유선 통신망이 빈틈없이 깔려 있었고, 건물마다 PC방이 있었으니 유선 인터넷 이용이 별로 불편하지 않았기 때문이었다. 대도시뿐 아니라 시골 읍내에만 가봐도 PC방이 우후죽순처럼 생겨났던 시절이다. 집에서는 물론 외출, 여행 중에도 어디서든 쉽게 인터넷에 접속할 수 있었다.

하지만 일본의 경우 2가지 이유로 유선 인터넷의 사용이 지지부진했다. 하나는, 팩스라는 아날로그 통신수단이 너무 발달해 있었다. 일본에 가보면 회사뿐만 아니라 가정에도 대부분 팩스가 설치되어 있다. 팩스를 통한 통신이 지나치게 많고, 팩스에만 의존해도 별로 불편함이 없을 정도다.

2020년 코로나 팬데믹 상황에서 일본 정부가 전국의 중증환자 수를 팩스로 집계하는 모습이 뉴스에 나왔는데, 그걸 보고 모두 깜짝 놀랐던 기억이 있다. 하지만 아날로그 선진국인 일본의 경우 1990년대까지도 팩스가 모든 국민에게 너무나 편리한 통신수단이었기 때문에, 인터넷이라는 신문물의 이점이 별로 와 닿지 않았다.

특히 이러한 감각에 기름을 부은 것이, 앞서 설명한 ISDN 동축케이블로 전국의 인터넷망을 구축한 일본 정부의 오판이었다. 우리나라는 ADSL 광케이블로 인터넷망을 구축했기에 국민들이 고속 인터넷을 경험했고, 빠르고 편리하다는 것을 확실하게 느꼈다. 하지만 일본의 경우 팩스를 보내는 속도와 크게 다르지 않은 동축케이블로 인터넷을 깔아버렸기 때문에 이용자 입장에서는 별다른 차이가 없었던 것이다.

물론 이러한 판단에는 '돌다리도 두드려보고 건넌다'는 일본인 특유의 신중함과 '점진적 개선incremental innovation'이라는 일본식 접근방법이 중요한 작용을 했다. 또 광케이블은 속도는 빠르지만 설치 비용이 동축케이블에 비해 지나치게 높아 투자비를 회수하는 데 오랜 시간이 소요되는 반면 동축케이블은 빠른 시간에 투자비를 회수할 수 있다는 재무적인 판단도 고려되었을 것이다.

디지털 기술은 신속하게 보급된 후 사용자가 급격히 늘어나야 투자비가 쉽게 회수되는 특징을 가지고 있다. 한국처럼 광케이블로 인터넷망을 구축한 선택은, 아날로그식 판단으로는 무모한 선택이었다. 그것도 기간基幹망뿐만 아니라 각 가정까지 광케이블로 연결하는 것은 무모함을 넘어 무식한 선택일 수 있었다. 하지만 디지털 기술의 영역이다 보니 이러한 무모함과 과감함이 오히려 올바른 선택이 되었고, 일본의 합리적인 선택이 결과적으로는 잘못된 것이었다.

또 한 가지, 일본인들이 유선 인터넷을 위험하다고 여기게 된 계기가 있었다. 느려서 불편한 점을 뛰어넘는 부정적인 사건으로, 1999년에 일어난 '도시바 사건'이 그것이다. 당시에는 너무나 유명한 사건이어서 내가 사례로도 개발하고 논문으로도 분석했다. 도시바는 우리나라로 치면 삼성전자에 해당하는 일본의 대표적인 전자 기업이었다. 이 회사의 비디오 재생 기기를 산 고객이 고객 상담실 직원과의 대화 내용을 녹음해 인터넷에 올린 사건이 발생했다.

도시바 측에서는 계속해서 불만만 토로하는 고객을 '진상 고객'이라 생각하고 경찰청 출신의 특수 상담사를 투입해 대응하게 했다. 이 직원이 고객에게 심한 욕설을 한 것을 고객이 몰래 녹음해 인터넷에 올려버린 것이다. 특히 초기 유선 인터넷 사용자들은 소위 마니아(일본어로는 오타쿠) 고객이 많았기에 이들 마니아층이 일치단결해 대기업인 도시바를 집단적으로 비난하는 특이한 상황이 발생했다.

이 사건을 계기로 "인터넷에는 이상한 사람들이 많다"는 편견이 일본 내에 널리 퍼지게 되었다. 이런 부정적인 인식은 초기에 유선 인터넷이 대중에 보급되는 데 큰 장애 요인이 되었다. 그 결과 유선 통신 선진국 일본에서 유선 인터넷 보급이 한참 뒤지는 특이한 현상이 일어나기도 했다.*

||||||||||||||||||||||||||||||||||
*   지금도 한국을 혐오하는 혐한 그룹들이 특이하게 인터넷에서 활동하기에 일본에서는 이들을 '네트[net] 우익'이라고 부른다.

디지털 TV로 아날로그 강국을 뛰어넘다

한일 간의 역전 현상은 디지털 기기의 핵심인 TV에서도 일어났다. 1990년대까지 TV 수상기는 브라운관^{CRT, Cathode-Ray Tube} 방식이었다. 진공관 뒤에 있는 음극관에서 전자빔을 쏘면 앞면 유리에 도포된 형광 물질과 충돌해 빛을 내는 방식이다. 그러나 1990년대에 혁신적인 액정수상기^{LCD}가 등장했다. LCD는 백라이트가 빛을 발하면 이 빛이 일종의 편광 구조를 가진 액정을 통과하고 모니터 전면의 편광판을 지날 때 통과되거나 흡수되어 빛의 밝기에 변화가 생기는 구조다. 이 액정의 편광 구조를 제어함으로써 원하는 영상을 만드는 것이 LCD다.

LCD는 배불뚝이 CRT에 비해 가볍고 얇다는 장점이 있다. 화면 크기가 비슷한 경우 무게는 약 30~50% 이상 가볍고, 두께도 대단히 얇기 때문에 어디에나 쉽게 설치할 수 있다. 벽에 걸거나 매립하는 등 특수 용도로 제작하기도 쉽다. 이러한 장점 덕분에 LCD는 2000년대 중반부터 점차 브라운관을 밀어내기 시작하더니 2007년에는 TV 수상기의 주류가 되었다.

이 사이에 방송도 아날로그에서 디지털 방식으로 전환되었다. 디지털 방송은 높은 수준의 화질과 음질을 제공했다. 한국에서는

2001년 10월부터 디지털 지상파 방송이 수도권을 중심으로 시작되었으며, 2002년 3월부터는 위성 디지털 방송이 시작되는 등 본격적인 디지털 방송 시대로 접어들었다.

그런데 디지털 방송을 시청하려면 디지털 신호를 잡을 수 있는 전용 TV가 필요했다. 고화질 TV^{High Definition TV}가 이러한 용도로 개발되었다. 고화질 TV는 기존의 TV보다 화질이 5배나 더 선명하고, 음질 역시 돌비 사운드 기술 등을 활용해 극장에서 듣는 수준으로 입체적이었다. 초기 디지털 전용 TV로는 브라운관 방식의 완전 평면 TV와 프로젝션 TV가 주류였는데, 그 이후에는 PDP TV와 TFT LCD TV, FLCD TV 등 다양한 TV가 출시되었다.

프로젝션 TV는 40인치 이상의 대형 TV를 보급하는 데 크게 기여했다. 브라운관 TV를 대형화할 경우 무게 때문에 38인치 이상으로 제작할 수 없었다. 때문에 기기 아래쪽에서 상을 비스듬히 쏘아 거울을 통해 화면에 반사시키는 방식인 '프로젝션 TV'가 개발되었다. 초기에는 초고가라 보급이 잘 안 되다가 1998년경부터 점차 보급되기 시작했다.

프로젝션 TV 다음으로 대형 TV 시장을 주도한 것이 PDP^{Plasma Display Panel} TV였다. PDP TV는 반응 속도가 빠르고 잔상이 없었다. 또 색의 재현 범위가 넓어서 자연색에 가까운 화질을 제공했다. PDP TV도 2001년에서 2006년경까지 반짝 인기를 얻으며 대형 TV 시장을 주도했다. 하지만 LCD에 비해 화질이나 전력 소모, 제품 수명 등에서 약점을 보여 얼마 가지 않아 시장에서 도태되었다.

LCD TV는 PDP와 마찬가지로 두께가 얇아 벽에 걸 수도 있고 디자인도 예뻐, TV가 다시 거실의 주인공으로 자리 잡게 해주었다. 초기에는 가격이 1,000만 원에 가까워 보급에 한계가 있었지만, 수요가 많아지면서 가격이 빠르게 하락해 일반 가정에서도 흔히 사용할 수 있는 TV가 되었다.

전자왕국 소니의 몰락에서 배워야 할 것

1990년대, LG전자와 삼성전자는 서로 경쟁하면서 디지털 TV 시장을 선도했다. 사실 두 회사 모두 1960년대에 TV 수상기 시장에 진입할 때 일본 기업의 하청회사로 시작했다. 삼성은 산요전기의 하청기업으로, LG는 알프스전기와의 합작기업으로 TV 시장에 진입했다. 그 이후 독자적인 브랜드로 전환했지만 좀처럼 일본의 선도 기업들을 따라잡을 수 없었다.

특히 소니는 전자왕국 일본에서 독보적인 위치를 차지하고 있었다. 1968년에는 트리니트론(소니가 개발한 CRT 기술) TV를 만들어 세계 시장을 석권하다시피 했고, 1982년에는 세계 최초로 휴대용 TV도 만들었다. "It's a SONY"라는 자신감 넘치는 슬로건이 유행했을 만큼 소니 제품이라는 것 하나만으로도 비싸게 팔리던 시절이었다. 당시 한국에서도 혼수품 1호가 소니 TV였을 정도다.

하지만 TV 시장이 디지털로 전환되면서 형세가 역전되기 시작했다. 결정적인 이유는 소니가 아날로그 TV에 너무 집착했기 때문이었다. 아날로그 TV 시장에서 왕좌에 오른 소니는 계속해서 아날로그 시장을 고수하고 싶어 했다. 반대로 LG와 삼성은 아날로그 시장에서 계속 고전해왔기에 이를 과감하게 버리고 디지털 시장으로 빠르게 눈을 돌릴 수 있었다.

더구나 소니는 아날로그 TV의 브라운관 기술을 버리고 싶지 않았다. 브라운관 기술은 장인정신을 바탕으로 미묘한 품질 차이까지도 잡을 수 있는 특수 조정기술(일본어로 '스리아와세' 기술이라고 한다)을 기반으로 했다. 이 기술은 장인들의 오랜 경험과 기술이 축적된 것이기에 한국 기업들이 좀처럼 따라잡을 수 없었다.

하지만 LCD 같은 디지털 TV는 그러한 특수 조정기술이 필요 없다. 표준화된 부품을 잘만 조립하면(이를 모듈화 기술이라 한다) 만들 수 있는 제품이기 때문이다. 그래서 한국 기업들은 주요 부품들을 해외에서 조달한 뒤 신속하게 조립해 판매하는 전략으로 전환했다. 기술이나 품질보다는 스피드를 높이고 더 적극적인 마케

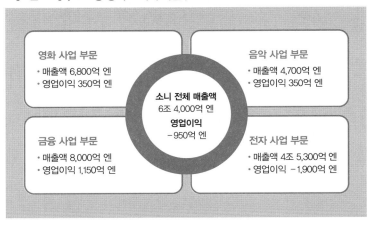

▶ [그림 4-1] **구조조정 당시 소니의 사업구조**(2012년 3월 기준)

영화 사업 부문
• 매출액 6,800억 엔
• 영업이익 350억 엔

음악 사업 부문
• 매출액 4,700억 엔
• 영업이익 350억 엔

소니 전체 매출액
6조 4,000억 엔
영업이익
−950억 엔

금융 사업 부문
• 매출액 8,000억 엔
• 영업이익 1,150억 엔

전자 사업 부문
• 매출액 4조 5,300억 엔
• 영업이익 −1,900억 엔

팅을 펼치는 전략을 구사했던 것이다.

반대로 소니는 브라운관 기술을 최후까지 활용하는 전략을 놓지 못했다. 평면 TV에서도 브라운관 기술을, 프로젝션 TV에서도 브라운관 기술을 원용하고자 했다. 때문에 기술과 품질은 뛰어났지만 스피드와 신선감에서 뒤처지기 시작했고, LG와 삼성에 점점 밀리기 시작했다. 급기야 2003년에는 '소니 쇼크'라는 소니 사상 최악의 주가 폭락 사태가 일어나면서 외국인인 하워드 스트링거 회장이 취임해 회사 전체를 서구식으로 구조조정하는 일까지 벌어졌다.

당시 일본인들은 외국인 회장이 일본 기업의 정수도 모르면서 소니를 마구 난도질한다고 비난했다. 일부 직원들은 '사요나라(안

녕) 소니'라며 회사를 떠나기도 했다. 물론 외국인 회장이 소니의 전통적인 주력 사업들을 버리고 전자부품, 게임, 금융 등에 특화된 완전히 새로운 회사로 탈바꿈시켰기에 이런 반발이 있었던 것은 사실이다. 하지만 이러한 구조조정이 있었기에 그나마 소니는 나중에 새롭게 부활할 수 있었다.

결국 소니는 기술이나 품질에서는 앞섰지만 사업에서는 실패한 일본 기업의 대표적인 사례가 되었다. 과거의 영광에만 집착하고 기술과 품질만 중시하는 기업은 망할 수도 있음을 보여주었다. 또 시대의 변화에 맞추어 서구식이든 일본식이든 기업을 근본적으로 바꾸어 나간다면 새롭게 부활할 수도 있음을 확인시켰다.

하지만 그렇게 부활한 소니도 과거 전자왕국 시절의 소니는 아니었다. 그리고 소니 외에 전자왕국을 구성하던 수많은 일본 회사가 도산하거나 해외 기업에 팔려나갔다. 그렇게 일본의 전자왕국은 "장인정신 때문에 망했다"는 커다란 교훈을 남긴 채 쓰러져 갔다.

몬주익 언덕에서처럼 일본을 추월하다

한국 기업들이 일본을 따라잡는 모습을 보면 1992년 바르셀로나 올림픽의 마라톤 경기가 연상된다. 이 경기에서 황영조 선수는 일본의 모리시타 게이치 선수를 물리치고 금메달을 목에 걸었다. 전통적으로 일본은 마라톤 강국이었기에 선수층이 얇은 한국 선수들은 주로 일본에서 전지훈련을 했다. 실업팀 선수들과 함께 훈련하면서 일본의 마라톤 기술을 흡수하곤 했다. 그러기에 한국 선수들은 일본 선수들의 기량과 전략을 자연스럽게 익힐 수 있었는데, 황영조 선수의 금메달 획득이 바로 이러한 경험의 결과이기도 했다.

바르셀로나 올림픽의 마라톤 코스는 여러모로 악명이 높았다. 최악의 무더위에 바닷가 도시 특유의 습한 공기까지, 가만히 있어도 온몸에 땀이 절로 나는 악조건이었다. 거기다 바르셀로나 시내를 오르락내리락하는 코스도 쉽지 않았다. 25km 지점까지는 그런대로 평지였지만 이후부터는 오르막 주로가 이어졌고, 코스의 후반부에 가까운 38km 지점에는 가파른 '몬주익 언덕'이 있었다.

황영조와 모리시타는 몬주익 언덕까지 페이스를 유지하면서 함께 선두를 달렸다. 그러다 몬주익 언덕에서 황영조는 모리시타의 거친 숨소리를 듣고 마지막 승부를 걸었다. 40km 지점의 내리막길에서 앞으로 치고 나간 것이다. 거기서부터 황영조는 온 힘을 다해 달렸고 결승 테이프를 끊자마자 바닥에 그대로 쓰러졌다. 2시간 13분 23초의 기록으로 금메달을 딴 것이다.

당시 주경기장에서 초조하게 기다리고 있던 손기정 옹은 감격의 눈물을 흘렸다. 1936년 베를린 올림픽에서 손기정 옹이 세계 신기록을 세우며 우승한 날이 8월 9일이었는데, 마침 황영조 선수가 금메달을 딴 것도 같은 날인 1992년 8월 9일이었다. 56년의 시차를 두고 거둔 쾌거였다. 1936년에는 일장기를 달고 우승했다면, 1992년에는 당당히 태극 마크를 달고 금메달을 목에 걸었다. '몬주익 언덕에서의 추월'은 여전히 한국 스포츠사의 명장면이다. 또 당시 우리 기업들이 어떻게 일본을 따라잡고 또 넘어섰는가를 상징적으로 보여주는 장면이기도 했다.

5

한국의 황제 경영,
일본의 주군 경영을 추격하다

세계화 경쟁에서 추격을 허용한 일본 기업

2000년대 초에 한국 기업과 일본 기업의 비교 연구를 한 적이 있다. 동일한 설문지를 한일 양국 기업들에게 배포해 분석하는 방식으로 진행했는데, 그 연구결과 덕분에 양국 기업 간에 존재하는 많은 차이점을 발견할 수 있었다.

우선 한국 기업이 해외 지향적이라면 일본 기업은 국내 지향적이었다. 한국 기업들은 해외 시장 진출과 해외 영업, 해외 시장에서의 인수·합병 등을 강하게 의식하지만, 일본 기업들은 내수 시장에서의 영업에 관심이 더 컸다. 그리고 한국 기업은 더 경쟁 지향적인데 반해 일본 기업은 협조 지향적이었다. 한국 기업들은 항상 경쟁사를 강하게 의식하고 그 기업들의 동향을 면밀히 파악

하며 임원 회의에서도 경쟁 전략을 더 빈번하게 논의했다. 반대로 일본 기업들은 거래 기업들을 더 강하게 의식하면서 그 기업들과의 정보 교환이나 협업 등에 더 많은 관심을 가졌다.

그리고 경영 전략에 있어서도 한국 기업들은 더 공격적이고 단기적인 전략을 많이 구사했다. 반대로 일본 기업들은 더 안정적이고 장기적인 전략에 힘을 쏟았다. 한국 기업이 매출이나 시장점유율 확대에 더욱 중점을 두었다면 일본 기업은 재무체질 강화나 인재육성 등을 더 중시했다.

또 한국 기업들은 가격 지향성이 더 강했다. 부품이나 원재료를 구입할 때도 코스트에 더 많이 신경 썼고, 판매할 때도 가격소구를 더 적극적으로 했다. 이에 비하면 일본 기업들은 가격 경쟁보다는 기술이나 품질 경쟁을 통해 더 큰 부가가치를 창출하는 데 집중했다. 마지막으로 한국 기업들은 브랜드 지향적인 반면 일본 기업들은 제품 지향적이었다. 한국 기업들이 브랜드를 중시하고 디자인이나 마케팅으로 이를 차별화하는 데 중점을 둔다면, 반대로 일본 기업들은 제품 개발과 생산에 더 큰 관심을 가졌다.

그렇다면 이러한 차이점들이 한일 기업 간의 세계화 경쟁에 어떤 영향을 미쳤을까? 한마디로 성패를 가를 만큼 큰 영향을 미쳤다고 볼 수 있다. 한국 기업들은 생산 비용이 더 적게 드는 곳을 찾아 전 세계로 흩어졌고, 영업 역시 시장이 있으면 어디든 적극적으로 달려가 개척했다. 한국 기업의 경우 대기업뿐만 아니라 중소기업, 소상공인조차도 해외 시장을 개척했으며, 벤처기업도 초기부터 아예 해외 시장을 목표로 창업하는 경우가 많았다.

하지만 일본 기업들은 달랐다. 대기업도 적극적으로 해외 시장을 개척하지 않았다. 해외 진출을 하더라도 직접 하기보다 대부분 종합상사에 수출입 업무를 맡기고 간접 수출을 하는 경우가 많았다. 때문에 한국에서는 이제 거의 사라진 종합상사들이 일본에서는 여전히 건재하는 것이다.

해외 시장에서 경쟁할 때도 양국 기업의 비즈니스 스타일이 그대로 드러났다. 한국 기업들은 가격 소구 등을 통해 더 공격적으로 매출을 늘리고 시장점유율을 높여 나갔는데, 그와 달리 일본 기업들은 제품의 품질이나 기술적 특징 같은 본질적 차별점을 내세워 승부하는 경향이 강했다.

이러한 경향성은 일본 기업의 최고경영자 의식조사 결과에서도 매우 유사하게 나타났다. 일본의 최고경영자들은 제품 개발이나 영업에는 신경을 썼지만, 광고나 브랜딩, 마케팅에는 별로 관심을 두지 않았다. 광고나 브랜딩은 담당 임원들이 할 일이지 경영자의 일은 아니라고 답한 경우가 많았다. 예를 들어, 회사 이미지 광고나 제품 광고의 최종 승인을 한국 기업은 대체로 최고경영자가 하지만, 일본 기업은 마케팅 담당 임원이 하는 것이다.

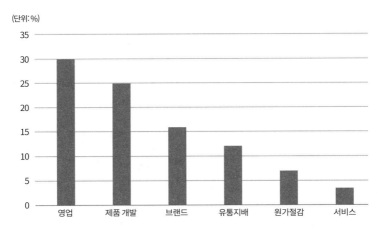

▶ [그림 5-1] 일본 경영자의 주요 관심 사항

(단위: %)

출처: 김현철, 《일본 기업 일본 마케팅》(법문사, 2004)

　원가절감도 마찬가지였다. 비용을 낮추고 원가를 절감하는 것
은 생산 담당 임원이나 구매 담당 임원의 일이라고 생각하는 일본
경영자가 많았다. 이에 비해 회사의 비전이나 이념을 강조하는 것
이 경영자의 주요 활동이고, 현장 업무 중에서도 최고경영자는 제
품 개발과 영업에 더 신경을 써야 한다고 생각했다. 경영자가 중
시하는 것과 기업의 지향성이 이렇게나 달랐기 때문에 세계화 시
기에 한국 기업과 일본 기업의 성과는 더욱 큰 차이가 벌어졌다.

황제 경영 vs. 주군 경영

'리더십 부재', '전략 없는 경영' 같은 말은 경제 침체기에 일본 기업을 비판하는 가장 중요한 핵심 용어였다. 매출이 떨어지고 이익이 줄어들면 기업들은 최고경영자가 전면에 나서서 리더십을 발휘하고 위기를 극복한다. 그 경영자는 제대로 된 전략을 가지고 조직을 일사불란하게 이끌어야 한다. 그런데 장기침체를 겪는 동안 일본 기업들에서는 그런 모습이 보이지 않았고, 때문에 많은 사람이 리더십과 전략이 없는 일본식 경영을 질타했다.

일본 기업의 최고경영자는 한국의 경영자들과 상당히 다르다. 한국은 경영자들이 전권을 휘두르는 황제와 같다고 해 '황제 경영'이라고도 하는데, 일본은 경영자들이 존재만 하고 군림하지는 않는 영주(일본에서는 주군)와 같다고 해서 '주군 경영'이라고 한다.

주군은 전통적으로 가신인 사무라이들에게 경영을 맡기고, 그들이 알아서 경영하게 하거나 보고를 받고 추인하는 정도의 일만 했다. 이것은 현재의 일왕도 마찬가지다. 일왕은 수상과 대신들에게 국가 경영을 맡기고, 존재만 하지 군림하지는 않는다.

메이지 유신 때 이러한 오랜 전통을 어기고 일왕이 직접 국가 경영을 하다가 쇼와 시대(히로히토 일왕이 재임한 1926년부터 1989년까지)

에는 참혹한 전쟁을 일으키는 큰 잘못을 저질렀다. 이를 반성하는 의미로 메이지 유신 이전의 전통적인 일왕으로 다시 돌아간 것이 현대의 일왕이다. 기업 경영도 마찬가지였다. 일본 경영자들은 임원들이나 종업원들에게 경영을 맡기고, 그들의 업무를 추인하는 정도에 머무르는 것이 일반적이다. 때문에 그들에게 강력한 리더십이 있을 리 없고, 경영 방식 역시 전략이 없다고 비난받을 수밖에 없는 것이었다.

하지만 이것을 조금 다르게 해석하는 일본 학자들도 있다. 고도 경제성장기에 일본 기업들은 지속적으로 성장했기 때문에 대단한 전략이 필요 없었다. 수요가 계속 있으니 만들어 팔기만 하면 회사는 저절로 굴러갔다. 특별한 리더십이나 전략이 없어도 순풍을 타고 계속 성장할 수 있었다. 그래서 기업은 생산, 영업 같은 현장 실행력에 더 집중하게 되었다. 경영자들은 현장에 더 관심을 가질 수밖에 없었고, 현장 출신의 인재들이 승진해 경영자가 되는 경우가 많았다. 도요타나 파나소닉과 같은 대표적인 일본 기업은, 생산 담당 임원과 영업 담당 임원이 교대로 최고경영자로 승진하는 전통이 있을 정도다.

이렇다 보니 최고경영자들은 전략보다는 이념에 더욱 신경을 썼다. 회사의 창업이념이나 역사를 소중히 여기고, 이것이 조직 전체에 속속들이 퍼지고 이어지도록 설파하는 것이 경영자의 주요 임무가 되었다. 고도성장기에는 이런 '전략 없는 경영'이 좋은 경영이었다. 중간의 전략보다는 그 상위에 있는 이념과 그 하위에 있는 실행력이 더 중요했기에 최고경영자가 위와 아래에 집중하고 중간의 전략을 등한히 하는 것이 되레 기업 성장의 비결이기도 했다.

그러나 기업들은 경제가 하루아침에 장기침체로 빠져들면서 화들짝 놀랐다. 당장 위기를 돌파할 리더십과 경영 전략을 내놓아야 했지만, 경영자들에게 그런 능력이 갑자기 생겨날 리 없지 않은가? 리더십이든 전략이든, 이런저런 것을 실행하고 연습해봐야 능력이 축적되는 법이다. 리더십을 배운 적도 발휘해본 적도 없는 경영자들이 갑작스레 찾아온 위기에 제대로 대응하지 못하는 것은 어쩌면 당연하다는 것이 일본 학자들의 반론이었다.

주주 자본주의와 종업원 자본주의

그렇다면 대주주가 얼른 나서서 회사를 직접 경영하거나, 뛰어난 리더십을 가진 전문 경영인을 외부에서 스카우트해와서 경영을 맡기면 되지 않을까? 이런 의문이 당연히 들 것이다. 우리나라는 물론이거니와 미국 기업에서도 자주 있는 일이기 때문이다. 하지만 일본 기업은 다르다. 일본 기업은 갈라파고스라고 이야기할 정도로 미국이나 한국과 크게 다르다.

우선 미국은 '주주 자본주의'를 표방하는 국가다. 최근에 와서 '이해관계자 자본주의' 등이 주창되기도 하지만 기본적으로 주주가 기업의 소유주다. 주주들이 이사회 구성원을 선임하고 그중에서 대표이사를 뽑아 경영을 맡긴다. 그리고 회사에 문제가 생기면 경영진을 해임하는 것도 주주다.

하지만 일본의 경우는 '종업원 자본주의'다. 종업원이 회사의 주인이기 때문에 종업원 중에서 이사회 구성원과 대표이사가 선임된다. 그래서 이사들과 대표이사는 종업원을 소중히 여기고, 그들에게 경영조차 위임하는 경우가 많다. 보수도 마찬가지다. 미국이나 한국처럼 엄청난 보수를 받는 경영자가 일본에는 거의 없다. 종업원 중에서 선발하기 때문에 종업원의 평균 연봉과도 크게 차이 나지 않는다.

그러다 보니 일본 기업에서 주주는 별로 힘을 발휘하지 못한다. 주주가 분산되어 있고 또 상당히 많은 주식이 관계 회사 간의 상호 주식 보유로 공유된다. 관계 회사 중에서도 특히 주거래 은행이 높은 비율의 지분을 가진 경우가 많은데, 그렇다 해도 그들 또한 관계 회사 중 하나에 불과할 뿐이다. 그러니 주주들은 회사가 심각한 어려움에 빠지는 경우를 제외하고는 나서는 일이 거의 없다. 특히 고도 경제성장기에는 회사가 어려워질 일이 거의 없었기에 이 역할 또한 퇴화될 수밖에 없었다.

이에 비하면 우리나라는 주주 자본주의 국가이고 특히 대주주인 회장이 전권을 휘두르는 경우가 많다. 일본 기업과 달리 현장을 임원들에게 맡기고 회장은 직접 전략을 챙기기도 한다. 또한 '다이내믹 코리아'라는 수식어처럼 수많은 부침이 있기에, 회장이 경영 전면에 나서서 진두지휘하는 일이 많았다. 이것이 지나치면 '황제 경영'이라고 비난받기도 했다. 그리고 회장으로 승진하는 과정도 일본 기업과는 꽤 다르다. 대주주의 자녀들이 일찍부터 회사에 들어와 처음부터 경영수업을 받는다. 기획 실장 등 주요 직책을 맡아 회사의 의사결정에 참여하면서 임원, 사장 등으로 초고속 승진을 한다.

종업원 자본주의를 표방하는 일본은 이런 과정 또한 상당히 다르다. 아무리 창업자의 자녀라도 평사원으로 입사해 일반 사원과 거의 동일하게 승진한다. 그러다 도중에 탈락해 회사를 떠나는 경우도 많다. 도요타는 일본 대기업 중에 거의 예외적으로 창업자의 손자가 사장 자리에 올랐지만 사실 그 과정은 순탄하지 않았다. 아키오 사장은 평사원으로 입사한 뒤 승진 과정에서 탈락한 적도 있었다. 그렇게 30여 년을 근무한 끝에, (일본 기업 중에서 대단히 특이하게) 최고경영자의 지위에 올랐지만 대단한 리더십을 발휘하지는 못했다.

도요타가 이 정도이니 소니처럼 외국인 경영자를 모시고 오는 경우는 정말 예외적인 경우다. 소니의 경우 파나소닉이나 미쓰비시처럼 오랜 역사를 가진 일본의 전통적인 전기·전자 기업도 아니었고 전후에 생겨난 벤처기업이었기 때문에 이런 일이 가능했다. 또 소니는 회사가 계속해서 위기를 겪자 마지막 수단으로 외국인 경영자 하워드 스트링거를 CEO로 선임했다. 이 바람에 일본 내에서는 엄청난 반발을 샀지만, 그의 과감한 개혁 덕분에 소니는 환골탈태했고, 그러한 경영 체질 개선이 이후의 기사회생에 큰 도움이 되었다.

황제들의 리더십이 결정적 성공비결

이에 비하면 한국 기업의 황제들은 그 막강한 권한만큼이나 강력한 리더십을 발휘해 중요한 결단을 내리는 경우가 많았다. 특히 일본을 추격하고 추월하는 상황에서 그들의 리더십은 기업의 성공에 결정적인 역할을 했다.

대표적인 예가 삼성전자의 반도체 사업이다. 삼성은 1974년에 한국 반도체를 인수하며 반도체 사업에 뛰어들었지만 별다른 실적을 내지 못했다. 하지만 1983년 2월 8일, 이병철 회장은 도쿄에서 반도체 중에서도 첨단기술인 초고밀도 집적회로^{VLSI}에 대규모 투자를 하겠다고 선언했다. 그 유명한 '도쿄 선언'이다. 이것은 〈동아일보〉가 '한국 기업 100년, 퀀텀 점프의 순간들' 중 최고의 순간으로 선정한 사건이었다.

당시 삼성은 가전제품용 고밀도 집적회로^{LSI}도 겨우 만들던 때라 일본의 반도체업계 사람들은 '시기상조다', '3년 안에 망한다'라고 하며 비웃었고, 미국의 인텔 같은 회사는 '과대망상'이라고 깎아내리기까지 했다. 하지만 이병철 회장은 '앞으로 산업은 반도체가 좌우한다', '일본인이 이룬 것은 한국인도 반드시 할 수 있다'며 과감한 투자를 결단했다. 이 회장은 한 인터뷰에서 "잘못하면 삼성그룹의 절반 이상이 날아갈지도 모른다고 생각했다. 하지만 삼성이 아니면 이 모험을 하기 어렵다고 봤다"고 했다.

이후 삼성은 통상 18개월 이상 걸리는 반도체 공장을 6개월 만에 지었고, 그해 미국과 일본에 이어 세계 세 번째로 64K D램을 개발했다. 그리고 256K D램을 개발할 때는 기존 4인치 웨이퍼에서 곧바로 6인치 웨이퍼로 '월반'했고, 일본 기업들이 1986년 미일 반도체 협정으로 설비 투자를 축소할 때 오히려 신규 생산라인을 건설해 판매함으로써 그간의 누적 적자를 한꺼번에 해소할 수 있었다. 그로부터 10년 뒤인 1993년에는 메모리 반도체 분야 글로벌 1위에 올랐고, 30년이 지난 지금까지 1위 자리를 지키고 있다.

당시 이병철 회장을 자문했던 NTT의 하마다 시게타카 박사는, 한때 한국에 반도체 기술을 가르쳐주던 일본 기업들이 되레 시장에서 밀려난 이유를 '리더십 부재' 때문이라고 했다. 신중히 판단하고 과감히 결정하되, 책임지고 대규모 투자를 감행할 수 있는 지도자가 일본 기업에는 없었다는 의미다.

현대자동차도 마찬가지였다. 현대자동차는 1975년에 첫 독자 모델인 포니를 출시한 이후 1980년대 후반 3저 호황(저달러·저유가·저금리)에 힘입어 크게 성장했다. 특히 이 시기에 한국에도 '마이카' 붐이 일어 내수 판매가 급격히 늘었다.

이러한 성과를 바탕으로 현대자동차는 1986년 엑셀 모델을 가지고 처음으로 미국 시장에 진출했다. 이전에도 포니 등이 일부 해외에 수출된 적이 있었지만, 미국 등 해외 시장을 본격적으로 개척한 것은 엑셀이었다. 엑셀이 성공한 데는 미일 간 자동차 통상협상의 반사 이익도 한몫했다. 미국이 일본의 자동차 수출 쿼터를 200만 대로 제한하자 일본의 자동차 회사들은 렉서스나 인피니티 등 프리미엄 브랜드로의 전환을 시도했다. 이 바람에 미국의 전체 자동차 시장에서 소형차 시장에 공백이 생겼고, 이 틈을 비집고 들어간 것이 현대자동차였다.

한편 현대자동차는 엑셀의 성공을 발판으로 독자적인 엔진 개발에 착수했고, 1991년에 알파 엔진을 완성했다. 그 전까지만 해도 포드와 미쓰비시의 엔진을 사용했으나, 드디어 자동차의 핵심인 엔진까지도 독자적으로 생산하게 된 것이다. 또 현대자동차는 엑셀을 발판으로 미국 진출 20년째인 2005년에 남부 앨라배마주에 첫 현지 생산 공장을 완공했고 2007년 미국 누적판매 500만 대를 달성했다.

현재 한국의 차세대 주력산업으로 떠오르고 있는 배터리도 마찬가지다. LG의 구본무 회장은 2차전지 전량을 일본에 의존하던 1992년에 리튬이온전지를 그룹의 미래 먹거리로 낙점하고 개발을 주문했다. 당시 일본으로부터 기술도입이 필수적이었지만, 일본이 국가적으로 기술유출을 금지하고 있어서 어려움이 컸다.

1996년 여러 계열사에 흩어져 있던 연구조직을 주력회사인 LG화학으로 모아 본격적으로 리튬이온전지 개발을 시작했고, 1998년에 국내 최초로 첫 대량생산을 시작했다. 일본보다 10여 년 뒤진 대량생산이지만 일본을 무섭게 따라잡아 고성능 노트북용 리튬이온 전지에서는 LG가 앞서가기 시작했다. 그리고 2000년엔 소형 전지를 넘어 전기자동차용 중대형 배터리로 사업 포트폴리오를 넓혔다. 구 회장은 2005년 2,000억 원 적자에도 2차전지 사업이 미래 성장동력이 될 것을 확신하고 과감하게 밀어붙였다.

그 결과 2007년 LG는 NCM(니켈·코발트·망간) 양극재를 세계 최초로 양산했고, 현대자동차를 시작으로 미국 제너럴모터스[GM]에

단독으로 배터리를 공급하는 업체로 선정되었다. 이것이 전기차용 배터리 분야에서 일본과의 경쟁에서 승리해 세계 시장을 주도할 수 있는 결정적 계기가 됐다.

한류는 어떻게 쿨 재팬을 이겼나?

최근에는 문화 산업에서도 일본을 추월하기 시작했다. 그 핵심에는 일본에서의 한류가 있다. 2000년대 초반부터 일본에서 한국 콘텐츠가 인기를 끌기 시작했다. 1998년 한국의 대중문화 개방과 양국이 공동 개최한 2002년 월드컵 전후로, 두 나라의 지상파 방송국들이 한일 합작 드라마를 제작하고 방영했다. 이것이 하나의 흐름으로 자리 잡았는데, 그중 NHK가 2003년에 KBS의 '겨울연가'를 방영해 일본에서 큰 인기를 끌었다.

특히 중장년층 여성들을 중심으로 '욘사마(배용준) 신드롬'까지 생겨나면서 한국 드라마에 대한 수요가 증가했다. 또 2006년에 드라마 '대장금'이 방영되면서 그 수요층이 중장년 남성에까지 확대되었다. 거기다 이 시기에 가수 보아가 일본에 진출해 한국인 최초로 오리콘 차트 1위에 오르며 K팝에 대한 관심도 증폭되었다.

이 흐름은 2008년부터 2011년경의 2차 한류 붐으로 연결되었다. 동방신기와 빅뱅, 카라, 소녀시대 등 K팝 아이돌 그룹들이 본격적으로 일본에 진출해 큰 인기를 모았다. 그리고 이들의 인기 덕분에 한류 팬층은 젊은 세대로까지 확대될 수 있었다.

그러다 2012년에 이명박 대통령의 독도 방문과 천황 발언 등으로 한일 관계가 급격히 경색되었고, 그 결과 일본의 지상파 방송에서 한국 관련 콘텐츠가 대폭 감소했다. 특히 이 시기에는 일본에서 '혐한' 붐이 일어나면서 '한류' 자체가 크게 정체되기도 했다.

하지만 2016년부터 2019년 사이에 3차 한류 붐이 불어 K팝뿐만 아니라 K푸드, K뷰티, K패션, K노블까지 확대되었다. 또 2020년 이후에는 한국 드라마와 영화가 온라인 동영상 서비스^{OTT}인 넷플릭스 등을 타고 일본에서 크게 히트했다. 이러한 한류 붐으로 말미암아 한국 제품은 이제 일본인들에게 생활의 일부가 되었다. 일본 슈퍼마켓에는 김치뿐만 아니라 한국식 된장, 고추장이 자연스럽게 진열되어 있고, 한국 식품만 파는 편의점도 생겨날 정도다. 한국어에 대한 관심도 높아져서 한국어를 제2외국어로 선택하는 학교도 늘었고 사설 한국어 학원들도 번창하고 있다.

그러다 보니 일본의 10대들 사이에서는 '한일어'가 유행이라고 한다. "진짜 오이시이(진짜 맛있다)"라든가 "진짜 소레나?(진짜 그래?)", "야바이인데(대박인데)"처럼 한국어와 일본어를 합친 표현들이 그것이다. 그 외에도 꿀잼, 심쿵 같은 은어는 물론이고 'ㅋㅋ'

같은 한글 자음 표현도 스스럼없이 사용한다.

　이런 분위기에서 일본 정부는 한류를 모방하려는 정책을 내놓았다. 한류가 한국 정부의 전폭적인 지원으로 만들어진 것이라 보고, '쿨 재팬'이라는 문화진흥 정책을 2010년대부터 적극적으로 추진해왔다. 경제산업성 산하에 쿨 재팬실이라는 것을 만들어 한국의 국가브랜드위원회나 콘텐츠진흥원 같은 역할을 수행하도록 했다. 또 쿨 재팬 펀드CJF를 만들고 매년 5,000억 원에 이르는 예산을 투입해 쿨 재팬 관련 기구 등을 지원했다. 그 결과 일부 애니메이션 방송권이나 캐릭터 이용권을 수출하는 등 성과를 내기도 했지만 투입된 예산에 비하면 턱없이 낮은 성과였다. 쿨 재팬은 한류를 의식해 추진되었지만 그 성과나 인지도 등은 훨씬 못 미쳤다. 특히 국가 주도로 문화를 진흥하는 데는 한계가 있음을 증명해주었다.

한류 M벨트와 한국 라면의 인기

그런데 한류 붐은 일본에서만 일어난 것이 아니었다. 지금은 전 세계적인 현상이 되었다. 나는 국제대학원 수업시간에 세계화의 기적과 디지털 기적을 가르치는데, 학생들에게 이와 관련된 주제를 정해 리포트를 작성하고 학기 말에 제출하도록 한 적이 있었다.

그중 한 학생이 재미난 지도 하나를 가지고 한류를 분석했다. 바로 '한류 M벨트'였다. BTS나 블랙핑크 등 한류 아티스트들이 공연할 때, 국가별로 SNS의 트래픽 정도를 나타내는 지도다. 트래픽이 많은 지역이 더 짙은 색으로 표시되는데 세계 지도에 그 지역들을 표시해보면 전체가 알파벳 M자와 유사하다. 그래서 'M벨트'라고 부른다. 아메리카 대륙은 미국과 캐나다, 브라질, 아르헨티나 등에서 SNS 트래픽이 많았다. 아시아는 중국과 일본, 태국, 베트남, 호주에서, 유럽은 러시아, 프랑스에서, 아중동은 튀르키예와 요르단에서, 아프리카는 이집트, 알제리 등에서 한류 아티스트 트래픽이 많았다.

이것은 2022년에 한국국제교류재단이 구체적으로 전 세계 한류 팬의 숫자를 조사하고 분석함으로써 분명해졌다. 〈2022 지구촌 한류 현황〉이라는 자료를 보면, 2022년 기준으로 전 세계 한류 팬은 약 1억 7,880만 명에 달하는 것으로 나타났다. 그중 한류 팬이 가장 많은 나라는 중국(8,532만 명)이었고, 그다음이 태국(1,684만 명), 미국(1,624만 명), 베트남(1,331만 명), 러시아(792만 명) 순이었다. 한류 팬의 수가 가장 많이 늘어난 지역은 유럽이었다. 무려 509개의 한류 커뮤니티가 있는 유럽에는 약 1,320만 명의 회원이 있고, 이는 전년 대비 37%나 증가한 수치였다.

▶ **[그림 5-2] 한류 M벨트**

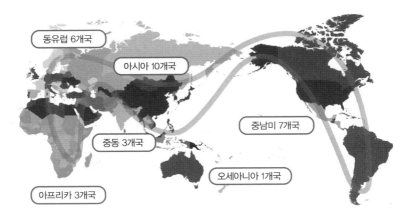

동유럽 6개국
아시아 10개국
중남미 7개국
중동 3개국
오세아니아 1개국
아프리카 3개국

이들이 한국 문화를 좋아하는 이유가 뭘까? 보고서는 크게 5가지로 분석했다. K팝의 중독적인 멜로디, 독창적인 안무와 가사의 메시지, 트렌디한 스타일, 한국의 높아진 경제적·문화적 위상, 예절과 가족을 중시하는 한국적 정서 등이다. 문화체육관광부 산하기관이 조사한 〈2022 해외 한류 실태조사〉에 따르면 이제는 K팝뿐만 아니라 음식, 뷰티, 패션, 영화, 게임 등 다방면에 걸쳐서 한류 문화가 전 세계로 확장되고 있다.

음식만 하더라도 대표적으로 라면과 김치, 떡볶이, 김 등이 전 세계적으로 인기를 끌고 있다. 특히 라면의 경우 농심은 신라면 등을 100여 개국에, 삼양식품은 불닭볶음면 등을 약 90여 개국에 수출하고 있다. 2022년 우리나라 라면 수출액은 7억 6,000만 달

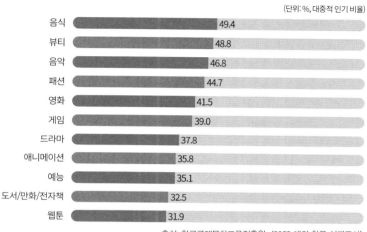

▶ [그림 5–3] 한국 문화콘텐츠 인기도

(단위: %, 대중적 인기 비율)

음식	49.4
뷰티	48.8
음악	46.8
패션	44.7
영화	41.5
게임	39.0
드라마	37.8
애니메이션	35.8
예능	35.1
도서/만화/전자책	32.5
웹툰	31.9

출처: 한국국제문화교류진흥원, 〈2022 해외 한류 실태조사〉

러였다. 일본의 라면 수출액(7,600만 달러)의 무려 10배 이상이다. 우리가 10배나 많은 라면을 수출한다는 사실은, 꽤 상징적인 사건이 아닐 수 있다. 1963년에 식량난 해소를 위해 삼양식품이 일본 묘조식품의 기술을 전수받아서 처음으로 한국에 라면을 출시했다. 그러던 한국이 지금은 라면 종주국 일본의 10배를 수출하고 있다.

이미 실질 임금은 한국이 일본보다 높다

한국이 일본을 급속히 추격하면서 일부 지표에서는 추월이 발생했다. 우선 2015년경에, 한국의 연간 평균 실질 임금이 일본을 추월했다. 즉 국민들이 받는 실질 임금을 달러로 환산한 평균값이 일본을 능가했다는 의미다.

나 역시 이러한 사실을 서울대에서 일본 전공 학생들을 지도하면서 피부로 느꼈다. 그 전만 하더라도 일본 전공 학생들은 일본어와 영어가 능수능란하기에 일본 기업에 많이 취직했다. 한국에 있는 지사에 취직한 뒤 승진해서 일본으로 가는 학생도 있지만, 글로벌 채용으로 일본 본사에 바로 취직하는 학생들도 많았다. 하지만 최근에는 그런 학생들이 거의 없다. 일본에 취직해 봐야 한국 기업보다 월급이 낮은 데다 환율마저 엔화가 약세인 상황이니 원화로 환산한 월급은 훨씬 더 적어지기 때문이다.

이처럼 평균 임금이 한국보다 낮아진 현상은 일본에서도 큰 사회문제가 되고 있다. 오랜 경제 침체로 일본은 임금이 안 오르는데, 한국 같은 주변 나라의 임금은 계속 오르다 보니 일본의 우수 인재들이 해외로 유출되는 현상이 계속 일어나기 때문이다. 한 예로 만화, 애니메이션은 과거 일본의 여러 산업 중에서도 가장 경쟁

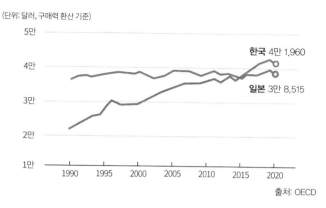

▶ **[그림 5-4] 한국과 일본의 실질 임금 추이**

(단위: 달러, 구매력 환산 기준)

한국 4만 1,960

일본 3만 8,515

출처: OECD

력 있는 분야였다. 그래서 그 분야에 일본의 젊은이들이 많이 모였고, 그들이 장인으로 성장해 가면서 만화 산업도 함께 발전했다.

하지만 평균 임금이 한국이나 미국 등 다른 나라에 비해 계속 뒤처지다 보니 이런 분야의 인재들이 서서히 해외로 유출되기 시작했다. 특히 최근에는 한국의 웹툰이 전 세계적으로 히트를 하면서 이들 중의 일부는 한국으로 취업하거나 미국의 웹툰 회사로 이직하는 경우까지 발생하고 있다.

외국의 인재들도 마찬가지다. 서울대의 일본 전공 학생들처럼 서구와 아세안 등에서 공부한 우수한 유학생들이 과거에는 일본으로 유학 가거나 일본 기업에 취업을 많이 했다. 하지만 임금의 우위가 사라지다 보니 일본으로 가지 않는 현상이 벌어지고 있다. 때문에 일본 정부가 나서서 외국인 유학생 유치 정책을 만들고, 일본 기업들에게 임금을 올리라는 명령 아닌 명령(협조 요청)을 내리기까지 했다.

한편 한국은 1인당 국민소득도 일본을 추월하기 시작했다. 물가 수준을 감안한 1인당 실질 국민소득은 2020년에 일본을 넘어섰다. 물론 일본의 인구가 1억 2,000만 명으로 한국보다 2.5배 정도 많기 때문에 1인당 국민소득에 인구수를 곱한 국민총소득GNI, Gross National Income은 일본이 한국보다 월등히 앞선다. 일본이 세계 3위이고 한국이 세계 10위이니 그 격차는 크다고 볼 수 있다. 하지만 GNI를 국민 1인당으로 계산하면 한국인의 실질 국민소득이 2020년에 일본을 앞섰다.

1인당 국민소득이 일본을 추월한 그 해에 또 하나의 재미난 통계가 있었다. 1년 동안 한국인 중에서 해외로 나간 사람의 숫자가 일본의 해외여행자 수보다 무려 약 1,000만 명이나 더 많다는 것이다. 2.5배나 차이 나는 인구수를 감안하면 일본의 해외여행자가 수가 더 많아야 당연하지만, 오히려 한국의 해외여행자가 훨씬 많았다. 이것은 물론 우리 국민이 해외여행을 좋아하고 해외 출장도 많이 가기 때문이기도 하지만, 한편으로는 실질 소득이 높아진 한국인들이 일본인들보다 더 자유롭게 해외여행을 떠나고 있음을 보여준다.

2023년에도 이와 비슷한 현상이 벌어졌다. 코로나19가 완화되고 한국과 일본 모두 해외여행의 빗장을 비슷한 시기에 풀었다.

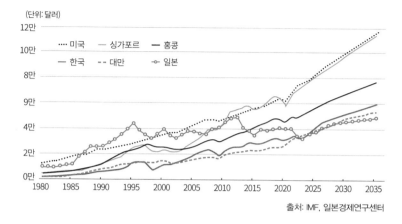

▸ [그림 5-5] 주요국 1인당 명목 소득 비교

(단위: 달러)

미국 · · · · 싱가포르 — 홍콩 —
한국 — 대만 - - - 일본 -○-

출처: IMF, 일본경제연구센터

하지만 이번에도 해외여행을 가는 사람의 수는 일본보다 한국이
더 많았다. 특히 일본을 방문한 한국인들의 숫자가 급증하면서 일
본 대도시 중심가에는 일본인보다 한국인이 더 많다는 우스갯소
리도 들렸다.

일본의 저명한 싱크탱크인 '일본경제연구센터'는, 한국의 1인
당 명목 국민소득이 2023년에 일본을 추월할 것이라고 전망했다.
대만이 1년 앞서서 일본을 추월하고, 그다음 1년의 시차를 두고
한국이 일본을 추월하게 된다는 것이다. 하지만 한일 간의 경제적
추격과 추월 현상은 양국 관계에 커다란 변화를 가져다주기 시작
했다. 왜 그런가? 이는 다음 장에서 설명하겠다.

PART 3.
일본의 새로운 대외 팽창

6

판을 흔드는 일본, 위태로운 한국

센카쿠 분쟁과 혐중 정서의 시작

2010년은 일본인들에게 기억하고 싶지 않은 해였다. 특히 보수 우익들에게는 '치욕의 해'이기도 했다. 먼저 2010년에 일본은 세계 2위의 경제대국의 자리를 중국에게 내주었다.

일본은 1968년 서독을 누르고 세계 2위의 경제대국이 되었다. 일본은 오랜 세월 동안 '탈아입구脫亞入歐', 즉 아시아를 벗어나 서구의 일원이 되겠다는 강한 욕망을 가지고 근대화와 경제발전을 추진했다. 그런 일본이 드디어 유럽의 선두국가 서독을 누르고 세계 2위의 경제대국이 되었으니, 얼마나 강한 자부심을 가졌겠는가?

중국에 세계 2위 자리를 내어준 것은 그런 일본인들의 자부심이 크게 손상되는 일이었다. 그간 일본은 아시아를 비근대적인 국

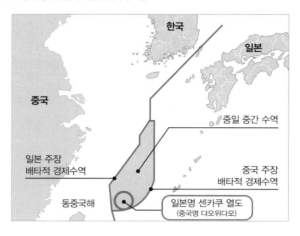

▶ **[그림 6-1] 일중 분쟁지역인 센카쿠 열도**

한국

일본

중국

중일 중간 수역

일본 주장
배타적 경제수역

중국 주장
배타적 경제수역

동중국해

일본명 센카쿠 열도
(중국명 댜오위다오)

가들로 치부했고, 특히 중국을 '지나_{支那}'라고 비하하며 내심 낮추
어 보았다. 청일전쟁과 중일전쟁을 거치면서 중국은 침략의 대상
이었고 만주국처럼 위성국가를 세워서 지배하던 국가였다. 그러
던 중국에 세계 2위 자리를 빼앗긴 것은 자존심이 많이 상하는 일
이었다. 하지만 한편으로는 받아들일 수밖에 없는 일이기도 했다.
중국은 13억 3,000만이 넘는 인구대국이 아닌가? 1억 2,000만의
일본으로서는 어쩔 수 없는 일이기도 했다.

그러던 2010년 9월, 일본에 치욕적인 일이 발생했다. 센카쿠
열도(중국명은 '댜오이다오')는 중국과 영토분쟁이 있던 지역이었다.
일본은 일본의 영토라고 주장하고 중국은 중국의 영토라고 주장
해왔다. 다만 일본이 먼저 실효적으로 지배하고 있었기에 중국이

문제를 제기할 때만 양국이 부딪히는 곳이었다.

2010년 9월 7일 오전, 센카쿠 열도 주변에서 조업하던 중국 어선과 일본의 해상보안청 순시선이 충돌하는 사건이 발생했다. 해상보안청은 이를 의도적인 공무집행 방해로 간주해 중국 어선 선장을 체포했다. 이에 중국은 강력히 항의하며 선장의 석방을 요구했지만, 일본은 오히려 구속기간 연장을 발표하며 대항했다.

그러자 중국은 일본 기업인 4명을 군사관리구역 불법촬영 혐의로 구속하고, 또 전자제품과 자동차 생산에 필수적인 희토류의 대일본 수출을 전면적으로 금지시켰다. 중국의 이러한 압력행사에 못 견디고 일본은 9월 24일 중국인 선장을 석방했다. 석방 이유를 묻는 기자회견에서 "일본 국민에 대한 영향과 일중 관계 등을 고려한 판단"이라고 발표했지만 일본의 완전한 굴복이었다.

하지만 중국은 일본이 선장을 석방했음에도 불구하고, "중국의 영토와 주권, 중국 국민의 인권을 현저하게 침해한 것에 대해 강력한 항의를 표명한다"고 성명을 발표하면서 일본 기업인 4명 중 3명만 석방하고 1명은 '외교 카드'로 계속 잡아두었다.

이에 일본인들은 격분해 10월 2일 도쿄에서 센카쿠 열도 영유권을 주장하는 대규모 반중 시위를 벌였다. 그러자 중국 사람들도 이에 뒤질세라 시안과 청두 등에서 대규모 반일 시위를 했다.

이러한 양국 국민의 시위는 2012년까지 계속되었다. 2012년 8월에는 '일본의 영토를 지키기 위해 행동하는 의원연맹'에 소속

된 의원 등 150여 명이 센카쿠 열도에 상륙하려 했다. 2012년 9월에는 만주사변 발발 81주년 기념일에 3,000명 이상의 중국 시위대가 베이징의 일본 대사관 진입을 시도하는 일까지 발생했다. 또 중국에서는 도요타자동차와 파나소닉 등 일본 상품에 대한 불매운동도 거세게 일어났다.

양국의 시위야 영토분쟁에 대한 국민감정이 표출된 것이지만, 희토류 보복에 의한 선장 석방은 2가지 중요한 시사점을 주었다. 하나는 영토분쟁이 경제안보적 상황으로 확대된 점이다. '경제안보'란 경제를 영토분쟁과 같은 안보적 상황에 이용하는 행위를 말한다. 희토류는 산업 생산에 결정적인 전략 물자였다. 이 물자를 90% 이상 중국에 의존하는 일본 입장에서는 경제를 위해 중국에 양보할 수밖에 없는 상황이 되었다.

일본은 이때 중국에게 당했던 방법을 2019년 우리나라 수출 보복에 그대로 써먹는다. '수출 보복'은 한일 간의 과거사 문제에 대해 일본이 전략 물자인 반도체 핵심 물품의 수출을 금지하는 것으로 대응한 사건이었다. 중국이 쓴 방법을 똑같이 반복한 치졸한 행동이었다.

또 다른 하나는, 이를 계기로 일본에 혐중 정서가 급속히 확산되었다는 점이다. 반중 정서는 그전에도 존재했지만 감정을 겉으로 잘 드러내지 않는 일본인들은 그것을 마음속에만 묻어두고 있었다. 하지만 일본 정부가 이처럼 굴욕에 가까운 행태를 보이자 일본인들도 대놓고 혐중 정서를 드러내기 시작했다.

또 수면 아래에 있던 일본 보수 우익들도 전면에 나서기 시작했다. 시위에 참여할 뿐만 아니라 SNS에 혐중 발언을 적극적으로 내뱉기 시작했다. 일부 식자층도 혐중을 조장하는 글이나 서적들을 스스럼없이 내놓기 시작했다.

대통령의 독도 방문과 천황 발언

왜 안 좋은 일은 한꺼번에 일어날까? 이 와중에 일본에서는 동일본 대지진이 터졌다. 2011년 3월 11일, 규모 9.1의 강진이 발생한 것이다. 일본의 지진 관측 역사상 최고 규모를 기록한 지진이었다. 또 초대형 쓰나미까지 밀려와 동북지방 해안선을 따라 대규모 인적·물적 피해가 더해졌다.

특히 세계 역사상 가장 심각한 원자력 사고 중 하나인 후쿠시마 원전 폭발 사고까지 일어났다. 지진이 잦은 일본의 특성상 3중, 4중으로 안전장치를 마련했지만, 자연의 거대한 힘은 인간의 상상을 초월했다. 지진으로 인한 원전 폭발 사고의 결과 발전소 일부가 파괴되어 아직도 완전히 수습하지 못한 상태다.

동일본 대지진은 태평양전쟁 패전 이후에 일본 사회에 가장 큰 충격을 준 사건이었다. 그런데 이 충격이 제대로 수습되기도 전에 이웃 나라 한국으로부터 다시 일본을 뒤흔드는 일이 일어났다. 이명박 대통령이 2012년 8월 10일에 독도를 공식 방문했던 것이다. 사실 그전까지만 해도 일본인들에게 독도는 거의 들어본 적도 없는 낯선 지명이었다. 일본 내에서는 '다케시마竹島'라고 불렸지만, 대부분의 일본 국민은 어디에 있는 섬인지도 잘 몰랐다. 그런 곳에 이명박 대통령이 전·현직 대통령으로서는 처음으로 방문한 것이었다.

일본이 이것을 가만히 두고 볼 리 없었다. 노다 요시히코 총리가 직접 강한 유감 성명까지 발표하며 격렬히 반발하고 나섰다. 그는 이명박 대통령의 독도 방문은 결코 있을 수 없는 일이고, 이 문제로 양국 관계에 격랑이 몰아칠 것이라고 했다. 그리고 주한 일본대사를 본국으로 소환하기까지 했다.

그 정도에서 그쳤다면 적당히 수습하고 넘어갈 수도 있었겠지만, 여기에 이명박 대통령이 기름을 또 붓는다. 그 유명한 '천황 발언'이 나온 것이다. 이명박 대통령은 독도를 방문하고 며칠 뒤에 소감을 묻는 시민들의 질문에 "일왕이 한국을 방문하고 싶다면 우선 지난 일제강점기 때 일본이 저질렀던 악행과 만행에 대해서 진심으로 반성해야 한다. 일왕이 독립투사들 앞에서 고개 숙여 사죄

한다면 일왕 방한訪韓도 가능했을 것이다"라고 말한 것이다.

거기다 덧붙여 "통석의 염 뭐가 어쩌고 이런 단어 하나 찾아서 올 거면 올 필요도 없다"고까지 말하며 쐐기를 박았다. '통석의 염'은 다름 아닌 아키히토 일왕이 1990년에 일본을 방문한 노태우 대통령에게 한 말이었다. 한국 대통령이 일왕을 직접 겨냥해 사죄하라는 발언을 한 것은 이때가 처음이었다.

얼어붙은 한일 관계, 반한을 넘어 혐한으로

그런데 이 발언은 이명박 정부가 그동안 보여온 일본과 일왕에 대한 태도와는 일치하지 않는 면이 있었다. 이명박 대통령은 당선 이후 노무현 정권 때와는 달리 친일적인 자세를 보였다.

2008년 4월 11일, 이명박 대통령은 취임 후 첫 한일 정상회담 기자회견에서 "원론적으로는 천황이 한국을 방문하는 데 굳이 방문하지 못할 이유가 없다고 생각한다"라고 말하고 그 직후 일왕을 방문해 한국에 초청했다. 그리고 이듬해인 2009년 9월 15일에는 〈교도통신〉과의 인터뷰에서 한일 강제 병합 100주년을 맞는 2010년에 일왕을 초청할 계획이라고 거듭 밝혔다.

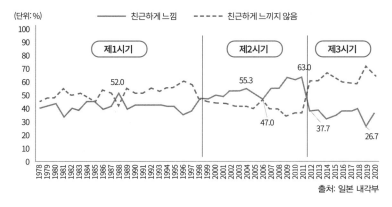

▸ [그림 6-2] 일본인들이 한국에 대해 갖는 친근감 변화

(단위: %)　　　── 친근하게 느낌　　- - - - 친근하게 느끼지 않음

제1시기　　　제2시기　　　제3시기

52.0　　　55.3　　　63.0

47.0　　　37.7　　　26.7

출처: 일본 내각부

또 불과 1달여 전에 한국 정부는 한일 군사정보포괄보호협정 GSOMIA을 비밀리에 추진하려다가 이 사실이 유출된 후 국민들의 거센 반대 여론에 부딪혔다. 하지만 그럼에도 한일 군사정보포괄보호협정을 계속해서 추진할 것임을 천명한 상태였다. 그런 이명박 정부가 순식간에 방향을 바꾼 것이었다.

이 발언은 일본을 뒤흔들어 놓았다. 안 그래도 동일본 대지진으로 슬픔에 잠긴 일본인들에게 이명박 대통령의 발언은 울분을 터뜨리기에 안성맞춤이었다. 더구나 일본의 보수 우익에게는 또 다른 치욕으로 여겨졌다. 중국은 대국이기에 어쩔 수 없다는 체념이 있었지만, 한국은 자신들이 식민지로 지배까지 했던 나라가 아닌가? '한강의 기적' 등 경제적으로 많이 성장했다고 하더라도 여전히 한 수 아래의 나라가 아닌가? 이런 생각을 가진 일본 우익들에게 이명박 대통령의 발언은 더더욱 용서할 수 없는 일이었다. 일부에서는 "앞으로 한국을 적국敵國으로 보겠다"는 강성 발언도 나왔다.

일본 내의 이러한 반응은 한일 관계에 2가지 큰 흐름을 만들었다. 하나는 당시 일본에서 대단히 높았던 한국에 대한 친근감이 급전직하하게 된 것이다. 전통적으로 한국에 대한 일본 국민들의 친근감은 크게 높지 않았다. 하지만 1998년 김대중·오부치 선언 후 양국 간의 친근감은 매우 높아졌고, 한류 붐이 더해지면서 일본 국민은 한국을 좀 더 가깝게 여겼다. 이와 더불어 한일 관계도 좋아졌다. 일부에서는 '백제 시대 이후 최고의 한일 관계'라는 이야기가 나올 정도였다. 그러던 한일 관계가 이명박 대통령의 발언으로 급속히 냉각되었다. 그리고 냉랭해진 분위기는 박근혜, 문재인 정권 때도 계속되었다.

또 하나의 흐름은 일본 내에 혐한 풍조가 급속히 확산된 점이었다. 사실 우리는 일본을 싫어하고 반대해도 '혐일'이라는 단어는 좀처럼 사용하지 않는다. 그냥 '반일' 정도로 통일해 사용한다. 하지만 당시 일본에서는 '반한'을 넘어 '혐한'이라는 더욱 격한 감정을 담은 단어를 사용하기 시작했다.

혐한 감정이 확산되자 혐한을 조장하는 방송과 서적들이 범람하기 시작했다. 지하철 광고판에는 혐한 기사를 실은 잡지 광고들로 가득했고, 주요 서점에는 아예 혐한 잡지와 책만을 전시해놓은 특별 코너가 생길 정도였다.

"인도양, 태평양을 결합해 중국을 봉쇄하자"

혐중과 혐한으로 기울어 가는 국민을 일본의 정치가들이 가만히 둘 리가 없었다. 특히 포퓰리스트 정치인들은 이러한 정서를 조장하고 이용하면서 자신의 정치적 입지를 강화하기도 했다. 이런 정치인의 전형이 아베 신조였다.

아베는 이명박 대통령의 천황 발언이 있고 얼마 뒤에 집권한 수상이지만, 2006년에 1년간 단기 집권한 적도 있었다. 이때 중국을 의식한 쿼드 전략과 인도·태평양 전략의 원형을 내놓았다.

아베는 2007년 8월에 인도를 방문해 일본 총리로서는 처음으로 인도 의회에서 연설했다. 이때 '2개의 대양大洋의 결합'이라는 주제의 연설에서 인도양과 태평양에 면한 인도와 일본이 자유민주주의를 중시하는 가치 외교로 양국 관계를 더욱 강화하자고 주장했다. 또한 일본과 인도가 미국, 호주와 함께 4개국, 즉 쿼드quad의 연대를 강화할 필요가 있다고 역설했다.

중국은 이미 2005년 전후에 파키스탄과 방글라데시, 미얀마

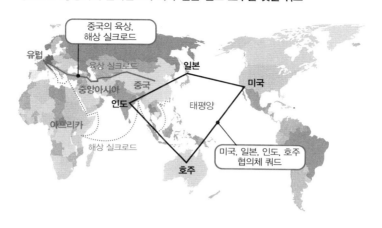

▸ [그림 6–3] 중국의 일대일로와 미국·일본·인도·호주를 잇는 쿼드

등 인도양 주변 국가에 대규모 항만을 건설하려는 전략을 추진해왔다. 나중에 '진주목걸이 전략'이라고 일컬어지는 전략이었다. 인도양 주변의 전략적 거점들을 마치 진주목걸이처럼 연결한다는 의미에서 붙여진 이름이다. 중동에서부터 남중국해로 연결되는 해로를 따라 여러 나라와 전략적인 관계를 형성함으로써 자국으로의 에너지 자원 루트를 안정시키려는 전략이었다. 아베는 이것을 놓치지 않고 역으로 해양 세력을 규합해 중국을 봉쇄하는 전략을 제시했다.

1기 아베 정권은 단명했지만 2012년에 다시 총리로 복귀한 아베는 우선 유명무실해진 쿼드 구상을 '안보 다이아몬드' 구상으로 부활시켰다. 안보 다이아몬드 구상이란 아베의 집권 2기 안보 구상으로, 일본·미국·인도·호주의 4개국을 연결할 경우 태평양과 남중국해, 인도양을 아우르는 거대한 마름모꼴 형태가 되는 데서 착안한 구상이었다.

아베 총리는 센카쿠 열도 분쟁 이후에 기회가 있을 때마다 "남중국해가 '중국의 호수'가 되려고 한다"라고 하며 남중국해에서 중국의 군사력 증가에 위협을 느끼는 인도와 호주를 미일 안보동맹에 연결시키려는 의지를 드러냈다.

그리고 이는 다시 중국을 자극했다. 그다음 해에 출범한 중국 시진핑 정부는 2013년 9월 그 유명한 '일대일로一帶一路' 전략을 제시한다. 일대일로 전략에서 일대一帶는 산시성의 시안 혹은 내몽골 자치구의 후허하오터에서 시작해 키르기스스탄, 카자흐스탄, 우즈베키스탄, 아제르바이잔, 이란, 튀르키예, 우크라이나, 독일로 이어지는 육상 실크로드다. 그리고 일로一路는 베이징에서 시작해 말레이시아, 태국, 미얀마, 인도, 스리랑카, 몰디브, 파키스탄, 예멘, 케냐, 탄자니아, 그리스, 이탈리아를 잇는 해상 실크로드다. 이를 합한 '일대일로'는 총 49개국을 도로와 철도, 해로 등의 교통 인프라 투자로 연결해 국가 간 운송 시스템을 마련하겠다는 것이다.

일대일로 전략은 기존의 진주목걸이처럼 에너지 루트를 확보하기 위한 전략에서 한발 더 나아간 것이었다. 이들 지역의 물류와 에너지, 산업 등을 하나로 묶어 중국을 중심으로 하는 거대 경제권을 만들겠다는 계획으로 확장된 버전이었다.

일대일로 전략에서 아프리카의 케냐는 중국의 주요 거점 중 하나인데 이 지역을 방문한 아베는 2016년 8월에 '자유롭고 개방된 인도·태평양 전략FOIP, Free and Open Indo-Pacific Strategy'을 발표한다. 아베는 당시 케냐의 나이로비에서 열린 아프리카개발회의TICAD에서 기조연설을 했는데, 태평양에서부터 페르시아만에 이르는 인도·태평양 지역을 "자유와 법치·시장경제를 중시하는 장場"으로 규정하고, 관련국들이 국제 규범에 근거한 인프라 정비와 무역·투자, 해양 안보 분야 등에서 협력을 추진해 나가자고 주장했다. 오늘날 외교 무대에서 일반 명사처럼 자주 사용되는 인도·태평양 전략(인태전략)이 쿼드와 안보 다이아몬드 구상을 거쳐서 처음으로 구체화되었다.

이후 아베는 2017년 1월 취임한 도널드 트럼프 미국 대통령을 집요하게 설득해 같은 해 11월에 열린 미일 정상회담에서 '자유롭고 개방된 인도·태평양 전략'을 양국 공동의 외교전략으로 추진하기로 합의했다. 그리고 아베는 트럼프를 설득해 2020년 8월 미국·일본·인도·호주의 4개국으로 구성된 안보협의체를 출범할 뜻을 밝힘으로써 쿼드도 급물살을 타기 시작했다. 인태전략과 쿼드는 이후 바이든 행정부도 그대로 계승해 중국을 견제하는 주요 전략으로 자리 잡았다.

아베는 왜 이렇게 집요하게 중국을 봉쇄하고 견제하려는 것일까? 물론 이전의 치욕을 갚고자 한 목적도 있지만, 미국의 힘을 빌려 아시아의 맹주가 되고자 하는 목적도 숨어 있었다. 이는 아베의 외할아버지인 기시 노부스케의 '미쓰야(三矢, 3개의 화살) 전략'과도 연관이 있다. 한반도에서 한국을 떼어내고 중국에서 대만을 떼어내어 이 나라들과 일본이 함께 '자유주의의 3개의 화살'이 되자는 전략이다.

이 전략의 아베 버전이 바로 인태전략이었다. 인도양과 태평양의 해양 세력들이 협력해 중국과 북한, 러시아의 대륙 세력들을 봉쇄하는 전략이다. 여기에 미국을 끌어들여 해양 세력의 힘을 극대화하고자 했다. 이 전략이 제대로만 작동한다면 일본은 라이벌인 중국을 누르고 아시아의 맹주로 부활할 수 있는 것이다.

투키디데스 함정과 트럼프의 예정된 전쟁

아베의 생전에 그와 관련된 동영상 하나가 화제가 되었다. 2017년 11월 트럼프 대통령이 일본을 방문했을 때 아베 수상은 트럼프를 극진히 대접했다. 트럼프를 골프장에 초대해 친선을 도모했는데, 아베 수상이 벙커에서 크게 넘어진 것이다. 벙커 샷을 하고 난 뒤 너무 급하게 트럼프를 따라가려다가 나뒹굴고 말았다. 이 장면이

고스란히 카메라에 담겨 일본 전역에 방영되었다.

이것은 아베가 트럼프를 얼마나 극진히 대접하려 했는지 보여주는 상징적인 장면이었다. 아베는 트럼프에게 간과 쓸개를 다 빼주면서까지 환심을 사려 했고, 그 환심 속에서 인태전략 세일즈가 성공했던 것이다. 트럼프는 사업가답게 아베가 만든 중국 포위 전략인 인태전략을 흔쾌히 사버렸다.

그렇다면 트럼프는 왜 일본의 인태전략을 선뜻 받아 미국의 외교전략으로 선택했을까? 미국은 클린턴 대통령 시절에 중국을 WTO에 가입시켰다. 개혁개방 정책을 통해 중국 경제가 성장하자 미국 중심의 '자유주의 국제질서Liberal International Order'에 중국을 편입시켰던 것이다.

이 조치로 중국은 명실상부한 세계의 공장이 되었다. 풍부하고 값싼 노동력으로 전 세계가 필요로 하는 범용품을 만들어 수출했다. 덕분에 미국도 큰 혜택을 누렸다. 중국이 좋은 제품을 싸게 만들어 공급해주니 미국은 인플레이션 없이 번영을 구가할 수 있었다. 더구나 중국이 미국에 수출해서 벌어들인 외화로 다시 미국 국채를 사주었기 때문에 미국으로서는 더욱 고마웠다.

하지만 중국 때문에 미국의 범용품 공장들은 큰 타격을 받았다. 값싼 중국 제품이 범람하자 미국의 제조업 공장들이 하나둘 경쟁력을 잃고 도산하거나 공장을 아예 해외로 옮겨버렸다. 그러자 그 기업의 노동자들이 하루아침에 일자리를 잃었다.

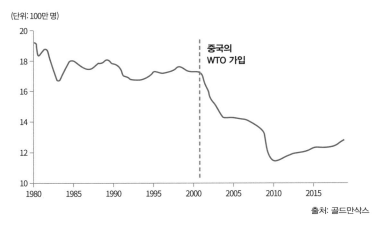

▶ **[그림 6-4] 미국 제조업 종사자 수의 급격한 감소**

(단위: 100만 명)

중국의
WTO 가입

출처: 골드만삭스

이들이 많이 거주하던 곳이 미국 중부의 공장 지대, 즉 러스트 벨트rust belt였는데 이곳에서 일하던 백인 중산층들이 많이 몰락했다. 이들의 불만을 전략적으로 이용해 대통령에 당선된 사람이 트럼프였다. 2016년 대선 당시 트럼프는 러스트 벨트 지역의 노동자들을 집중적으로 공략했고, 예상치 못한 이변을 일으키며 대통령에 당선되었다.

그런 트럼프에게 중국을 봉쇄하자는 아베의 인태전략은 적절한 시기에 찾아온 좋은 제안이었다. 러스트 벨트 지역을 중심으로 한 주민들의 불만을 중국으로 돌린 뒤, 중국을 봉쇄하는 인태전략을 자신의 전략으로 활용할 수 있으니 말이다. 유권자들도 좋아하고 지지율 유지에도 도움이 되니 트럼프가 마다할 리 없었다.

그때 재미난 책이 미국에서 출간되었다. 하버드대 케네디스쿨의 초대 학장을 역임한 국제정치학자 그레이엄 앨리슨이 쓴 《예정된 전쟁》(2017년 출간)이란 책이다. 이 책의 부제가 '미국과 중국은 투키디데스 함정을 피할 수 있는가'다.

'투키디데스 함정'이란 새로 부상하는 세력이 기존의 지배 세력의 자리를 빼앗으려고 위협해올 때 구조적 긴장이 극심하게 발생하는 현상을 말한다. 앨리슨은 그리스 역사가 투키디데스가 기술한 펠로폰네소스 전쟁(기원전 431~404년)이 급격하게 부상하던 아테네와 이를 견제하려는 스파르타가 빚어낸 구조적 긴장 관계의 결과였다고 설명했다. 지난 500년간 세계에서 발생한 '투키디데스 함정'은 총 16차례였고, 그중 12번이 전쟁으로 이어졌다는 것이 그의 주장이었다.

이러한 시각으로 볼 때 중국은 이미 미국의 턱밑까지 따라왔고 그 속에서 '중화민족의 위대한 중흥(중국꿍)'을 선언했기 때문에 미국의 견제는 정해진 수순이라는 것이다. 물론 중국이 야망을 축소한다면 이 전쟁을 피할 수 있겠지만, 그렇지 않다면 무역전쟁이나 사이버 전쟁, 해상에서의 국지적 충돌 등은 피할 수 없다고 주장했다. 이 책은 트럼프가 취하는 외교적 조치가 어쩔 수 없다는 것을 일정 부분 정당화하는 책이었기 때문에 미국에서 큰 반향을 일으켰다. 특히 그의 주장이 미국 주류의 시각을 반영한 것이기에 한국에도 소개되고 주목받았다.

안보를 위해 경제를 수단화하겠다?

앨리슨의 책이 학계에서 미중 패권경쟁을 정당화해준 것이라면, 미국 정부 차원에서 이를 정당화하는 논리가 새롭게 개발되었다. 바로 '경제안보Economic Security'라는 재미난 개념이었다. '경제가 안보고 안보가 경제다'라는 개념이다. 단순하게 생각하면 너무나 당연한 개념이다.

나처럼 경제를 전문으로 연구하는 사람에게는 '먹고사는 문제가 곧 죽고 사는 문제'다. 일간지 사회면을 장식하는 수많은 죽음의 이유 중 상당수가 '먹고살기 힘들어서'가 아닌가? 그러기에 경제가 곧 안보라는 말은 너무나 당연한 개념이다.*

그리고 이 개념은 처음 생겨난 것도 아니다. 과거에도 이미 오랜 세월을 풍미했다. 못 먹고 못살던 시절에는 국제교역만이 국가가 발전할 수 있는 길이었다. 교역이 곧 안보였고, 군대를 총동원해서라도 국제교역을 지켜야만 했던 18세기 중상주의 시절도 있었다. 더 나아가 식민지를 경영하면서 국부를 축적하려 한 19세기

---

*　다만 학자에 따라서도 중시하는 목표가 조금씩 다르다. 경제경영 학자들은 '먹고사니즘'을 중시하고 정치외교 학자들은 '죽고사니즘'을 더 중시한다.

제국주의 시절도 있었다. 그런데 현대에 접어들어 경제는 서서히 정치와 분리되기 시작했다. 특히 세계화 이후 경제 우위의 시대가 열리면서 경제와 안보를 연결하는 사고는 거의 사라졌다.

하지만 2017년 12월, 미국 국방부가 이 개념을 들고나왔다. 경제가 안보만큼 중요하다는 주장은 상무성이나 무역대표부가 하는 것이 더 자연스러워 보이는데, 왜 국방부가 먼저 이런 이야기를 꺼냈을까? 경제적 번영과 성장이 국가안보와 직결된다는 이야기는, 곧 국가안보를 위해 경제를 수단화하겠다는 선언이기도 했다. 한마디로 중국의 무역공세 때문에 미국인들은 불만이 커졌고 이것은 또한 국가의 안위까지 위협하기 때문에, 중국과의 무역을 규제해야 한다는 논리였다. 또 화웨이 같은 중국 통신장비 회사의 제품이 국가안보를 위협하기 때문에 미국 시장에서 퇴출해야 한다는 논거이기도 했다.

그리하여 이 경제안보 개념을 이용해 트럼프 정부는 2018년 중국과 무역전쟁을 시작했다. 중국으로부터 들어오는 주요 수입품에 25%의 관세를 부과한 것이다. 그리고 국가 기간망에서 중국 통신회사 제품을 모두 퇴출시켜버렸다.

경제 전문가의 눈에는 참으로 어리석은 결정이었다. 수입품에 25%의 관세를 부과하면 어떻게 될까? 수입되는 양이 줄어들면 별 문제가 없겠지만, 그것의 대체품이 없다면 오히려 수입품의 가격만 올려주는 결과를 초래한다. 더구나 미국 내에 물가상승 분위기가 있을 때 이러한 고율의 관세부과는 물가상승을 더욱 부추길 수 있는 잘못된 조치다.

때문에 2021년에 탄생한 바이든 행정부는 무역전쟁에서 첨단 기술전쟁으로 방향을 전환했다. 그리고 '프렌드 쇼어링friend-shoring' 혹은 '신뢰 네트워크trust value chain'라는 개념을 가지고 자유 진영 국가들과 연합해 중국을 견제하기 시작했다. 또한 리쇼어링reshoring 정책을 추진해 한국 기업이나 대만 기업 등을 미국으로 강력하게 유치하기 시작했다. 필요하다면 인플레이션 감축 법안IRA, Inflation Reduction Act이나 반도체 법 등을 만들어 막대한 보조금을 지원하면서까지 해외 기업 유치에 발 벗고 나섰다.

이러한 조치들은 모두 '미국 우선주의'를 위한 것이다. 좋은 말로 미국 우선주의이지, 결국은 자국의 이익만 챙기겠다는 조치들이다. 그리고 이러한 조치들은 다른 나라의 이익을 해칠 뿐만 아니라 세계 전체의 자연스러운 무역 흐름을 방해한다. 예를 들어 미국이 보조금을 주면 다른 나라도 보조금을 주게 된다. 그러면 보조금을 줄 수 있는 국가들을 중심으로 세계 무역의 흐름이 왜곡되는 것이다. 이것은 무역 이론에 반하는 조치이지만, 미국은 경제안보라는 개념을 만들어 정당화하면서 밀어붙이는 중이다.

"전 세계가 잃어버린 10년을 경험할 수도"

미국이 경제안보라는 단어를 만들어 자의적으로 활용하다 보니 위기에 처한 다른 국가들도 생존을 위해 경제안보를 강화하기 시작했다. 그 나라들에게 경제는 정말 국가의 안위와 직결되는 요인이기 때문에 진정으로 '경제는 곧 안보'다. 그래서 이들은 통상외교를 강화하고 원자재나 전략물자를 안정적으로 확보하려 했다. 또 국가 산업 정책을 강화해 핵심산업의 경쟁력을 높이고자 했다. 필요하면 보조금을 주기도 하고 산업계와 학계, 연구계가 상호협력해 연구개발을 활성화시키기도 했다. 그리고 민간 기업에도 정부가 적극적으로 관여해 특정 인력이나 첨단기술의 유출을 막았다.

이 국가들은 경제가 국가 안위에 너무나도 중요하기에 이러한 조치들을 실행한 것이다. 미국처럼 안보를 위해 경제를 수단화한 것이 아니라 경제 자체가 너무 중요하기에 경제를 안보 수준으로 끌어올렸다. 전자가 오염된 경제안보 개념이라면 후자야말로 진정한 경제안보 개념이다.

하지만 이러한 노력이 결실을 보기도 전에 전 세계 경제가 난조를 보이기 시작했다. 미중 무역전쟁이 발발하면서 국제교역량이 크게 줄고 세계 경제가 크게 흔들리기 시작했다. IMF의 크리스탈리나 게오르기에바 총재는 미중 패권경쟁으로 매년 1,850조 달러의 국제교역이 감소되었다고 추정하면서 미국과 중국을 싸잡아 비난했다. 또 세계은행은 "이대로 가다가는 세계 경제 전체가 잃어버린 10년을 경험할 수 있을 것"이라고 경고했다.

실제 2000년에서 2010년까지 10년간 연평균 3.5%에 달하던 세계 경제성장률이 2011년에서 2021년까지 2.6%로 추락했다. 이러한 상태가 지속되면 향후 10년간의 성장률도 2.2%로 하락할 것이라고 경고했다. 이 바람에 한국 경제도 직격탄을 맞았다. 선진 통상국가인 우리나라는 세계 경제의 변조에 가장 큰 영향을 받기 때문이다. 우선 순항하던 한국 경제가 2019년에는 2.2%의 낮은 성장률을 기록했다.

여기에 2020년 연초부터 코로나 팬데믹의 충격이 가세했다. 먼저 세계의 공장인 중국이 팬데믹으로 봉쇄되어 전 세계 경제는 힘든 시기를 보냈다. 그리고 2021년에는 미국의 항만과 해운이 팬데믹 충격을 겪으면서 또 한 번 세계 경제가 크게 흔들렸다. 2022년에는 러시아의 우크라이나 침공까지 발생했다. 미중 패권경쟁의 발발로 전 세계가 동아시아로 눈을 돌린 사이에 러시아가 유럽을 치고 들어온 것이다. 그런 탓에 세계 에너지 가격과 곡물 가격이 급등하는 현상까지 발생했다. 세계화의 물결 속에서 인플레이션을 모르고 지내던 많은 나라에서 갑자기 인플레이션의 공포가 엄습한 것이다.

그런데 이를 잡고자 미국이 금리를 급격히 올리자 이번에는 고금리의 공포가 전 세계를 휩쓸기 시작했다. 고금리에 미국의 지방 은행들이 파산했고, 그 여파가 유럽까지 미쳐 스위스의 글로벌 은행이 파산 직전까지 내몰리기도 했다. 또 국가 신용도가 낮았던 남아시아 국가 중 일부는 국가 부도 위기를 맞기도 했다. 이처럼 일본의 세 번째 대외 팽창으로 시작된 인태전략은 전 세계를 대혼란에 빠트렸다. 이러한 혼란에 한국도 포함될 수밖에 없었다. 더구나 일본은 대한국 전략도 따로 세우고 실행함에 따라 한국을 뒤흔들어 놓았다. 이 부분은 이어지는 장에서 살펴보도록 하자.

7

다시 시작된 한일 경제전쟁

보수 우익의 피가 끓어오르는 아베

아베는 한때 친한파 정치인으로 알려졌다. 한국을 좋아하고 한국과의 관계를 중시하는 정치인 중 한 사람으로 평가되기도 했다. 그가 쓴 책《아름다운 나라로美しい国へ》에서도 한일 관계를 낙관하고 한일 교류의 중요성을 강조했다.

2005년, 관방장관 지명자였던 아베가 한국을 방문한 적이 있었다. 당시 관방장관에 불과한 데다 보수 우익 정치인으로 알려진 탓에 한국에서의 일정이 많이 비었다. 그래서 서울대 국제대학원 일본 전공 학생들과 대화의 시간을 급히 만들었다. 도심의 한 호텔에서 행사를 진행했는데, 내성적인 스타일인 아베는 학생들과 몇 마디 나눌 뿐 긴 대화를 이어가지는 않았다. 학생들이 일본의 정치와 경제 등에 대해 여러 가지 질문을 했지만 그다지 만족할 만한 대답은 없었고, 이를 보다 못한 부인 아키에 여사가 앞에 나섰다. 그는 한류 팬이었고 한국어도 제법 할 줄 알았다. 학생들과 한국 드라마나 배우들의 이야기를 나누며 재미있는 시간을 보냈다. 아베는 부인의 대화를 지켜보다가 좀 서먹했는지 뒤쪽에 마련된 교수석으로 와서 내 옆에 앉았다. 좋은 집안의 자제로 태어나 잘 자란, 부끄러움이 많은 젊은 정치인에 불과했다.

하지만 아베의 집안과 지역구를 살펴보면 보수 우익의 강한 피를 느낄 수 있다. 우선 그의 본적지와 지역구가 야마구치현이다. 야마구치현은 메이지 유신의 발흥지로 알려진 조슈 번의 지금 이름이다. 또 아베 스스로가 사상적 스승이라고까지 한 요시다 쇼인은 조슈 번 출신으로 정한론征韓論을 설파한 사람이다. 요시다 쇼인은 유신 여명기에 펴낸 저서 《유수록》에서 "국력을 키워 뺏기 쉬운 조선과 만주, 중국을 우선 복종시키고 교역에서 미국과 러시아에게 잃은 것은 조선과 만주로부터 충당해야 한다"라고 주장했다.

또한 일본의 3대 총리로, 이토 히로부미, 이노우에 가오루와 더불어 '조슈 번의 3영웅'이라 불리는 야마가타 아리토모의 전통을 아베는 이어받고 있다. 야마가타는 일본 육군의 아버지이자 군국주의의 설계자로 평가받는 인물이다. 특히 야마가타는 일본의 근대화 계획을 수립하면서 독일로부터 '주권선'과 '이익선' 개념을 도입한 장본인이다. 주권선이란 일본의 주권이 행사되는 선으로 일본 본토와 오키나와이고, 이익선은 주권선을 유지하기 위해 반드시 영향력을 행사해야 하는 선으로 한반도와 대만, 사할린 등을 말한다. 이후 이익선을 지키기 위해 조선과 대만을 강제로 병합하고 주권선으로 편입했다. 또 일본의 이익선을 만주와 필리핀으로 확장시키면서 만주를 점령하고 필리핀 등 아세안 국가들을 침략하는 핵심적인 개념이 되었다.

쇼와의 요괴, A급 전범 기시 노부스케의 꿈

또한 아베는 기시 노부스케의 외손자이기도 했다. 기시는 '쇼와의 요괴'라고 불리는 정치가였다. 쇼와 시대(1926~1989년) 초기인 1936년에 만주국 정부의 산업부 차관으로 근무하다가 1941년에 도조 히데키 내각의 상공 대신 및 군수성 차관으로 취임했다. 기시 노부스케는 1939~1945년 사이 강제징용령으로 식민지 조선인을 강제로 끌고 와 노동시킨 장본인이기도 했다.

이러한 경력 등으로 기시 노부스케는 전후 극동국제군사재판에서 A급 전범 용의자로 체포되어 징역을 살았다. 그러나 1950년에 한국전쟁이 발발하고 미국과 소련 간에 냉전이 시작됨에 따라 석방되어 기사회생한다. 이때 미 군정이 취한 정책을 '역코스reverse course'라고 하는데, 이 노선 변경 때문에 기시 같은 전범들이 석방되었다.

이후 기시는 정치에 입문해 1955년 보수 대통합을 이루는 데 중심적인 역할을 했다. 국내외의 공산 세력에 대항하기 위해 강력한 보수 단일 정당이 필요했는데 미키 부키치, 오노 반보쿠 등과 함께 자유당과 민주당을 통합해 자유민주당(현재의 자민당)을 결성한 것이다. 이것이 그 유명한 '1955년 체제'였다. 이후 기시 노부스케는 이 공로로 1957년 2월 총리로 취임하는데(1957년부터 1960년까지 재임), 이때 남긴 그의 최대 업적은 1960년의 안보 개정이었다.

요시다 시게루 전임 수상(1946년부터 1947년까지, 1948년부터 1954년까지 재임) 등이 구축한 샌프란시스코 체제를 개정해 일본의 '피점령 체제'를 불식한다는 것이 안보 개정의 주된 목적이었다. 이 조약의 개정은 미일 관계를 보다 '대등한 관계'로 전환한다는 것이었지만, 이 과정에서 그 유명한 '반안보反安保 시민투쟁'이 발생했다. 대학생들을 중심으로 안보 개정 반대 투쟁이 격렬하게 일어난 것이다. 이 격렬한 반대 투쟁 속에서 개정된 신 조약이 가까스로 체결되고 비준되었지만 이와 더불어 기시는 1960년 6월에 총리 자리를 내놓을 수밖에 없었다.

그 이전인 1951년에 체결된 미일 안전보장조약은 미일 양국이 일본의 안전보장을 위해 체결한 조약이었다. 그러나 체결 당시에는 일본의 방위뿐만 아니라 일본 내의 내란, 폭동 같은 혼란 사태에 미군이 임의로 출동할 수 있는 조건이 포함된 불평등 조약이었다. 기시는 이것을 개정해 신 안보조약을 체결하고자 했다. 신 안보조약은 내란 출동에 관한 조항이 삭제되는 대신 미일 공동방위가 명문화되는 등 한층 진일보한 조약이었다. 미군이 일본을 지켜주는 대신 주일 미군에 대한 공격에 대해서도 자위대와 주일 미군이 공동으로 방어한다는 내용이 포함되었기 때문이다.

하지만 야당뿐 아니라 청년, 학생, 노동조합 등이 이 조약 개정을 격렬히 반대하고 나섰다. 이들은 조약을 개정하면 일본이 미국의 전쟁에 휘말릴 위험이 있다고 우려했다. 특히 2차 세계대전의 상흔이 여전히 남아 있는 일본의 상황에서 강한 반전反戰 여론까지 거기에 합세했다. 도쿄대 학생의 사망 사건까지 발생한 격렬한 시민 저항이었기 때문에 이 조약이 국회에서 비준되자마자 기시는 총리 자리에서 물러났다.

기시는 전임 수상인 요시다 시게루와는 정반대의 노선을 가진 인물이었다. 요시다는 패전 후 일본은 군대를 가질 수 없게 된 상황이니 미국이 만들어준 평화헌법을 기반으로 경제개발에만 전념하자고 주장했다. 이에 비하면 기시는 평화헌법을 개정해 독립 국가로서 재무장하는 길을 주장했다. 제국주의의 '영광'을 잊지 못한 기시는, 전쟁을 할 수 없는 국가란 일종의 거세된 국가로 여겼다.

특히 그는 만주국의 설계자이자 일본 파시즘의 경제를 총 지휘했던 인물이다. 그러한 이유로 기시는 냉전이라는 상황을 잘만 이용하면 미국의 용인하에 한반도와 만주로 다시 영향력을 확장할 수 있다고 생각했다. 거기다 공산주의의 진출을 방어하기 위해 일본이 동남아시아와 강력히 협력해야 한다고 주장했다.

하지만 기시가 퇴임한 이후 요시다의 경제개발 노선을 계승한 이케다 하야토(1960년부터 1964년까지 재임) 총리와 사토 에이사쿠(1964년부터 1972년까지 재임) 총리 등이 연속으로 집권하면서 기시는 일본 보수의 비주류로 전락하고 말았다. 오랜 후에 기시를 계승하면서 보수의 신주류로 재등장한 것이 바로 외손자 아베였다.

아베는 외할아버지인 기시의 노선에 덧붙여 역사 수정주의자들이 주창하는 '자유주의 사관'을 신봉했다. '자유주의 사관'이란 일제가 저지른 전쟁이 '서구 열강의 제국주의 지배로부터 아시아 민중을 해방하기 위해 치른 정의로운 전쟁'이었다고 보는 역사관을 말한다. 아베는 장기침체로 의기소침해 있는 일본인들에게 역사 수정주의를 통해 자신감을 북돋으려고 했다. 과거사를 수정함으로써 애국심을 고취하고 더욱 강한 국가로 나아갈 길을 열고자 했다. 이는 일본 근대를 긍정함으로써 국가주의를 복원하고자 했던 외할아버지의 유지를 이어받는 길이기도 했다.

아베와 펜스가 만찬에 지각한 이유

문재인 정부가 출범한 이후, 대통령은 베를린 구상 등을 통해 북한에게 끊임없이 대화에 나설 것을 촉구했다. 하지만 북한은 각종 미사일 발사와 6차 핵실험(2017년 9월 3일)을 강행하며 도발을 멈추지 않았다. 그런 이유로 한반도의 정세는 매우 불안정해졌고, 미국 트럼프 행정부의 북한 선제 타격설 등이 돌며 한반도에 전쟁 분위기마저 형성되었다.

그러다 2018년 새해 첫날, 김정은 위원장이 신년사에서 평창 동계올림픽의 성공적인 개최를 바란다는 이야기를 해 분위기가 급반전되기 시작했다. 김정은 위원장은 남북 관계 개선을 위해 평창 동계올림픽에 북한 대표단을 파견할 용의가 있다고 공개적으로 발언했다. 그리고 그해 2월 9일에 평창 동계올림픽이 드디어 막을 올렸다.

당시 청와대 경제보좌관으로 근무하던 나는 그때 있었던 평창 동계올림픽 기념 만찬장의 어색한 분위기를 뚜렷하게 기억하고 있다. 만찬장에는 동계올림픽을 축하하기 위해 방한한 주요국 외빈들이 앉아 있었고, 청와대 보좌진들은 만찬장의 제일 왼쪽 구석에 앉아 있었다. 중앙의 헤드테이블에는 동계올림픽 위원장과 유엔 사무총장 등이 앉아 있었고, 그 주변에는 북한에서 내려온 김영남과 김여정이 앉아 있었다.

그런데 만찬장 중앙에 있는 아베 수상과 펜스 미국 부통령의 테이블은 오래도록 비어 있었다. 이 두 사람은 축하 외빈 중에서도 가장 중요한 외빈이었기에 만찬 시작이 계속 지연되었다. 결국 두 사람이 참석하지 않은 상태에서 만찬 개회가 선언되고 대통령의 환영사가 이어졌다. 환영사 뒤에 아베 수상과 펜스 부통령이 입장하는 바람에 장내는 다시 어수선해졌다.

더구나 두 사람이 헤드테이블 주변 인사들과 악수하며 인사를 나누는 바람에 식순이 잠시 중단되었다. 특히 펜스 부통령은 악수를 마친 뒤 곧바로 행사장을 퇴장해버려서 모두를 의아하게 만들기도 했다. 축하하러 온 외빈으로서 이게 무슨 해괴한 일인가? 청와대 보좌관 테이블에서는 불만과 우려의 목소리가 터져 나왔지만, 그 이후의 식순은 예정대로 진행되면서 환영 만찬은 그런대로 잘 마쳤다.

다음 날 청와대로 출근해 자초지종을 듣고 아베와 펜스의 무례함을 알게 되었다. 펜스는 미국에서 출국하기 전부터 "단순히 리본을 자르러 가야 한다면 가지 않았을 것이다. (중략) 북한에 대한 압력을 높이고 북한의 위장 전술을 막는 데 주력할 것이다"라고 선언했다고 한다. 그리고 평창에 오기 전에 도쿄에 들러서 아베와 별도로 회담을 했다. 더구나 개막식 전날 대통령과의 만찬

회담에서 펜스는 "가장 중요한 것은 한반도 비핵화"라며 "미국이 할 수 있는 최대한의 압박을 계속하겠다"고 선언했다. 그리고 한국이 미국의 대북 압박에 보다 적극적으로 동참해줄 것을 요구했다. 펜스는 2022년에 발간한 저서 《신이여 나를 도와주소서 So Help Me God》에서 이러한 사실을 아주 자랑스럽게 이야기했다.

아베는 한술 더 떠서 내정 간섭에 가까운 발언까지도 서슴지 않았다. 문재인 대통령은 개막식 당일 용평 블리스힐 스테이에서 아베 총리와 정상회담을 가졌다. 이 자리에서 아베는 "북한은 평창 올림픽 기간에 남북 대화를 하면서도 핵과 미사일 개발에 주력하고 있다. 북한의 미소 외교에 주의를 기울여야 한다. (중략) 올림픽 이후가 고비다. 비핵화에 대한 북한의 진지한 의사와 구체적인 행동이 필요하다. 한미 군사훈련을 연기할 단계가 아니다. 한미 합동 군사훈련은 예정대로 진행하는 게 중요하다"고 말했다. 한미 합동 군사훈련은 한미 간의 사항이고 일본과는 관계가 없는 일이다. 그런데 아베는 군사훈련을 연기하지 말고 예정대로 진행하라는 압박성 발언을 했다.

이에 대통령은 "우리 정부는 평창 평화올림픽을 계기로 북핵 문제를 해결하고 한반도에 항구적인 평화를 정착시키기 위한 물꼬를 트기 위해 노력하고 있다"며 "아베 총리도 큰 관심을 가지고 적극 성원해주셔서 감사드린다"고 했다. 특히 한미 합동 군사훈련에 대해서는 "이 문제는 우리 주권의 문제이고 내정에 관한 문제다. 총리께서 이 문제를 직접 거론하는 것은 곤란하다"고 되받아쳤다.

어쨌거나 아베와 펜스의 사전 공방은 결국 만찬장 지각 사태로 나타났다. 아베와 펜스는 만찬 시작 전에 별도의 회담을 하고 의도적으로 만찬에 지각했던 것이다. 의전 담당자가 별도의 회의실에서 만면에 웃음을 지으며 두 사람이 담소하는 장면을 보여주었을 때는 피가 거꾸로 솟는 느낌이 들었다. 특히 아베를 잘 알고 있던 나는 2005년과는 전혀 다르게 표변한 그의 모습과 태도에 너무나 놀랐다. 그전부터 보수 우익 노선을 분명히 한 것은 맞지만 이렇게까지 무례하게 굴지는 않았다.

하지만 직전의 블라디보스토크 동방경제포럼과 그 직전의 함부르크 G20 정상회담에서 본 아베는 너무나 자신만만하게 문재인 대통령을 대했기에 당시 나에게는 그것 역시 또 하나의 충격이었다. 수줍음 많고 소극적이었던 과거의 아베와 완전히 다른 사람으로 돌변한 모습이었기 때문이다. 한 차례 수상을 역임하면서 자신감이 붙은 걸까? 아무리 그래도 내가 알고 있는 일본인의 변화와는 너무나 달랐다.

그런데 이처럼 달라진 아베의 스타일은 문재인 대통령의 스타일과 정반대였다. 문 대통령은 점잖고 상대를 정중히 배려하는 스타일이었다. 첫 만남에서부터 어긋난 톱니바퀴는 평창 올림픽 만찬장에서 결정적으로 삐걱거리기 시작했다. 이 만찬은 우리나라의 큰 잔치였고 그는 이를 축하하러 온 손님이 아닌가? 그런데 남의 집 잔치에 찬물을 끼얹은 것도 모자라, 미국과 작당해 분위기를 흩트려 놓았으니 그의 무례는 결정적인 실수였다.

그것을 의식했는지 그해 5월에 열린 도쿄 한일 정상회담에서는 문 대통령의 심기를 배려하는 모습이 보였다. 2017년 5월에 대통령에 취임했기에 도쿄 정상회담은 취임 1주년이 되는 시기였다. 아베는 케이크를 준비해 문 대통령의 취임 1주년을 축하하는 퍼포먼스를 보여주었다. 하지만 내가 옆에서 지켜본 대통령의 표정은 여전히 굳어 있었다. 2월에 겪은 아베의 무례한 행태를 여전히 기억하고 계신 듯했다. 지금 돌이켜보니 어쩌면 이 장면은 한일 양국의 앞날을 암시하는 복선이기도 했다.

한반도의 평화를 막은 치밀한 훼방꾼

사실 아베는 일본과 북한의 관계개선도 철저히 방해한 인물이었다. 2002년의 고이즈미 총리가 북한을 방문할 때 아베는 관방장관으로 수행했는데, 고이즈미 총리와 김정일 국방위원장의 정상회담에서 "안이한 타협은 안 된다"며 강경론을 주장하기도 했다. 이후 일본인 납치 피해자 문제를 적극적으로 제기하며 북일 국교 정상화를 방해해 자민당 간사장으로 벼락출세를 할 수 있었다.

사실 일본으로서도 북일 국교 정상화는 동북아에 있어서 마지막 숙제이었기에 고이즈미 총리는 이 문제를 해결하고 싶어 했다. 하지만 아베는 그곳에서 '납치자 문제'를 제기했다. 납치자 문제는 일본의 보수 우익들이 강하게 요구하는 안건 중 하나로, 북한과의 관계에서 일본이 가해자가 아니라 피해자라는 논리를 뒤집어씌우는 중요한 이슈였다. 아베는 이 이슈를 이용해 북일 국교 정상화를 막았고, 이를 발판으로 최연소 수상, 전후 세대의 첫 수상이라는 타이틀을 거머쥐었다.

이런 아베였기에 평창 올림픽 만찬장에서만 초를 친 것은 아니었다. 그 이후 남북 관계의 주요 고비 때마다 끊임없이 방해했다. 이 방해는 한반도에서만 그치지 않았고 미국에까지 영향을 미치며 방해공작을 펼쳤다. 이러한 내막은 후일 트럼프 대통령의 국가안보보좌관이었던 존 볼턴의 회고록 《그 일이 일어난 방》(2020년 출간)을 통해 만천하에 알려졌다. 이 부분은 한반도의 운명을 바꾼 일이었기에 책의 내용을 인용해 조금 상세히 설명하겠다.

2018년 4월 27일, 판문점 평화의 집에서 문재인 대통령과 북한 김정은 국무위원장이 역사적인 남북 정상회담을 가졌다. 헌정사상 세 번째 남북 정상회담이자 처음으로 남한에서 열린 정상회담이었다. 그 직전인 4월 18일에 아베는 플로리다주 마라라고에서 열린 미일 정상회담에서 많은 시간을 북한 문제에 할애하며 트럼프에게 사전 교육을 시켰다. 아베의 주장은 다음과 같았다.

- 북한과의 합의는 많은 비판을 받고 있는 이란과의 핵 합의와는 달리 엄격하고 실제적인 합의가 되어야 한다.
- 탄도 미사일의 경우 ICBM(대륙간탄도미사일)과 함께 일본에 직접 위협이 되는 중단거리 미사일까지 폐기되어야 하며 이와 함께 생화학 무기도 폐기될 필요가 있다.
- 북한은 미국의 무력행사 가능성을 가장 우려한다. 며칠 전 미국의 시리아 공습은 북한과 러시아에 많은 교훈을 주었을 것이다.
- 북한에 대한 최고의 협상 카드는 군사적 압박이다. 과거 김

정일은 부시 대통령이 북한을 '악의 축'에 포함했을 때 매우 당황했다.

아베는 미국이 무력행사를 포함해 북한에 대한 군사적 압박을 계속해야 하고, 혹시 있을지 모르는 북한과의 합의에 대해서는 ICBM과 더불어 중단거리 미사일, 생화학 무기의 폐기까지 자세하게 주문해놓은 것이다.

2018년 6월 12일의 싱가포르 북미 정상회담 때도 마찬가지였다. 이 회담을 앞두고 아베는 5월 28일에 트럼프 대통령에게 정상 간 통화를 요청한 뒤 마라라고에서 당부한 모든 요소를 재차 확인했다. 아베는 "나는 김정은을 믿지 않으며, 비핵화와 일본인 납치 문제에 대한 구체적인 약속이 필요하다. 오바마 대통령보다 더욱 강하게 나가야 한다"라며 문재인 대통령이 트럼프 대통령에게 사전 설명한 것과는 상당히 다른 주장을 했다.

또한 일본 국가안전보장회의의 야치 쇼타로 사무국장을 백악관에 파견해 북미 정상회담에 대한 일본의 주문을 반복적으로 전달했다. 야치 국장은 3가지를 특히 강조했는데, 첫째는 북한의 핵무기 보유 의지는 고정된 것이라는 점, 둘째는 평화적 해결을 위한 기회는 거의 마지막이라는 점, 셋째는 일본은 6자회담에서 합의한 '행동 대 행동quid pro quo' 방식을 믿지 않는다는 점을 강조했다.

'행동 대 행동' 방식이란, 북한의 구체적인 비핵화 조치는 먼미래에 배치해두는 반면, 경제적 지원은 먼저 하는 것이므로 북한에 매우 유리한 방식이다. 또한 북한에 대한 경제적 지원의 한계효용은 비핵화 조치의 한계 효용보다 더 크기 때문에 경제적 지원은 무조건 북한에 유리하다. 그렇기 때문에 이를 받아주면 안 된다는 것이 일본의 주장이었다.

그다음 해에 열린 하노이 북미회담(2019년 2월 27~28일) 때도 마찬가지였다. 아베는 G7 정상회의에 가던 길에 워싱턴을 방문해 트럼프에게 "북한은 그들의 체제를 유지하기 위해 목숨을 내걸었다. 북한 정치인들은 매우 터프하고 교활하다"라고 강조하면서 북한에게 과도하게 양보하지 말도록 요청했다. 물론 아베의 이와 같은 집요한 방해 때문만은 아니었지만, 결국 하노이 북미회담은 무산되고 말았다.

한반도 뒤에서 기지국가가 되려는 일본

하지만 아베의 방해는 여기서 끝나지 않았다. 그는 두 달 뒤인 4월 26일 워싱턴을 방문해 트럼프 대통령에게 하노이 노딜no deal을 높

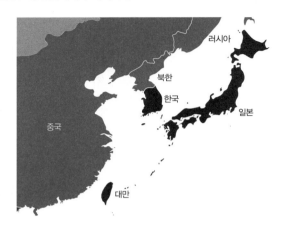

이 평가하면서 트럼프야말로 회담장을 박차고 나올 수 있는 유일한 대통령이라고 추켜세웠다. 그러면서 북한에 대한 제재를 계속 유지하는 것이 중요하고, 시간은 미국 편이므로 절대 양보하지 말라고 다시 요청했다. 마치 확인 사살을 하듯이 아베는 한반도 평화 프로세스를 다시 한번 더 짓이겨 놓았다.

아베가 이렇게까지 집요하게 한반도의 평화를 방해하는 이유가 무엇일까? 그 뒤에는 일본 보수 우익의 한반도관이 있다. 한반도를 분단 상태로 고착시켜 놓아야 일본의 국익이 극대화된다는 생각이다. 이것이 소위 '기지국가론'이다.

기지국가론은, 한반도를 전쟁이 일어나거나 전쟁이 가능한 상태인 '전장戰場국가'로 묶어 두고 일본은 그 후방의 '기지基地국가'

로 자리매김하자는 전략이다. 이렇게 하는 것이 일본의 안보도 확보하고 경제적 이익도 높아지기 때문이다. 기지국가로 변신한 일본은 그간 수많은 혜택을 누렸다. 일본이 패망했을 때만 하더라도 미국은 일본을 비군사화하고 민주국가화하는 것이 기본 노선이었다. 하지만 중국이 공산화되고 한국전쟁이 발발하면서 먼저 비군사화 노선이 180도 전환되었다. 앞서 설명했듯이 이러한 전환을 '역코스'라고 했다. 그 결과 일본에 자위대의 전신인 경찰예비대가 설치되었고 해상보안청 요원이 증원되었다.

또 군국주의 국가에서 민주주의 국가로 전환하는 정책들도 대거 후퇴하기 시작했다. 군국주의자 추방령이 해제되었고 전직 군 간부들의 추방도 이루어지지 않았다. 아베의 외할아버지인 기시를 비롯해 많은 전범이 석방되었고, 군 간부 중 일부는 새로 창설된 경찰예비대에 편입되었다. 더 나아가 공직 등에서 공산주의자들이 대거 추방되었고, 노동 3권이 일부 제한되기도 했다.

이 모든 것은 미국이 일본을 동북아의 기지국가로 탈바꿈시키면서 이루어진 조치였다. 하지만 그 무엇보다 일본 경제 부활에 결정적인 계기가 된 것은 한국전쟁이었다. 불황에 허덕이던 일본 경제는 한국전쟁으로 기사회생했다. 패전 후 일본 경제는 그야말로 초토화되었다. 실업자가 넘쳐났고 인플레이션은 극에 달했다. 특히 1949년 트루먼의 특사로 일본에 파견된 더지Joseph M. Dodge가 인플레이션을 잡기 위해 초긴축정책을 추진함에 따라 일본은 최악의 불황에 빠져 있었다. 이런 상황에 가뭄의 단비처럼 내린 것이 한국전쟁의 특수였다.

한국전쟁으로 말미암아 일본은 유엔군의 보급기지가 되었고, 경제는 호황으로 돌아섰다. 물론 한국전쟁이 끝난 후에는 일시적인 경기 반동도 있었지만, 그다음 해인 1954년부터 일본 경제는 본격적인 고도 경제성장기로 접어들었다. 그리고 그로부터 20여 년간 경제성장률이 해마다 10%를 능가했다.

이런 달콤한 추억 때문일까? 일본은 한반도를 어떻게든 전장 국가로 묶어두고 싶어 한다. 게다가 한국이 주도하는 한반도 평화 프로세스는 더더욱 막아야 한다. 아베가 보수 우익의 선두에 서서 한반도 평화 프로세스를 집요하게 방해했던 이유다.

철 지난 반공연대와 가두기 전략

일본의 보수 우익은 한반도 평화 프로세스를 방해할 뿐만 아니라 한국을 북한으로부터 떼어 묶어두려는 전략을 구사하기도 했다. 그중 하나가 일본의 '가치 연대'다. 일본은 자유민주주의와 시장경제라는 가치를 가지고 한국을 가두려고 했다. 조금이라도 북한과의 관계를 개선하려고 하면 한국이 자유민주주의와 시장경제 가치로부터 이탈한다고 보았고, 조금이라도 북한과 대립각을 세우면 한국이 가치를 공유하는 국가라며 높이 평가했다.

하지만 일본은 겉마음과 속마음(일본어로 겉마음은 다테마에이고 속마음은 혼네이다)이 다른 국가이다. 겉으로는 가치 공유를 내세우지만, 속마음은 한국을 북한으로부터 떼어내 반공연대 속에 잡아두려 했다. 이 또한 오랜 역사적 경위가 있는 일본의 기본 전략이다.

2022년 7월 아베가 암살되었을 때 암살범이 통일교 교도의 자녀라는 사실이 확인됨에 따라 통일교와 자민당의 유착관계가 일본에서 큰 이슈였다. 이때 흥미로운 사실들이 하나둘 드러났다. 아베의 외할아버지인 기시가 문선명 통일교 교주와 교류해왔고, 그것이 아베와 통일교가 만나게 된 시작점이라는 사실도 밝혀진 것이다. 기시는 수상 퇴임 후에도 정계에 영향력을 행사하려고 했고, 이때 후원자로서 문선명과 친분을 맺었다. 그 계기는 '반공'이었다. 당시 통일교는 일본에서 교세를 크게 확장하고 있었는데 종교의 주요 가치로 반공을 표방했다. 이 가치와 통일교의 교세가 '쇼와의 요괴'라고 불리던 기시의 눈에 들어간 것이다.

또 기시는 한국과도 깊은 관계를 맺고 있었다. 수상 퇴임 후 박정희 대통령이 추진한 1965년 한일 국교 정상화에도 깊이 관여했다. 기시는 '대아시아주의'의 시발점이 한국과의 국교 정상화라고 보았기에 자신의 만주국 인맥을 총동원해 박정희를 도왔다. 또 만주군 출신의 박정희도 기시의 도움을 받으며 한일 기본조약을 맺었다. 기시는 이러한 공로를 인정받아서 한일 수교 5년째인 1970년 6월에 박정희 대통령으로부터 '수교훈장 광화대장'을 수훈했다.

이처럼 반공을 매개로 한 한국과 일본의 교류는, 나카소네와 전두환 시기까지 계속 이어졌다. 나카소네는 일본에서 '보수 우익의 중흥자'로 평가받는 인물이었다. 기시의 전통을 이어받으며 보수 방류에서 주류로 들어선 인물이었다. 나카소네는 전두환 정권에 40억 달러에 이르는 차관을 제공해줌으로써 전 정권의 기사회생을 도왔다. 차관의 조건은, 한미일 세 나라가 함께 손을 잡고 공산주의 세력을 막아내자는 것이었다. 그 대가로 나카소네는 기시와 마찬가지로 전두환 정권으로부터 훈장을 받았다.

이와 같은 한일 간의 반공연대는 한국의 민주화 이후에 차차 약해지고 단절되었다. 반공이라는 것이 결국 독재 정권을 정당화하는 수단이었음을 많은 국민들이 알았기 때문이다. 하지만 일본의 경우에는 정치가 세습되기 때문에 반공연대가 세대를 거치면서 계속 계승되었다. 아베와 통일교의 유착이 대를 이어 내려온 것도 바로 이 때문이었다.

일본의 수출 규제와 한일 경제전쟁의 시작

2019년 7월 1일, 일본은 대한국 수출 규제 품목을 발표했다. 반도체 생산에 필수적인 포토레지스트와 고순도 불화수소, 플루오린 폴리이미드 등 3개 품목으로, 일본이 전 세계 생산량을 거의 독점하다시피 한 것들이다. 한국의 수출입 관리에 문제가 있다는 이유로 이 품목들의 대한국 수출을 엄격히 관리하겠다고 선언한 것이다. 이것 역시 겉 다르고 속 다르게 나타난 '철 지난 반공' 사건이었다.

연이어 일본은 수출 절차 간소화 혜택을 부여하는 백색 국가에서 한국을 제외하겠다고 발표했다. 백색 국가는 일본 정부가 안보상 문제가 없다고 판단한 '안보 신뢰 국가'다. 일본 제품을 수출할 때 인허가 절차 등을 우대해준다. 그래서 백색 국가에서 제외되면 특정 제품을 일본으로부터 수입할 때마다 까다로운 인허가 절차를 거쳐야 한다. 백색 국가 제외는 그만큼 한국을 신뢰할 수 없다는 뜻이다.

일본은 수출 규제의 표면적인 이유로 한국의 제도 불비를 들었다. 3개 품목 중의 일부가 북한으로 흘러갔다는 '북한 관련설'을 언급하거나, 일본 제품들이 한국을 경유해 중국, 이란, 시리아 등으로 우회 수출되어 무기로 전용될 가능성이 높다는 우려를 표하기도 했다. 이에 대해 일본이 한국에 협의를 여러 번 요청했는데 한국이 제대로 응하지 않았기 때문에 수출을 규제하게 되었다고 주장했다.

이것은 어디까지나 표면적인 이유였다. 실제 이유는 한국 대법원의 강제징용 판결이었다. 대법원은 2018년 10월에 일본 전범 기업의 손해배상 책임을 인정해 강제징용 피해자들에게 위자료를 지급하라고 판시했다. 이에 대해 일본은 강제징용에 대한 배상은 1965년 한일청구권 협정으로 이미 이루어졌다며 한국 정부에 시정을 요구했다. 하지만 한국은 일본과 달리 '3권 분립'이 엄격한 국가이므로 정부로서는 대법원의 판결을 존중할 수밖에 없다는 점을 강조했다. 그에 대해 일본은 수출 규제라는 카드를 뽑아 든 것이다.

한국의 계속된 항의에 스가 요시히데 당시 일본 관방장관은 "한국에 대한 수출 규제 조치는 일본의 안전보장을 위해 수출관리를 적절히 하려는 차원의 운용방침 재검토이며 (강제징용 문제에 대한) 대항조치가 아니다"라며 말끝을 흐렸다. 하지만 이것은 어디까지나 겉마음과 속마음이 다른 일본의 핑계에 불과했다.

일본의 수출 규제가 충격적이었던 이유는 따로 있다. 정치적인 문제로 경제적 보복을 가한 첫 사례였다는 점이다. 70여 년간의 한일 관계에 처음 있는 일이었다. 한국과 일본의 관계에는 전통적으로 '정경분리' 원칙이 견지되어왔다. 정치와 경제를 엄격히 분리해 운영하는 원칙이다. 과거 김대중 납치 사건이나 이명박 대통령 천황 발언 등으로 양국 관계가 험악해졌을 때도 경제 관계는 항상 논외였다. 자유롭게 교역하고 사업을 전개할 수 있는 여지를 항상 남겨둔 것이다. 이 원칙을 처음으로 깬 것이 일본의 수출 규제였다.

서로의 급소를 노린 한일 양국

일본의 수출 규제에 대해 한국도 맞대응했다. 정부는 정부대로 대응조치를 마련하고, 국민들은 일본 제품 불매와 관광 거부 운동을 시작했다. 불매운동을 위한 '노노 재팬'이라는 웹 사이트가 만들어졌고, 사이트에는 사지 말아야 하는 일본 제품과 그것을 대체할 수 있는 국산 제품까지 소개했다. 초기에는 맥주나 의류가 주요 대상이었지만 점차 자동차 같은 내구 소비재로 확산되었다. 소비자뿐만 아니라 판매자들도 직접 불매운동에 나섰다. 마트나 재래시장 등에서 일본 제품 판매 중지를 선언하고, 일부 택배 노동자들은 일본 제품의 배송을 거부하는 선언을 하기도 했다.

특히 인상적이었던 것이 일본 관광 거부 운동이었다. 당시 한일 상호 관광은 매우 불균형적이었다. 일본을 방문하는 한국인이 연간 750만 명 정도인데 반해 한국을 방문하는 일본인은 그 절반에도 못 미치는 300만 명 정도였다. 단순히 수치만 비교해도 한일 간 역조가 큰 상태였다. 특히 일본을 찾는 전 세계 관광객 중 한국인이 무려 25%를 차지했다. 한국 관광객은 일본의 대도시뿐만 아니라 지방 중소도시까지 방문하던 상황이었다. 그런 상황에서 일본 관광 거부 운동이 벌어진 것이다.

그런데 여기서 짚고 넘어갈 것이 반도체 관련 3개 품목 수출 규제의 또 다른 이유다. 왜 수출 규제 품목이 하필 반도체 관련 부품일까? 일본의 보수 우익 중 일부는 "한국은 반도체가 급소이므로 반도체 관련 수출규제를 해서 급소를 찔러야 한다"고 주장해 왔다. 초기에 '타도 삼성'으로 시작해 SK하이닉스 등을 포함한 한국 반도체 타도로 확대되었다. 혐한 분위기가 고조되면서 '한국 반도체 급소론'이 일본 내에서 조용히 퍼져나갔고, 이것을 과거사 문제로 연결한 것이 아베였다. 일부 급진적인 보수 우익들의 주장을 일본 정부가 공식적으로 받아들인 것이다.

이것을 되받아친 것이 한국인들의

▶ [그림 7-2] 노노 재팬 로고

일본 관광 거부였다. 일본 경제가 장기 침체에 빠지면서 환율도 점진적으로 약세화되었다. 반도체와 같은 산업 육성 정책을 일본 정부가 여러 번 시도해보았지만 장기 경제침체 속에서 제대로 성공하지 못했다. 아베 정부도 아베노믹스의 '3개의 화살' 중 하나로 산업 육성 정책을 실시했지만 이렇다 할 성과를 거두지 못했다. 이때 아베 정부가 눈을 돌린 것이 관광 산업 육성이었다. 환율 약세로 해외 관광객이 많아지기 시작했기에 관광 입국을 국가 정책으로 추진한 것이었다.

이 정책은 자민당의 이익과도 직결되었다. 자민당은 대도시보다 지방 중소도시에 강한 지지 기반을 갖추고 있었다. 지방 중소도시는 장기 경제침체의 직격탄을 맞아 '지방 소멸'의 주요 대상이기도 했다. 이 지역에 외국인 관광객을 불러 모을 수만 있다면 지역경제 활성화에 큰 도움이 될 뿐만 아니라 자민당의 지지 기반을 유지할 좋은 방안도 된다. 때문에 자민당은 지방창생본부를 만들고 지방 관광 육성 정책을 강력히 시행했다. 그런 정책의 영향으로 일본 중소도시 관광이 활성화되었고, 거기에 많이 간 사람들이 주로 한국인이었다.

현명한 한국인들은 이 점에 착목했다. 지방 관광이 일본의 급소였던 것이다. 일본이 한국의 반도체를 급소라 여기고 찌르려 했으니 한국도 그 보복으로 지방 관광을 거부했다. 이것은 기대 이상의 효과를 발휘했다. 한국 관광객이 발길을 끊자 지방 중소도시 자민당 의원들이 타격을 받았고, 그들은 서서히 아베 정권에 비판적으로 돌아서기 시작했다. 이것이 정권 교체의 중요 계기가 되었다.

문제는 한국과 일본이 서로의 급소를 노리는 이 현상이 아베 정권의 무모한 수출 규제로 시작되었다는 점이다. 하지만 이것은 한일 경제전쟁의 한 단면에 불과했다. 한반도를 둘러싼 보이지 않는 전쟁이 이미 시작되었다. 일본은 중국, 러시아 같은 대륙 세력을 봉쇄하려는 무모한 시도를 2012년경부터 해왔다. 그리고 이것이 미중 패권경쟁으로 전이되면서 전 세계 경제를 뒤흔들고 있다. 이 충격은 어느 정도이고, 어떻게 대응해야 할까? 이 질문에 대한 답을 이어지는 장에서 대외 정책과 대내 정책으로 나누어서 살펴보자.

PART 4.
한국이 선택할 미래

8

한국의 글로벌 경제전략

IMF의 경제전쟁 보고서가 경고한 것

일본이 어설프게 시작한 인태전략에 미국이 합세하면서 전 세계가 대혼란에 빠졌는데, 이러한 혼란 속에서 책 한 권이 각광받기 시작했다. 토머스 프리드먼의 《늦어서 고마워》라는 책이다. 프리드먼은 퓰리처상을 세 차례나 수상한 언론인으로 지난 30년간 세계화 현상을 가장 잘 설명한 작가로도 유명하다. 《세계는 평평하다》, 《렉서스와 올리브나무》 등의 베스트셀러는 지금까지도 세계화 필독서로 꼽힌다. 또 미국이 세계 최강국의 지위를 잃어버리는 모습을 치밀하게 분석한 《미국 쇠망론》이라는 책도 베스트셀러가 되었다.

　프리드먼은 《늦어서 고마워》에서 역사상 가장 거대한 변화의 순간이 찾아오고 있으니 겁먹지 말고 조금 더 냉철히 지켜보라고 조언했다. 보통은 이러한 변화의 순간이 찾아오면 모두들 겁먹고 우왕좌왕하기 마련이다. 하지만 한발 물러서서 바라보면 그 변화도 그리 겁먹을 필요가 없다는 것이다. 오히려 차분하게 바라보느라 늦어질 수도 있지만, 그로 인해 늦어지는 것조차 감사하게 여기며 대응하면 된다는 것이다.

미중 패권경쟁도 마찬가지다. 앨리슨이 예고한 대로 세계적인 패권경쟁은 대부분 전쟁으로 비화되었다. 하지만 지금과 같이 핵무기가 발달한 세계에서 실제 전쟁이 일어나기는 대단히 어렵다. 더구나 미국과 중국은 세계에서 가장 강력한 무기를 지닌 국가들이다. 이 국가들이 전면전을 할 가능성은 사실상 제로에 가깝다. 이러한 현실을 제대로 직시한다면 우리는 새로운 활로를 모색할 수 있다.

이 와중에 IMF가 2021년 3월에 좋은 논문을 하나 발표했다. 〈디커플링이 미치는 경제적 영향Sizing Up the Effects of Technological Decoupling〉이라는 제목으로 미중 패권경쟁이 세계 경제에 미치는 영향을 분석한 논문이다. 미중 패권경쟁이 군사적 전쟁으로 비화할 경우를 가정한 전쟁 시뮬레이션war game은 많다. 전쟁이 발발했을 때 주요국들은 어떻게 움직일지, 그 경우 각국은 어떠한 피해를 입을지 분석한 연구들이다. 전쟁 시뮬레이션과 마찬가지로 미중 간의 경제적 대립이 주요국의 경제에 어떠한 영향을 미치는지를 분석한 보고서가 바로 IMF의 논문이다.

이 논문은 미중 간의 다양한 경제전쟁 양상을 가정하고 있다. 그중 가장 중요한 것은, 첫째 미국과 중국이 직접 맞붙었을 경우다. 즉 양국 경제가 분리 및 차단(디커플링)되었을 때다. 두 번째는 미국이 OECD 선진국들과 협력해 중국에 대항하는 경우다. 즉 미국을 포함한 OECD 국가들이 일대다로 중국과 맞서는 경우다.

또 이러한 양상이 영향을 주는 6개국에는 미국과 중국뿐만 아니라 유럽연합과 인도, 한국과 일본이 포함되어 있다. 그리고 이러한 경제전쟁이 벌어졌을 때의 영향을 10년간에 걸친 각국의 GDP 감소폭으로 보여주었다. 이 논문이 분석한 6개국 중에 한국이 포함되어 있기에 시사하는 바가 대단히 크다. 각각의 시뮬레이션 결과를 조금 더 자세히 살펴보겠다.

먼저 경제전쟁의 양 당사자인 미국과 중국의 경제는 어떤 영향을 받을까? 양국 모두 10년에 걸쳐서 GDP가 각각 3%, 4% 감소하는 것으로 나타났다. 미국과 중국 모두 저성장 경제이기에 3~4%의 마이너스 성장은 양국 경제에 엄청난 영향을 준다는 것을 의미한다. 이것을 통해 트럼프 전 대통령의 1차 무역전쟁은 잘못된 정책임을 금방 알 수 있다. 중국에 대한 혐오를 등에 업고 트럼프 정부가 중국에 가한 무역보복 조치는 중국은 물론 미국에도 큰 충격을 주는 정책이었다.

이것은 2가지 점에서 이미 예견된 결과였다. 첫 번째는 미국 경제가 이미 중국과 디커플링될 수 없을 정도로 상호의존적으로 변해버렸다는 점이다. 2001년 중국이 WTO에 가입한 이후 중국 경제는 미국 경제에 깊숙이 침투했고 이제는 분리가 불가능한 상황까지 와버렸다.

이러한 상황에서 중국 수입품에 25%의 보복 관세를 부과한 트럼프의 정책은 당연히 미국의 소비자 물가를 끌어올리는 결과를 가져올 수밖에 없었다. 여기에 2020년 코로나 팬데믹으로 글로벌 공급망이 흔들렸고, 2022년에는 러시아·우크라이나 전쟁까지 발발하면서 전 세계 물가가 급등하는 현상까지 벌어졌다. 그러니 트럼프의 1차 무역전쟁이 실패로 끝난 것은 너무나 당연한 결과다. IMF의 논문도 이 점을 분명히 해주었다.

또 IMF의 논문은 과거의 냉전과 신냉전의 차이도 분명히 보여주었다. 미소가 대립한 20세기의 구냉전은 양쪽 진영이 완전히 분리된 상황에서 전개되었다. 사람과 물건의 교역이 완전히 차단된 상태에서 대치했던 것이다. 그러나 지금의 신냉전New Cold War 은 다르다. 미국과 중국이 세계화의 흐름 속에서 서로 깊숙이 엮여 있는 상태에서 벌이는 대립이다. 그러니 지금 와서 양 진영을 완전히 분리하고 차단하는 것은 불가능한 일이다. 이 점을 분명히 인식한다면 신냉전이나 디커플링은 경제적 관점에서는 잘못된 용

▶ **[그림 8-1] 구냉전과 신냉전 비교**

	구냉전	신냉전
대상	· 소련	· 중국
경쟁 축	· 이데올로기 경쟁	· 무역경쟁 · 첨단기술경쟁
상호의존성	· 봉쇄로 차단(디커플링)	· 봉쇄 불가 · 이미 상호연결(커플링)
상대 진영 내	· 극심한 분열 · 중국과의 대립 및 자본주의 체제 편입	· 중국 내 소수민족 문제 · 무역과 일대일로로 결합
미국 진영 내	· 미국의 최전성기	· 미국 국력 약화와 내부 분열 · 자국 우선주의로 동맹 간 균열

어다. 분리될 수 없는 양 진영이 상호 대립하면서 분리된다는 것은 자기모순이기 때문이다.

또한 신냉전은 미국과 중국뿐만 아니라 세계 경제에도 심각한 충격을 준다. 미국과 중국은 경제력에 있어서 세계 1위와 2위 국가다. 1위와 2위 국가가 신냉전을 지향하며 경제전쟁을 일으키게 되면, 당연히 전 세계 경제에 엄청난 충격을 줄 수밖에 없다.

때문에 IMF 총재는 미국과 중국 모두를 비난하는 성명을 발표한 것이다. IMF 총재는 양비론적 입장에서 미국과 중국을 함께 비난하는 형태를 취했지만, 속뜻은 자국의 패권 유지를 위해 경제전쟁을 일으킨 미국을 비난한 것이다. 세계의 리더로서 전 세계인의 안녕과 경제적 풍요를 위해 핵심적인 역할을 해야 할 미국이,

앞장서서 전 세계 경제를 혼란에 빠뜨렸으니 비난받아 마땅하지 않은가?

이러한 점을 이해한다면 바이든 정부가 무역전쟁에서 첨단기술전쟁으로 방향을 수정한 점도 함께 이해가 된다. 무역전쟁은 중국 경제만이 아니고 자국 경제에도 마이너스 충격을 주는 데다 더 나아가 세계 경제에도 충격을 준다. 결국 미국은 글로벌 리더십에 큰 오점을 남길 수 있다. 이에 비하면 첨단기술전쟁은 핀포인트 전쟁이다. 중국의 가장 큰 약점만을 정확히 타격하는 것이기에 중국에 충격을 주면서도 미국과 세계 경제에는 큰 충격을 주지 않는 방법이다. 물론 반도체와 같은 첨단기술을 지닌 한국에는 큰 영향을 주었지만, 무역전쟁 같은 우격다짐보다는 훨씬 정교하고 세련된 전략적 선택인 것이다.

미국, OECD가 연합해 중국과 경쟁한다면?

IMF 논문의 두 번째 시나리오는 미국이 OECD 국가들과 연합해 중국과 경쟁하는 경우다. 이 경우 10년에 걸쳐 미국은 GDP 감소율이 −1% 정도밖에 안 된다. 즉 미국 경제에는 영향이 미미한 것이다. 이것은 미국이 단독으로 중국과 경쟁하는 경우 −3% 역성장하는 데 비해 OECD 국가들과 연합해 경쟁하는 것이 미국에는 훨씬 더 유리하다는 것을 보여준다. 그러면 바이든 정부가 왜 자유민주주의 동맹들과 함께 중국을 견제하려고 하는지 이해가 될 것이다.

트럼프는 고립주의 정책을 취하면서 미국 단독으로 중국을 견제하려 했지만, 바이든은 이와 달리 민주주의 진영과 연합해 중국을 견제하는 전략을 취했다. 이것이 앞서 설명한 '신뢰 네트워크' 혹은 '프렌드 쇼어링'이다. 즉 전 세계에 퍼져 있던 글로벌 가치사슬global value chain을 신뢰할 수 있는 국가들로 재편하려는 것이다.

이러한 전략으로 경쟁하면 중국 경제는 엄청난 충격을 받는다. IMF 논문에 따르면 이 경우 중국 경제는 10년에 걸쳐 −8%나 역성장한다. 최근에도 6%대 성장에서 3%대의 저성장 국면에 들어간 중국 경제가 −8%나 역성장을 한다는 것은, 경제 전체에 엄청난 충격을 준다는 것을 의미한다.

이것을 보면 2022년에 시진핑이 왜 3연임에 성공했는지 알 수 있다. 어찌되었든 중국은 다시 한번 시진핑을 선택했다. 전통적인 집단지도 체제마저 버리고 시진핑에게 강력한 권한을 부여한 것이다. 강력한 리더십으로 위기를 돌파하기 위해서다. 물론 리더십이 전부는 아니다. 중국이 이러한 충격을 피하려면 자유 진영에 대항할 수 있는 경제 시스템을 독자적으로 구축해야 한다.

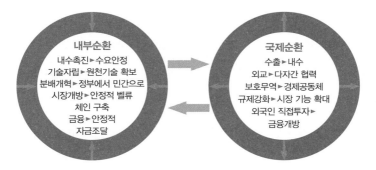

그중 하나가 '쌍순환 전략'이다. 쌍순환 전략이란 내순환과 외순환을 함께 돌리는 전략이다. 내순환은 우선 내수만으로도 경제가 잘 돌아갈 수 있는 최소한의 시스템을 만드는 동시에 첨단기술을 독자적으로 개발해 자유 진영과의 첨단기술전쟁에서 살아남을 방법을 모색하는 전략이다.

그리고 외순환은 국제관계에 있어서의 서진西進 전략이다. 미국이 태평양을 중심으로 중국을 압박해올 때 미국과의 경쟁을 피해 서쪽으로 이동하는 전략을 말한다. 앞서 설명한 '일대일로'처럼 미국, 선진국 진영과 떨어져 있는 아세안, 중앙아시아, 서남아시아, 중동, 아프리카 국가들과의 협력을 강화하는 것이다. 특히 일본이 선점하고 있는 아세안과의 협력에 중국이 공을 들였다. 또 미국의 영향권 아래에 있던 중동에도 적극적으로 개입해 중국의 영향력을 극대화하려고 했다. 2023년 봄 중국의 중재로 이루어진 사우디아라비아와 이란의 관계 정상화가 이를 잘 보여주고 있다.

　IMF 논문은 이러한 움직임에 대한 경제대국 인도의 행보도 잘 보여주고 있다. 논문은 미중 패권경쟁이 인도 경제에 미치는 영향은 거의 없다고 밝혔다. 인도는 하나의 경제대국이기에 미국의 영향권에도, 중국의 영향권에도 비교적 자유롭다. 그러므로 미국이 독자적으로 중국과 경쟁하든, OECD 국가들과 연합해 경쟁하든, 인도 경제에는 거의 영향이 없을 것이다. 이것은 또한 인도가 미중 패권경쟁과 상관없이 의연하게 자국의 이익만을 위해 움직여도 문제가 없다는 것을 의미한다. 미국이 쿼드를 조직해 인도를 끌어들여도 함께하면 된다. 그리고 미국이 우크라이나 침공으로 러시아를 제재하면서 인도의 동참을 요청해도, 인도는 이를 거부하면서 오히려 러시아와의 에너지 교역에 적극적으로 나서도 문제가 없을 것이라고 IMF 논문은 분석했다.

미중 경쟁의 최대 피해국은 한국

문제는 한국 경제에 미치는 영향이다. IMF 논문에 따르면 미중 패권경쟁에서 미국과 중국이 일대일로 경쟁하면 한국은 최대 피해국이 된다. 10년에 걸쳐서 GDP가 6%나 하락하는 분석 결과를 보여주었다. 이 분석 결과는 한국의 무역 구조를 보면 금방 이해가 된다. 중국은 한국의 1위 교역국이고 미국은 2위다. 그러니 이 나라들이 경제전쟁에 돌입하면 한국이 최대 피해국이 되는 것은 너무나 당연하다. 특히 한국은 중국에 중간재를 많이 수출한다. 이 중간재를 중국에서 조립해 미국이나 유럽 등에 수출하기 때문에 양국이 경제전쟁을 하게 되면 최대 피해국이 될 수밖에 없다.

미국이 OECD 선진국과 연합해 중국과 경쟁할 때도 한국의 피해는 매우 크다. 10년에 걸쳐서 GDP가 5%나 하락한다고 IMF 논문은 분석했다. 이것은 세계가 미국 경제블록과 중국 경제블록으로 나뉘어 대결하는 신냉전 구도가 되면 한국의 피해가 가장 크다는 뜻이다.

한국은 좁은 내수 시장 때문에 통상으로 성장해온 나라다. 그 통상 지역은 미국을 위시한 민주주의 블록뿐만 아니라 중국과 같은 권위주의 블록을 모두 포함한다. 특히 지난 30년간의 세계화 속에서 우리는 브릭스 국가를 포함한 개발도상국이나 중진국과도 교역을 많이 했다. 이런 상황에서 세계 경제가 블록화되면 우리나라는 최대 피해국이 될 수밖에 없는 것이다.

하지만 IMF 논문은 이런 우리나라에도 희망의 길이 있다고 함께 제시했다. 분석 시나리오 중에 한국이 미국과도 교역하고 중국과도 계속 교역한다면 한국 경제는 10년간 걸쳐서 플러스 1%

의 성장을 한다는 것이다. 즉 미국이 중국과 직접 맞붙어 경쟁하든 OECD 선진국과 연합해 경쟁하든 한국이 양 진영과 모두 교역한다면 우리나라는 플러스 성장을 할 수 있다는 뜻이다.

문제는 우리가 우리의 국익을 위해 양쪽 진영 모두와 교역하는 것이 가능한가다. 과거에는 우리나라가 한쪽을 선택했다. 1960년대부터 시작된 한강의 기적 때는 미국을 위시한 자유 진영을 적극적으로 선택했다. 하지만 지금은 그렇지 않다. IMF 논문이 분석한 것처럼 어느 한쪽을 선택하는 순간 한국 경제는 추락할 것이다. 이런 일을 피하려면 어느 한쪽도 선택하지 말아야 한다. 국익을 위해 '선택하지 않는 것'을 선택해야 한다는 것이다.

'한강의 기적' 시절이었다면 당연히 어려운 일이었다. 당시 한국 경제는 '새우' 크기의 최빈국 중 하나였기에 자유 진영의 시장을 통해 경제를 성장시켜야만 했다. 하지만 지금의 한국 경제는 새우가 아니다. 돌고래도 아니고 범고래 수준의 선진국 경제다. 세계화의 기적을 통해 세계 10위 경제대국이 되었다. 때문에 어느 진영이든 자유롭게 교역하면 되는 것이다.

프랑스의 마크롱 대통령은 이것을 '전략적 자율성'이라고 했다. 동맹이라고 해서 미국을 일방적으로 추종할 필요가 없다며 프랑스는 미국의 졸개가 아니기 때문에 전략적으로 자유롭게 선택하면 된다는 것이다.

우리도 마찬가지다. 더구나 한국은 미국과 중국 모두에게 중요한 경제 협력 파트너다. 미국은 중국을 견제하기 위해서라도 중국과 인접해 있는 한국이 필요하고, 중국도 미국 중심 진영을 흔들기 위해 한국의 협력이 필요하다. 이것을 적절히만 활용하면 한국은 계속 성장할 수 있다. 경제성장이라는 국익을 위해서라도 이러한 선택을 해야 하고, 우리는 또한 그럴 능력이 있다.[*]

미국 힘으로 중국을 견제하는 일본

이어서 IMF 논문은 유럽과 일본 경제에 미치는 영향도 분석했다. 유럽 역시 우리와 마찬가지로 통상국가다. 유럽연합 내에서는 통합된 단일 시장이기에 회원국 간의 교역이 자유롭게 이루어진다. 해외 시장과의 교역도 마찬가지다. 중국과 미국을 비롯해 다양한 국가들과 교역을 하고 있다.

[*] 선택하지 않는 것을 '전략적 모호성'이라고 비판하면서 어느 한쪽을 선택하자며 '전략적 명확성'을 주장하는 것은 경제적으로 잘못된 주장이다. 그리고 그 연장선에서 '안미경중(안보는 미국과, 경제는 중국과 함께하자)'이니 '안미경미(안보는 미국과, 경제도 미국과 함께하자)'니 하는 주장도 매우 잘못된 주장이다. 우리나라는 전략적 자율성을 가지고 어느 나라든 자유롭게 교역하면 된다. 이것이 자유무역이라는 글로벌 보편적 가치와도 일치한다.

때문에 미중 경제전쟁은 유럽에도 심각한 영향을 미친다. IMF 논문에 따르면 −3% 전후의 악영향이 있을 것이라고 한다. 이미 저성장에 접어든 유럽 국가들에게 3% 전후의 마이너스 성장은 매우 심각한 일이다. 이것을 보면 유럽 지도자들이 왜 그렇게 트럼프를 싫어하는지 알 수 있다. 미국과 유럽의 전통적인 관계를 뒤흔들어 놓아서 싫은 측면도 있겠지만, 결국 트럼프가 일으킨 무역전쟁으로 유럽 경제가 마이너스 성장을 하게 되는 것이 못마땅했을 것이다.

그리고 시진핑이 3연임에 성공한 직후에 독일과 프랑스, 스페인, 영국 등 유럽 각국의 정상들과 유럽연합 집행위원장 등이 서둘러 중국을 방문한 이유도 잘 알 수 있다. 이들도 중국과의 교역이 국익에 대단히 중요하기 때문이었다.

마지막으로 논문은 일본 경제에 대한 영향도 분석했다. 분석 결과에 따르면 미국이 중국과 직접으로 경쟁하든 OECD 선진국과 연합해 중국과 경쟁하든 일본은 −2% 정도의 영향이 있을 것으로 예상했다. 영향받는 정도가 우리나라의 절반도 안 된다. 왜 이런 결과가 나타난 것일까? 그 이유는 우리나라는 통상국가이지만 일본은 의외로 내수 국가이기 때문이다. GDP에서 수출이 차지하는 비중이 18% 정도밖에 되지 않는다. 우리나라는 40%가 넘는다. 수입까지 합해도 일본은 37%밖에 되지 않는데 우리는 80%를 넘는다. 이 역시 우리나라의 절반에도 못 미치는 수준이다.

일본이 해외 수출 시장에서 우리나라와 치열하게 경쟁하는 라이벌 국가이기 때문에 독자들은 이러한 사실이 의아하다고 생각할 수 있는데, 실제 데이터가 그렇다. 그만큼 일본 경제는 내수 시장의 비중이 크기 때문에 미중 패권전쟁의 영향을 한국보다는 덜 받는다.

비록 한국보다는 영향을 덜 받지만, 2%대의 마이너스 성장은 일본에도 상당한 충격이다. 일본 경제의 평균 성장률이 1% 전후이기 때문에 이 정도도 충격이 크다. 그런데도 왜 일본은 미국에 철저히 편승하는 전략을 취하고 있는 것일까?

가장 큰 이유는, 앞서 설명한 일본의 정치인들 때문이다. 이들은 경제적으로 손해를 보더라도 중국을 견제함으로써 아시아의 패권을 다시 차지하고 싶어 했다. 앞에서도 살펴보았지만 2010년대까지만 해도 일본은 아시아의 패권국이었다. 그 후 중국에게 아시아의 패권국 자리를 넘겨주었고 그 과정에서 일본은 중국으로부터 굴욕을 경험했다. 때문에 일본의 정치인들은 미국의 힘을 빌려 중국을 견제하는 길을 선택했다.

특히 일본 국민들, 즉 유권자들도 보수화·우경화되면서 이들의 선택을 지지했다. 경제적인 손해도 감수하겠다는 것이다. 물론 이에 반대하는 유권자들도 있지만 그들의 목소리가 정치에 제대로 반영되지 않고 있다.

경제계는 강력하게 반대했지만, 기업들 또한 일본의 정치지도자들과 사회의 움직임을 알고 있기에 큰 목소리를 내지 못하고 있다. 대신 그들은 독자적으로 중국 시장을 개척하고 중국과의 관계를 우호적으로 지속하기 위해 다양한 노력을 하고 있다. 그리고 아직은 일본 기업들이 국제적으로 경쟁력이 있어 중국 시장에서 큰 변화는 없다. 소재·부품·장비 분야에서는 여전히 독점적 지위를 가졌고, 하이브리드 차량 등에도 경쟁력이 높다. 하지만 이런 분야마저 중국 기업들에게 따라잡히면 중국 시장에서 일본의 경제적 지위는 위험해질 수 있다.

돈은 피보다, 이념보다 진하다

IMF의 논문처럼 미중 패권경쟁이 일어나더라도 중국과의 교역을 계속하면 우리 경제의 성장은 크게 문제가 없다. 사실 과거에도 유사한 상황이 있었다. 2008년 글로벌 금융위기는 1장에서 살펴본 바와 같이 일본 경제에 엄청난 충격을 주었다. 일본은 2008년, 2009년에 2년 연속으로 마이너스 성장을 기록했다. 특히 2009년에는 −5.4%의 성장률을 기록하며 전후 최대의 하락을 겪기도 했다. 그리고 그 후유증으로 일본 경제가 디플레이션에 빠져들기 시작했으며, 지금도 여전히 악순환에서 헤어나지 못하고 있다. 그때의 충격이 얼마나 심각했는지, 일본 국민들이 전후 처음으로 정권까지 교체했다.

일본과 달리 한국은 글로벌 금융위기를 비교적 쉽게 극복했다. 2009년에는 0.8%로 경제성장률이 급락했지만, 그다음 해에는 6.8%로 급등하며 경제위기에서 무사히 빠져나왔다. 그 비결은 지리적으로 인접한 중국 시장을 잘 활용했기 때문이다. 중국은 경제위기에 휩싸인 미국과 유럽, 일본을 대신해 강력한 경기부양 정책을 실시했고 우리나라는 이를 잘 활용했다. 이 모습을 지켜본 일본의 한 교수는 나에게 "한국은 좋겠다. 중국 바로 옆에 붙어 있어서"라고 말해 함께 크게 웃었던 기억이 난다.

문제는 미중 패권경쟁이 심화될 때 우리가 계속해서 중국과 교역할 수 있는가다. 미국의 압력이 거세지면 우리는 중국을 버려야만 할까? 과연 그럴 수 있을까? 이런 의문이 계속 제기된다. 이에 대한 해답은 우리와 경제력이 유사한 국가들의 움직임을 살펴보면 쉽게 찾을 수 있다.

우선 우리와 비슷한 통상 선진국인 독일의 선택을 보자. 독일은 세계 4위의 경제대국이자 군사적으로 미국에 의존하고 있는 국가다. 더구나 우크라이나 전쟁 때문에 나토(NATO, 북대서양조약기구)의 선두에 서서 러시아와 대치 중이다. 올라프 솔츠 독일 총리는 2022년 10월 중국공산당 제20차 전국대표대회에서 시진핑 총서기의 3연임이 결정되자마자 중국을 방문했다. 그것도 기업인들을 대규모로 이끌고 중국으로 갔다.

미국이 반발했지만 솔츠 총리는 전혀 개의치 않았다. 오히려 미국의 외교 전문지 〈포린 어페어〉 2023년 1·2월 호에 기고문을 싣고 독일의 입장을 분명히 전했다. 그 글에서 솔츠 총리는 "지금은 대변혁의 시대이고 세계는 이제 다극 체제multipolar era로 전환될 것"이라고 주장했다. 미국이 주도하는 세계 질서가 이제 저물어 간다는 것을 미국의 외교 전문지에서 당당하게 밝힌 것이다. 이러한 움직임은 프랑스나 이탈리아, 스페인 등도 마찬가지였다.

또 우크라이나 전쟁으로 미국이 러시아를 제재했을 때 이에 불참한 나라들이 의외로 많았다. 남미의 멕시코와 브라질, 아르헨티나, 아시아의 인도와 인도네시아, 베트남, 중동의 사우디아라비아와 이란, 이스라엘, 튀르키예, 아프리카의 남아프리카 공화국 등이 불참했다.

그중에서도 특히 사우디의 움직임이 재미있었다. 사우디는 국익을 위해 석유 수출국인 러시아와 함께 움직였다. 바이든 대통령이 체면을 구겨가며 사우디를 방문해 석유 증산을 요구했지만 사우디는 이에 아랑곳하지 않고 러시아와 보조를 맞추었다.*

그런데 국익을 지키기 위해 재미난 행보를 한 나라가 또 있다.

▶ **[그림 8-3] 주요국 대러 제재 참여 현황**

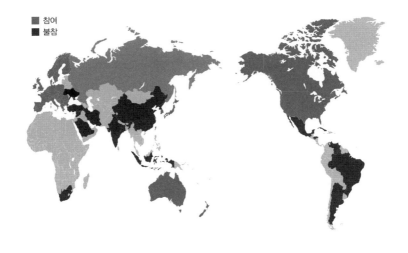

바로 대만이다. 대만은 미중 패권경쟁의 최전방에 위치한 국가로, 비슷한 상황인 우리가 특히 눈여겨봐야 한다. 2022년 8월 미국의 낸시 펠로시 하원의장 등이 대만을 방문했고, 대만 또한 총통이 미국을 방문해 미국으로부터 다량의 무기를 구입하는 등 친미적인 행보를 보였다. 하지만 미중 사이에 긴장이 고조되는 분위기 속에서도 대만은 더욱 공격적으로 중국 시장을 공략했다. 중국이

---

*   바이든 대통령의 사우디 방문은 많은 시사점을 준다. 바이든은 인권을 위시한 민주주의 가치를 중시해왔다. 과거 언론인 자말 카슈끄지 암살의 배후로 빈 살만 사우디 왕세자가 지목되었는데, 이 문제로 바이든은 사우디를 강하게 비난했었다. 하지만 국익 앞에서 그러한 가치는 사라져버렸다.

미사일을 쏘아대고 전투기로 영공을 통과하는 위협을 가해도 아랑곳하지 않고 철저하게 실용주의 노선으로 나간 것이다. 이 틈을 타 중국 시장에서 우리나라를 제치고 수입 시장 점유율 1위를 차지하기도 했다. 대만은 중국 시장에서 자국 기업들을 보호하기 위한 노력도 꾸준히 하고 있다. 국민당 마잉주 전 총통이 중국을 방문하는 등 중국과 미국에 양다리를 걸치며 실리를 챙기는 것이다.

'피는 물보다 진하다'라는 속담도 이제는 옛말이다. 어느 재벌 드라마 대사처럼 '돈은 피보다 훨씬 더 진하다'가 오늘날 세계 경제에 꼭 맞는 표현이다. 정치가 이념과 가치, 이데올로기 등을 가지고 강하게 규제를 해도 돈은 더 많은 수익을 좇아서 귀신같이 흘러 들어가는 속성이 있다. 미중 패권경쟁 속에서도 마찬가지다. 미국의 달러가 중국 시장으로 흘러 들어가고 중국의 위안화가 미국 시장으로 흘러 들어가고 있다.

과도한 중국 의존도 낮추는 해법

내가 중국과의 교역을 강조하면, 반대로 "중국에 대한 과도한 의존 역시 문제가 되지 않습니까?"라고 걱정하는 분들이 있다.

[그림 8-4]를 보면 1990년 중국과의 수교 이후에 늘어나기 시작한 교역이, 2001년 중국의 WTO 가입 후에는 더욱 급격히 늘었다. 한때는 무역 의존도가 27%까지 육박했다. 더구나 홍콩 등을 경유한 중국에 대한 간접 수출까지 포함하면 30%를 넘는다. 이러한 높은 중국 의존도 때문에 한국은 2000년의 마늘 파동이나 2016년의 사드 보복, 2021년의 요소수 사태 등을 경험하기도 했다. 그럴 때마다 중국에 대한 과도한 무역 의존도를 걱정하곤 했다.

더구나 최근에는 미중 패권경쟁 같은 경제안보 차원에서 우리도 중국에 과도하게 의존해서는 안 된다고 생각하는 사람도 많다. 한국이 수입하는 물품 중 중국 의존도가 80%를 넘는 품목 수가 자그마치 1,850개나 된다는 분석이 있을 정도다. 그래서 "중국이 기침하면 한국은 몸살을 앓는다"는 우려도 나온다.

하지만 이러한 의존도는 우리나라만의 문제가 아니다. 중국이 그 나라의 교역국 중 1위를 차지하는 나라가 전 세계에서 몇 개국이나 될까? 무려 120여 개국이다. 미국에 대한 의존도 1위인 국가

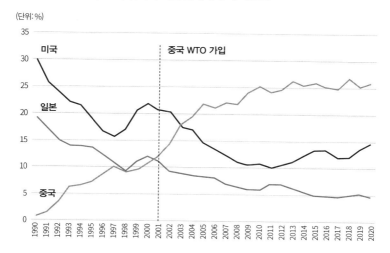

▶ [그림 8-4] 미국, 일본, 중국에 대한 한국의 무역 의존도

(단위: %)

가 25개국 정도이니 비교 자체가 안 되는 수준이다. 이런 상황은 미국조차 예외가 아니다. 미국의 수입 의존도 1위 국가는 물론 중국이고, 그 비율은 15%다. 이 비율조차 미중 패권경쟁 중에도 큰 변화가 없다.

이것은 이미 예견된 결과이기도 하다. 2007년에 미국에서 재미난 책《메이드 인 차이나 없이 살아보기》가 출간되었다. 미국의 한 기자가 1년 동안 '메이드 인 차이나' 제품 없이 살아보기로 하고, 그 경험을 책으로 엮은 것이다. 저자인 사라 본지오르니는 매일 장바구니 품목 중에 중국 제품이 있으면 다음에는 그 제품을 다른 나라 제품으로 교체하며 1년을 살아보았다. 그 결과 중국 제품 없이는 살아갈 수 없다는 결론을 내렸다. 그만큼 세계화의 흐름 속에서 미국 경제가 중국 경제와 떼려야 뗄 수 없이 엮여 있다는 뜻이다. 이것을 10년이 흐른 2017년 전후에 분리하려고 하니, 의도대로 될 리가 없지 않겠는가? 바이든 대통령의 오른팔인 재닛 옐런 미국 재무장관마저 "중국과의 디커플링은 미중 모두에게 재앙이 될 것"이라고 강조했다.

이러한 상황에서 중국 의존도를 줄이려는 노력은 우리에게도 한계가 있을 수밖에 없다. 의존도가 너무 높은 것은 위험한 것이 맞지만, 지금 상황에서 그것을 억지로 줄이는 것은 대단히 어려울 뿐만 아니라 비합리적이다.

중국 의존도를 줄이는 매우 합리적인 방법은, 중국에 버금가는 시장을 더 많이 개척함으로써 상대적인 의존도를 낮추는 것이다. 의존도는 결국 비율의 문제이기 때문에 이를 상대화시키는 것이 더 합리적이다. 더구나 지금 우리는 향후 중국만큼 성장할 시장을 몇 곳 가지고 있다. 그중 하나가 인도 시장이다.

2030년 세계 3위 경제대국이 될 인도

인구는 인구대국이다. 2023년에 중국의 인구를 추월해 세계 1위 인구대국이 되었다. 인구대국이기에 인구가 가져다주는 보너스(인구 보너스)를 향유하면서 연평균 6~7% 전후의 경제성장을 구가하고 있는 고성장 국가다. 주요 경제 기관들은 인도가 2030년경에 일본을 앞질러 세계 3위 경제대국으로 도약할 것이라고 예측했다.

최근에는 미중 패권경쟁의 틈바구니에서 중국을 대체하는 시장으로 인도가 각광받고 있다. 특히 IT산업이 발달해 애플과 같은 전자 기업들은 중국에 있던 주력 공장의 일부를 인도로 이전하기도 했다. 이러한 것은 국제교역의 흐름으로도 잘 나타난다.

앞서 소개한 것처럼 2019년 트럼프 정부가 중국으로부터 들어오는 주요 수입품에 25%의 관세를 일률적으로 부과한 적이 있었다. 무역전쟁의 서막을 알리는 신호탄이었던 셈이다. 이 시기 전후의 국제교역 흐름을 보면 유럽과 인도 및 아세안이 미중 간의 대체 교역 루트로 급부상했다.

특히 인도 루트는 미국과 직접 교역하거나 유럽 루트를 경유해 간접적으로 미국과 교역하는 방식으로 엮이면서 국제교역의 허브가 되었다.

2018년 문재인 대통령의 인도 순방에 따라 오랜만에 인도를 다시 방문한 적이 있었다. 정상회담과 삼성전자 휴대폰 공장 등의 공식 시찰을 마친 후 나만 잠시 일행을 빠져나와 뉴델리 교외의 한 벤처 타운을 방문했다. 10여 년 전만 하더라도 환경이 너무 열악해 인도에서 비즈니스를 할 수 있을까 하는 의문이 들 정도였는데, 주변 인프라와 오피스 환경 등이 몰라보게 달라져 있었다.

그때의 방문 덕분에 인도에 대한 나의 인상은 완전히 뒤바뀌었다. 특히 나를 놀라게 한 것은 사람들의 눈빛이었다. 일에 대한 열정과 돈에 대한 욕망이 너무나 강렬해 이 나라가 앞으로도 계속해서 성장해 나갈 것이라는 예감이 들었다.

특히 인도는 우리나라 기업들이 일본 기업들보다 먼저 선점한 세계에서 몇 안 되는 나라 중 하나다. 자본주의 역사가 앞선 일본은 전 세계 시장을 한국 기업보다 먼저 개척하고 선점했지만 인도는 예외였다. 삼성전자와 LG전자가 일본 전자 기업들보다 먼저 인도의 가전 시장을 선점했다. 현대자동차도 도요타나 혼다보다 먼저 진출해 지금은 2위 자동차 기업이다. 1982년 일본의 스즈키 자동차가 인도의 마루티 우디요그와 합작해(마루티 스즈키) 현대자동차보다 먼저 인도에 진출했지만 이것은 어디까지나 합작 진출이었다.

그렇다면 우리 기업들은 어떻게 일본보다 먼저 인도 시장을 선점했을까? 10여 년 전에 인도를 방문했을 때, 나는 한국 기업과 일본 기업들을 인터뷰하면서 그 이유를 알아보았다. 특히 현대자동차 첸나이 공장의 김재일 공장장의 말이 인상적이었다.

내가 공장 주변의 열악한 환경을 이야기하면서 "어떻게 이런 곳에 공장을 건설하고 운영할 수 있습니까?" 하고 물어보았다. 그랬더니 김재일 공장장은 이렇게 대답했다.

"김 교수, 내가 어릴 때는 이보다 더 열악한 환경에서 자랐어요. 나는 타임머신을 타고 그때로 돌아온 듯합니다."

그의 대답을 아직도 선명하게 기억한다. 해외 시장을 개척할 때 그 시장을 정확히 아는 것이 중요한데, 김재일 공장장은 어린 시절의 옛 추억 속에 인도 시장과 유사한 경험이 이미 축적돼 있던 것이다.

이에 비하면 일본 기업들의 시장 경험은, 한국 기업들의 그것과는 비교가 안 될 정도였다. 그때 인터뷰한 일본의 한 종합상사 법인장은 주재원들의 행태에 심각한 우려를 표시했다. 당시 일본 주재원들은 현지의 최고급 호텔에 장기 체류를 했는데, 호텔이 너무 낡았다고 불평이 많다는 것이다. 심지어 어떤 주재원은 일본의 다다미(일본식 돗자리)까지 공수해 와서 호텔 침대 위에 깔아 놓고 생활한다고 했다. 또 아침 식사도 호텔에서 일본 주재원들끼리 하고, 저녁에도 호텔에서 다른 주재원들과 식사를 하니 현지 시장을 제대로 알 리가 없다며 한탄했다. 이런 자세로는 인도 시장을 제대로 개척할 수 없다고 단언하던 그의 말이 지금도 생생하다.

한국 기업들은 이런 배부른(?) 일본 기업들을 뒤로하고 인도 시장을 선점해 나갔다. 하지만 포스코 등 일부 기업들이 인도의 복잡한 법 제도와 규제 등으로 말미암아 좌절하고 난 뒤 한동안 인도 시장 공략이 주춤했다. 그리고 그 틈을 타고 일본 기업들이 다시 인도 시장을 파고들기 시작했다. 또 유럽과 미국, 중국 기업들도 이 시장의 중요성을 인식하고 적극적으로 공략하고 있다. 우리 기업들도 다시 분발해야 할 시점이다.

한류를 사랑하는 아세안의 잠재력

인도와 더불어 중국을 대신할 수 있는 새로운 시장이 아세안이다. 아세안ASEAN은 동남아시아국가연합Association of Southeast Asian Nations을 줄인 이름으로 태국, 필리핀, 라오스, 말레이시아, 미얀마, 베트남, 브루나이, 싱가포르, 인도네시아, 캄보디아 등 10개국의 경제 공동체다.

아세안은 매년 5~6%씩 성장하는 고성장 시장이다. 이 시장을 우리 기업들과 국민들이 가만히 둘 리가 없었다. 이미 2014년에 한국 기업들의 대아세안 투자가 대중국 투자를 추월했다. 투자내

역을 보면 제조업이 주류를 이루고 있지만 의외로 도소매업과 금융업의 투자도 많다. 도소매업에서는 우리나라의 웬만한 유통 기업들이 모두 아세안에 진출했다. 우리가 잘 아는 외식사업가 백종원의 식당도 아세안에 진출해 있다.

금융업도 마찬가지다. 일찍부터 금융업의 국제화를 추진했는데, 보수적인 업종의 특성상 해외 진출은 너무나 더뎠다. 하지만 아세안만은 예외다. 한국 기업들과 국민들이 앞다투어 아세안으로 진출하자 금융 기업들도 아세안에 적극적으로 진출하고 있다.

한국 기업들이 이렇게 적극적으로 진출한 데는 이유가 있다. 바로 아세안이 중국을 대체하는 세계의 생산 공장이 되어가고 있기 때문이다. 저렴한 인건비와 성실한 노동자는 세계의 공장이 되기에 최적의 조건이다. 삼성전자가 중국의 휴대폰 공장을 베트남으로 이전해 세계 최대의 생산 공장을 건설한 것도 이 때문이다. 덕분에 건설업도 대단히 활발하게 아세안으로 진출하고 있다. 건설업의 해외진출이라고 하면 보통 중동을 많이 떠올리지만, 아세안 건설 수주량이 중동을 추월한 지도 오래되었다.

또 아세안은 소비 시장의 면모도 함께 갖추고 있다. 경제가 급성장하자 소비도 함께 급성장했기 때문이다. 최근에는 전 세계 중산층 소비의 절반 정도가 아세안에서 일어나고 있을 정도다. 이러니 한국의 소비재 기업이나 유통 기업, 하다못해 식당마저도 아세

▶ **[그림 8–5] 한류를 사랑하는 아세안**

한류 심리 지수(성장도)			
고성장		카자흐스탄, 말레이시아, 아르헨티나, 미국	인도네시아, 태국
중간성장	독일, 폴란드 브라질	UAE, 우크라이나, 인도, 영국, 캐나다, 튀르키예, 러시아, 우즈베키스탄, 프랑스, 호주, 남아공, 대만	필리핀, 중국, 베트남, 싱가포르, 미얀마
쇠퇴	멕시코, 이란	일본	
	소수 관심	**확산**	**대중화** 한류 현황 지수 (인기도)

출처: 한국문화산업교류재단

안에 진출하지 않을 이유가 없다.

이미 아세안과의 교역 규모는 중국 다음으로 크다. 교역 성장률만 보면 얼마 지나지 않아 중국을 넘어설 기세다. 베트남 한 국가만 봐도, 이미 일본과의 교역액을 넘어섰다. 2022년에는 베트남과의 교역에서 벌어들인 흑자가 중국보다 많았다. 이처럼 교역이 활발하다 보니 사람들 간의 왕래도 잦아졌다. 2018년에 이미 한국과 아세안의 상호 방문객이 연간 1,000만 명을 넘었다. 우리 국민의 아세안 방문도 전 세계에서 가장 많다. 이웃 나라 일본 방문객이 많다고는 하지만 1위 방문지는 아세안이다.

이렇게 상호 방문이 많은 것은 우리 국민이 아세안을 좋아하는 것도 하나의 이유지만 아세안 사람들의 한국 사랑도 그에 못지 않게 강하기 때문이다. 세계 여러 나라에서 한국에 대한 호감도를 조사해보면 아세안이 항상 1위다. 일본인들이 한국에 대해 갖는 호감도는 아세안 사람들에 비하면 4분의 1도 안 된다.

한류 열풍에 관해서도 아세안은 전 세계 어느 지역보다 뜨겁다. [그림 8-5]는 한류의 인기도와 성장도를 분석한 그림이다. 인기도와 성장도가 동시에 높은 지역은 인도네시아, 태국 등 주로 아세안 국가들이다. 그러니 아세안에서 K팝의 인기가 높은 것은 너무나 당연하고 덩달아 K뷰티, K푸드 등이 날개 돋친 듯 팔리는 것이다.

서울대학교만 보더라도 이러한 문화적 흐름 덕분에 아세안 유학생이 급증하고 있다. 이 학생들 중 많은 수가 한류를 계기로 한국을 좋아하게 되었고 그것을 계기로 서울대로 유학을 결심했다고 한다. 또 서울대 내에 한류를 연구하는 교수들의 연구 단위가 아시아연구소 산하에 만들어졌다. 그만큼 아세안이 한류의 최대 거점이 되었다는 것이다.

신남방정책과 아세안 중심성

아세안의 열기가 이 정도이니 국가가 나서서 아세안과의 교역·교류를 강화하는 정책을 내놓지 않을 수 없었다. 내가 청와대를 들어가자마자 아세안과 인도를 결합한 신남방정책을 대통령의 핵심 의제agenda로 만들어서 적극적으로 추진했다.

추진 방법에 있어서 몇 가지 특징이 있었다. 첫 번째는 신북방정책 및 한반도 평화 프로세스와 연계해 함께 추진했다. 우리나라가 선진국이 되었음에도 불구하고 역대 정부는 세계 전략global strategy을 가지고 있지 않았다. 정권마다 주변 4강 외교에만 매몰되어 글로벌 시각을 가지지 못했기 때문이다.

이에 역대 정권 중 처음으로 세계 전략을 만들었는데, 그 핵심이 신남방정책과 신북방정책이었다. 이것은 인도·아세안과 관계를 구축하고, 중국·중앙아시아·러시아와의 관계를 강화하는 정책이었다. 그리고 이것을 토대로 향후 중동과 아프리카, 유럽 등으로 확장해 세계 전략을 완성할 계획이었다. 그리고 이러한 세계 전략을 한반도 평화 프로세스와 연계함으로써 세계 전략의 귀착점을 '평화 속에 번영하는 한반도'로 두었다. 즉 한반도에서 세계로 또한 세계에서 한반도로 선순환하는 전략을 그린 것이다.

▶ **[그림 8-6] 신남방정책과 신북방정책**

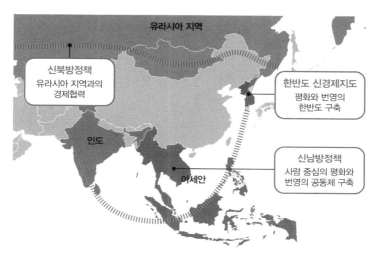

두 번째는 경제적 교역만을 염두에 두지 않았다. 과거 일본이 아세안과의 관계 강화에 크게 실패한 적이 있었다. 일본 기업들이 아세안 시장에 물밀 듯이 진출해 경제적 이익만을 취하자 아세안 국가들이 강하게 반발했기 때문이다. '일본은 경제적 동물economic animal이다', '무역 역조가 너무 심각하다' 등의 강한 반발이 터져 나왔는데, 1977년 당시 후쿠다 다케오 수상은 '후쿠다 독트린'을 발표해 그 반발을 무마하기도 했다.

우리나라도 아세안과의 교역만 강조하면 일본이 범한 우를 그대로 반복할 수 있다. 때문에 경제적 교류도 상호호혜co-Prosperity를 강조했고, 경제적 교류 이외에 인적 교류People와 평화 추구

Peace도 함께 담았다. 세 영역이 모두 영문자 P로 시작하기에 신남방정책을 '3P 전략'이라고 하기도 했다.

인적 교류는 서로의 마음이 통하는 계기가 되기 때문에 신남방정책에서 가장 중요한 부분이었다. 또 평화 추구는 의외로 아세안이 중시하는 가치이기 때문에 포함시켰다. 아세안에는 작은 나라도 있고 개발도상국도 있기 때문에 아세안이라는 공동체를 만들어 함께 평화를 유지하고 있다. 그래서 아세안은 한반도의 평화를 가장 열심히 지지해주는 전통도 함께 가지고 있다. 트럼프와 김정은의 북미 정상회담이 싱가포르와 하노이에서 열린 것도 이런 전통과 연관이 깊다.

세 번째는 수치 목표를 가지고 추진하려고 했다. 우리 기업들과 국민들이 앞서 나가고 국가가 이를 지원하는 상황이었기에 신남방정책은 속도감 있는 추진이 필요했다. 인적 교류 측면에서는 2020년까지 연간 상호 방문객 1,500만 명 달성을 목표로 했고, 경제 교류 측면에서는 아세안과의 교역 2,000억 달러 달성을 목표로 했다. 또 평화적 측면에서 2019년까지 대통령의 아세안 10개국 순방 달성과 같은 수치 목표를 가지고 추진했다.

특히 대통령의 아세안 10개국 순방은 가장 어려운 목표 중의 하나였다. 미국과 중국, 일본, 러시아와 같은 주요국 순방이 대통령 임기 초에 있었고, 그 이외에 유럽과 남미, 중동 등 주요국 순방이 예정된 상태에서 아세안 10개국 모두를, 그것도 임기 초반에 순방한다는 것은 대단히 힘든 목표였다. 하지만 대통령의 의지도 매우 강했기에 이 목표도 무난히 달성할 수 있었다.

자주적 주권국가의 당연한 자세

신나게 추진하던 신남방정책도 2019년 1월에 청와대를 사직함으로써 막을 내리게 되었다. 한 최고경영자 과정 강연에서 내가 했던 발언을 언론들이 문제 삼았기 때문이었다. 기업인을 대상으로 하는 강연은 일반 기자회견이나 언론 발표와는 분위기가 사뭇 다르다. 기업인들의 관심을 돋우기 위해 사례와 에피소드를 넣고, 경우에 따라 농담도 섞어가면서 강의하는 게 보통이다. 그런데 그 강연에서 한 특정 발언만 가지고 노인 폄하라는 둥, 너나 아세안에 가라는 둥 비판이 쏟아졌다.

사실 신남방정책의 중요성은 보수 언론들도 잘 알고 있었다. 일부 언론은 사주들이 직접 나서서 '인도 포럼'이나 '아세안 특집'을 주도하기까지 했다. 하지만 진보 정권이 신남방정책을 추진하는 게 싫었던 것일까? 그전까지는 조용히 있던 언론들이 나에 대한 비판에 적극적으로 가세하기 시작했다.

나는 어차피 그해 5월이면 학교로 돌아가야 했다. 내가 재직하고 있는 대학의 규정상 휴직 기간은 최장 2년이기 때문이다. 이미 2018년 연말에 인사수석에게 곧 사직할 예정이라고 통보해둔 마당이어서 조금도 주저하지 않았다. 다음 날 깨끗하게 사표를 내고, 그다음 날 서울대로 복직했다.

신남방정책은 후임들이 이어받아서 적극 추진했다. 특히 미중 패권경쟁이 점점 더 첨예해지면서 신남방정책은 그러한 위기를 피해갈 수 있는 가장 중요한 정책이 되었다. 미국이 인도·태평양 정책을 함께 추진하자고 하면 그 정책과 신남방정책을 함께 하자고 하면 되었고, 중국이 일대일로 정책을 함께 하자고 하면 일대일로와 신남방정책을 함께 하자고 하면 되었다. 이것은 미국과 중국 중에 선택해야 할 때 우리의 국익을 지키는 방법으로 어느 쪽이든 함께 하자고 역제안할 수 있는 좋은 대안이었다. 또한 이것이 자주적 주권국가로서 당연한 자세이기도 했다.

하지만 당시 일부 언론들은 '안미경중'이니 '전략적 모호성'이니 하며 정부를 비판하기도 했다. 사실 문재인 정부는 그런 말을 사용한 적이 없었다. 미국과는 한미 동맹을 맺고 있었기에 당연히 안보는 미국이고, 또 당시 중국이 최대 교역국이었기에 중국이 경제적으로 중요한 것은 당연했다. 하지만 중국에 대한 과도한 의존을 신남방정책으로 줄여나가고 있었기에 중국만을 중시한다는 비판은 전혀 사실이 아니었다.

전략적 모호성도 마찬가지였다. 우리는 주권국가이고 세계 10위의 경제대국이기에 어느 한 나라를 선택할 필요가 없다. 우리의 국익에만 집중해 선택하고 행동하면 될 뿐이다. 그런데 일부 언론의 주장처럼 '전략적 명확성'을 가지면 어떻게 되는가? 중국을 버리고 미국을 선택하면 경제가 과연 안전하겠는가?

앞에서도 설명했지만 우리가 개발도상국이었을 때는 그런 선택이 가능할 수 있었다. 하지만 우리는 세계 10위의 경제대국이고 세계 7위의 선진 통상국가이다. 그러면 미국과의 교역도 잘해야 하지만 그것만으로는 충분하지 않다. 일본, 중국과도 교역하고 신남방 국가들과도 교역을 잘해야 우리는 계속해서 번영할 수 있다.

특히 세계화의 기적 속에서 우리가 선진국으로 도약할 수 있었던 것은 브릭스를 포함한 신흥 경제권 국가들과 교역을 잘했기 때문이다. 그 나라들과 교역을 하면서 축적한 경험과 노하우를 계속해서 활용해 나가면 되는 것이다.

하지만 정권이 교체되면서 신남방정책도 폐기되었다. 신정부의 인수위원회에서 여러 사람이 전임 정부의 정책 중에 신남방정책만은 계승할 필요가 있다고 주장했지만 결국 받아들이지 않았다. 더구나 새 대통령은 아세안을 처음 순방하는 자리에서 한국판 인도·태평양 전략을 발표했다(프놈펜 선언). 자주적인 세계 전략을 포기하고 미국과 일본의 인태전략을 계승하겠다는 선택을 아세안 국가들 앞에서 한 것이다. 그러한 발표를 듣고 아세안의 지도자들은 어떻게 생각을 했을까? 경제대국 한국이 신남방정책이라는 자주적인 정책을 5년 동안 함께 추진해왔는데 새로운 정부가 그것을 버리고 미국과 일본의 정책을 받아들이겠다고 선언했으니.

아세안 국가들은 '아세안 중심성ASEAN centrality'이라는 원칙을 철저히 고수하고 있다. 미국과 일본이 인태전략을 이야기하고 중국이 일대일로 전략을 이야기해도 아세안 국가들은 자기들이 중심이라는 확고한 자주적 원칙을 가지고 있다. 때문에 미국과 중국 모두에 아세안을 중심으로 전략을 수정해 들어오라는 원칙을 견지한다.

이러한 원칙이 있기에 신남방정책을 가지고 그들에게 접근한 한국을 대대적으로 환영했던 것이다. 더구나 한국은 미국이나 중국, 일본과 달리 패권을 추구하는 국가가 아니다. 한국이야말로 그들과 함께 갈 수 있는 가장 좋은 친구 국가인 것이다. 그런 나라들 앞에서 미국과 일본의 아류가 되겠다고 선언했으니, 그들은 한국의 새 정부를 어떻게 평가했겠는가?

9

한국의 내수 경제전략

산업 혁신, 이제 추격에서 추월이다

글로벌 경제전략은 미중 패권경쟁으로 흔들리는 세계 경제에 대한 직접적인 대응전략이지만 내수 경제전략은 그렇지 않다. 그보다는 세계화의 기적을 거치면서 선진국에 진입한 한국이 앞으로 취해야 하는 또 하나의 경제전략으로서 의미가 더 크다. 특히 글로벌 경제전략으로 성장해온 한국 경제가 내수도 함께 키워서 글로벌과 내수라는 2개의 바퀴로 견고하게 굴러가는 강한 경제를 만드는 데 꼭 필요한 전략이기도 하다.

다만 이러한 전략이 제대로 실행된다면 일본을 추월하는 전략forging ahead strategy이 되기도 한다. 앞 장에서도 살펴본 바와 같이, 1990년대 일본과 결별하고 다른 길을 걷기 시작한 한국은, 그 결

▶ [그림 9-1] 시대별 주력산업의 변화

1990년대	2000년대	2010년대	2020년대
의류	반도체	반도체	반도체
반도체	컴퓨터	선박해양구조물 및 부품	자동차
가구	자동차	자동차	석유제품
영상기기	석유제품	평판디스플레이 및 센서	선박해양구조물 및 부품
선박해양구조물 및 부품	선박해양구조물 및 부품	석유제품	합성수지
컴퓨터	무선통신기기	무선통신기기	자동차부품
음향기기	합성수지	자동차부품	평판디스플레이 및 센서
철강판	철강판	합성수지	철강판
인조장섬유직물	의류	철강판	컴퓨터
자동차	영상기기	컴퓨터	무선통신기기

과로 일본을 추격catch up하는 데 성공했다. 그다음에 우리가 도전해야 하는 새로운 길은 일본을 완전히 추월하는 길이다. 이 길을 가는 과정에서 내수 경제전략이 대단히 중요하다.

그리고 미중 패권경쟁의 파고를 헤쳐나가는 데도 내수 경제전략이 대단히 중요하다. 그중에서도 산업 혁신 전략이 특히 중요하다. 미중 패권경쟁이 점차 첨단산업경쟁으로 바뀌고 있기에 산업을 새롭게 혁신하는 전략은 굉장히 중요하다. 특히 [그림 9-1]을 보면 지난 30년간 한국의 주력산업이 크게 변하지 않았다는 것을 알 수 있다. 이대로는 안 된다. 한국 경제가 미래로 나아가기 위해서는 산업을 혁신하지 않으면 안 된다.

산업 혁신의 첫 번째 전략은 바로 기존 산업의 고부가가치화다. 현재 우리나라 제조업의 부가가치율(일정 기간에 창출한 부가가치액을 총매출액으로 나누어 계산한 비율)은 25% 수준인데 이것을 35%까지 높여야 한다. 그리고 반도체와 디스플레이, 2차전지 같은 초격차 분야는 대규모 투자를 통해 차세대 기술을 계속해서 선점해 나가야 한다. 또 자동차, 조선 등은 스마트화, 친환경화를 통해 재도약의 기회를 준비하고, 섬유와 의류, 가전과 같은 산업은 4차 산업혁명 기술을 적용해 부가가치를 획기적으로 높여 나가야 한다.

그렇다면 산업의 부가가치를 어떻게 높일까? 공통적으로는 제조 과정을 스마트화, 융복합화하는 방법도 있지만, 경우에 따라 제조 부문은 해외로 이전하고 한국에서는 연구개발과 시제품 생산, 설계, 디자인, 마케팅 같은 고부가가치 부문만을 담당하는 방법도 있다. 소위 '스마일 커브'* 중 부가가치가 높은 부분만을 특화하는 방법이다.

혁신의 두 번째 방향은 새로운 미래 주력산업을 키워나가는 것이다. 반도체 분야에서는 시스템 반도체 분야를, 자동차 분야에서는 전기차나 자율주행차 분야를 육성하는 것이다. 또 바이오·헬스 산업이나 우주·항공 산업 등을 미래 주력산업으로 키워나가야

---

* 연구개발에서 생산, 마케팅까지의 수많은 벨류체인 중에서 양쪽 끝 부분의 부가가치가 특히 높아 U자형 곡선을 이룬다.

한다. 현재 제조업 중 신산업은 15% 정도 수준인데 이 비중을 2배 이상으로 높여야 한다.

　세 번째 방향은 이들 산업을 뒷받침하는 생태계를 만드는 것이다. 인재육성을 통해 산업인력이 끊임없이 충원될 수 있도록 해야 한다. 또 지원금 확대, 산학연 연계 등을 통해 기업이 신기술 개발을 위해 연구에 더 많이 투자할 수 있도록 적극적으로 지원해야 한다. 또 산업 금융을 발전시켜 원활한 자금 조달과 운용, 투자가 이루어질 수 있도록 해야 한다.

　그리고 각 산업의 기반이라고 할 수 있는 것이 바로 '소재·부품·장비' 산업이다. 이 '소부장' 산업을 지속적으로 육성해야 한다. 2019년 일본의 수출 보복으로 우리는 이들 기반 산업을 육성할 좋은 기회를 얻었다. 그 이전만 하더라도 선택과 집중 전략으로 소부장 산업에 크게 신경을 쓰지 못했는데, 일본의 잘못된 선택이 우리에게는 그 중요성을 새롭게 인식하는 계기가 되었다. 이들 산업은 단기간에 성과를 낼 수 있는 산업이 아니기에 계속해서 꾸준히 지원하고 육성해야 결실을 얻을 수 있다.

　앞에서 제시한 몇 가지 산업 전략은 일본이 장기침체기에 제대로 수행하지 못한 산업 전략이었다. 일본은 장기적인 경제침체로 말미암아 기준 금리를 낮추고 재정을 풀어서 산업을 지원하는 전략을 주로 사용했다. 그 결과 좀비 기업들이 도태되지 않고 계

▶ **[그림 9-2] 저부가가치 자본주의와 고부가가치 자본주의 비교**

	저부가가치 자본주의	고부가가치 자본주의
상품 경쟁력의 원천	저가격	고품질 고기술 전문품
전형적인 직업	낮은 숙련도 낮은 기술력	높은 숙련도 높은 기술력
학습 역량	짧은 연수 기간 저난도 학습	긴 연수 기간 고난도 학습
임금	저임금	고임금

속 살아남는 환경이 만들어졌고, 기업들이 점점 더 가격으로 경쟁하는 체제가 되었다. 또 건강한 기업이 줄어들다 보니 채용도 정규직보다는 비정규직이 많아지고, 사내 교육훈련도 줄어들면서 인재의 역량 또한 낮아졌다. 그 결과 일본 전체가 '저부가가치 자본주의'로 변형된 것이다.

그러니 일본을 추월하기 위해서 한국은 반대의 길로 가야 한다. 인적 자원의 역량을 더욱 높이고 부가가치가 높은 산업을 육성해야 한다. 그러한 부가가치로 직원들의 임금을 높이고, 이것이 고소득이 되어 수요가 더욱 왕성해지는 선순환의 자본주의 체제를 만들어야 한다. 국내 수요에 한계가 있다면 해외 수요도 부가가치가 높은 쪽으로 전환해야 한다. 그래야 한국 기업들의 부가가치가 높아지고, 사회 전체가 '고부가가치 자본주의'의 길로 갈 수 있는 것이다.

제조업 르네상스 2030, 빅3를 키워라

청와대 경제보좌관으로 근무할 때 산업 정책에 직접 관여한 적이 있었다. 경제보좌관은 대통령을 보좌하는 일이 주요 업무였기에 산업 정책에는 깊이 관여하지 않는 것이 보통이다. 산업 정책은 경제수석의 관할이었다. 경제수석은 산업부와 같은 경제 부처를 관장하기에 산하에 산업부 출신들로 이루어진 산업 비서관실이 따로 있다. 이를 통해 산업 정책을 기획하고 집행하는 일을 한다.

정부 출범 초기에 홍장표 경제수석은 혁신 성장 정책을 강하게 밀고 나갔다. 홍장표 수석이라고 하면 모두 '소득 주도 성장 정책의 추진자'로 알고 있는데 혁신 성장 정책도 홍 수석의 주요 업무였다. 다만 보수 언론들이 혁신 성장 정책은 거의 보도해주지 않았다. 보수 정권의 전매특허처럼 각인된 '혁신 성장' 정책을 문재인 정부가 추진하는 것을 달가워하지 않았기 때문이었다. 그보다는 '소주성'을 연일 보도하면서 '교과서에도 없는 정책'이니 '기업을 망치는 정책'이니 폄하했고 나중에는 '을과 을의 싸움'으로 몰아가기도 했다.

하지만 기업 주도의 혁신 성장과 가계 중심의 소득 주도 성장은 실과 바늘과 같은 정책의 조합이었다. 기업이 혁신을 통해 좋은 제품을 만들어내도 이것을 사줄 수요가 없다면 혁신은 성공할 수 없다. 소득 주도 성장 정책은 이 수요의 강도를 높여주는 정책이기에 기업의 혁신 성장에 반드시 필요한 정책이었다. 마찬가지로 가계 소득을 높여주기 위해서는 반드시 기업들의 혁신이 필요했다. 이 혁신으로 매출이 증가하고 부가가치가 높아져야 직원들에게 줄 돈이 생기고 이것에 의해 가계의 소득이 증대되니 말이다.

경제학 교과서 첫 페이지에 나오는 '수요와 공급'의 가장 기초적인 개념임에도 불구하고, 일부 언론들은 '소주성'만 가지고 계속 문제를 삼았다. 결국 홍장표 수석은 2018년 6월 재임 1년 만에 퇴임하고 기재부 출신의 경제수석이 새롭게 부임했다. 그런 상황에서 혁신 성장 정책 중 가장 중요한 산업 정책이 제대로 집행되지 못했다. 특히 일부 청와대 멤버 중에는 산업 정책은 성장기의 낡은 정책이라고 생각하는 사람도 있었다. 또 산업 정책의 수혜자가 재벌 대기업 중심이 되다 보니 산업 정책을 경원시하는 시각도 있었다.

하지만 우리나라를 둘러싼 대외 환경은 녹록지 않았다. 4차 산업혁명이 급물살을 타면서 디지털 대전환과 에너지 대전환이 산업 전반을 강타하기 시작했다. 그리고 미중 패권경쟁의 서막이 열리면서 주요 국가 간 산업경쟁도 치열해지기 시작했다. 특히 중국은 2015년에 제조업 경쟁력 강화를 위한 '제조 2025'를 발표했고, 미국은 2018년에 '첨단 제조업 리더십 발전전략'을 발표했

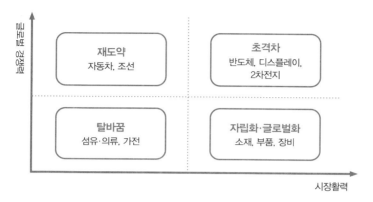

▶ [그림 9-3] 주력산업 재활성화 방안

글로벌 경쟁력

재도약
자동차, 조선

초격차
반도체, 디스플레이,
2차전지

탈바꿈
섬유·의류, 가전

자립화·글로벌화
소재, 부품, 장비

시장활력

다. 독일 역시 2012년에 '인더스트리 4.0'을, 영국과 일본도 각각 2017년에 '산업 전략'과 '신산업구조 비전'을 발표했다.

이에 문재인 정부도 2018년 말에 혁신 성장 정책의 일환으로 '제조업 경쟁력 강화 방안'을 발표했다. '혁신의 주체는 민간이고 정부는 조력자'라는 것을 원칙으로, 핵심 제조기반의 국내 유지를 강화하고 중소·중견기업을 산업 생태계의 주인으로 자리매김하는 내용이었다. 그리고 그중 하나로 주력산업의 재활성화 방안이 들어갔다.

이 안을 발표하면서 나는 대기업들을 모아서 차세대 주력산업을 선정하는 작업도 함께 했다. 과거에도 정권이 바뀔 때마다 차세대 주력산업을 선정해 육성하겠다는 발표를 매번 해왔다. IT나 BT 같은 영어 이니셜이 붙은 새로운 산업을 정의하고, '주력 10대

산업'처럼 육성할 만한 산업 등을 망라해 지원하겠다는 선언들은 과거에도 이미 많았다.

당시 나는 시급하고 중요한 산업을 몇 개만이라도 골라서 강력하게 추진해야겠다는 쪽으로 방향을 잡았다. 내가 청와대에서 근무할 수 있는 기간도 길지 않을 것이고, 혹시라도 타이밍을 놓치고 있는 중요 산업이 있다면 그것만이라도 우선 시작해야 한다고 생각했다. 이렇게 선정된 산업이 소위 '빅3 산업'이었다. 대만의 TSMC가 선점한 시스템 반도체와 친환경 미래 자동차, 그리고 바이오산업이 그것이었다.

하지만 2019년 1월에 갑자기 청와대를 그만두고 학교로 복귀하는 바람에 이러한 전략들을 직접 추진할 수는 없었다. 후임 경제보좌관이 빅3 산업 육성전략을 구체화했고, 이들 신산업과 기존 산업의 활성화 전략도 2019년 6월에 '제조업 르네상스 2030'이라는 안으로 발표되었다.

이러한 산업 전략은 2022년에 출범한 윤석열 정부도 그대로 이어받아 추진했다. 물론 대상 산업과 추진전략은 조금씩 달라졌지만, 산업 혁신 전략은 정권을 뛰어넘어 지속되는 중이다. 특히 윤석열 정부에서는 미중 패권경쟁이 첨단기술전쟁으로 전환되었기 때문에 산업 혁신 전략을 적극 추진하고 있다. 이것이 전 세계적인 패권경쟁에서 우리나라가 살아남는 방법이고, 특히 정체된 일본의 산업들을 추월하는 전략이기도 하다.

더 나아가 우리의 산업 전략은 일본을 넘어 중국이나 독일을 목표로 해야 한다. 특히 중국은 강력하게 한국을 추격하고 있기에 중국의 산업들을 의식한 전략을 수립하고 추진해야 한다. 이것은 단순히 일본을 추월하는 전략을 넘어서, 한국이 다음 세대에도 산업 경쟁력을 유지할 수 있는 핵심 전략이기 때문이다.

제3의 벤처 붐, 열기를 유지하고 기회를 붙잡는 법

내수를 강화하는 두 번째 혁신 전략은, 벤처기업을 적극적으로 육성하는 전략이다. 벤처기업 육성은 2가지 이유로 특히 중요한 추월 전략이다. 첫 번째는 우리의 주력산업이 너무 대기업 위주이기 때문이다. 1990년대부터 일본을 추격할 때 대기업이 그 선두에 섰었다. 반도체와 자동차, 조선, 철강, 화학 기업 등이 중심이었다. 이들 대기업은 일본을 추격할 때 강력한 힘을 발휘했다. 한국의 대표적인 기업들이었기에 신속히 일본을 따라잡을 역량이 있었다. 하지만 최근 10년간은 주력산업이 정체된 상태다. 바이오와

2차전지 등 일부 새로운 산업이 나타나기는 했지만, 그것만으로는 부족하다. 좀 더 발 빠르고, 좀 더 진취적인 기업들이 탄생해 이 기업들을 보완해주어야 한다.

두 번째는, 벤처기업은 일본에 비해 한국이 더 강력한 경쟁력을 가지고 있기 때문이다. 일본 기업들은 장기침체로 오랜 기간 방어적인 경영을 해왔고, 대기업조차도 보수적인 경영 스타일로 유지되고 있다. 그나마 체력이 있는 대기업들도 이런 상황이니 새로운 아이디어로 창업에 도전하는 경우가 많이 줄었다.

일본도 전후에는 소니, 교세라 같은 벤처기업들이 활발하게 탄생했고, 그들이 일본의 경제성장을 이끌었다, 하지만 지난 30년 간 상황은 완전히 변했다. 라이브도어 같은 인터넷 벤처기업이 잠깐 반짝했으나, 일본 재계의 보수적인 분위기 때문인지 역사 속으로 사라져버렸다.

두 나라의 이러한 상황은, 기업가치 1조 원 이상의 유니콘 기업 현황만 비교해보아도 잘 드러난다. 2022년 말 기준 한국의 유니콘 기업 수는 22개인데 반해 일본은 3개뿐이다. 일본의 경제 규모가 한국보다 3배 가까이 크다는 사실을 생각하면 너무나 적은 숫자다. 이것은 창업률에 관한 국제 비교에서도 잘 나타난다. 2015년 기준 일본의 창업률은 5.8%였는데 프랑스, 영국, 한국의 절반에도 못 미치는 수준이었다. 도전하는 사람이 별로 없으니 유니콘 기업과 같은 혁신 기업이 적을 수밖에 없고, 이것은 결국 일

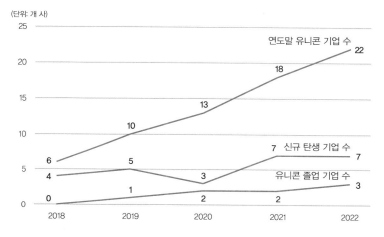

(단위: 개 사)

본 경제의 장기침체로 다시 이어졌다.

알다시피 한국의 벤처 붐은 1997년 IMF 외환위기를 계기로 시작되었다. 당시 정보기술이 급격하게 발전하고 인터넷 보급이 활발해지면서 IT 관련 창업도 대단히 활성화되었다. 그리고 2차 벤처 붐은 2020년 전후에 다시 일어났다. 그동안의 벤처 캐피털 투자와 운용 경험을 바탕으로 제2의 창업 붐이 일어난 것이다. 1차 창업 붐이 IT 기업 중심이었다면 2차 창업 붐은 바이오, 의료, 유통 등 다양한 분야에서 일어났다. 특히 2차 창업 붐에서는 그간의 세계화 경험을 토대로 처음부터 해외 시장을 목표로 하거나 해외로부터 직접 투자를 받기도 했다. 한국의 벤처기업들이 글로벌 시각과 그에 맞는 스케일을 갖게 된 것이다. 앞으로 일본을 더욱 추월하기 위해서라도 이러한 창업 열기는 꾸준히 이어져야 한다.

상업 혁신,
자영업에 글로벌과 디지털을 결합하라

벤처기업이 일본보다 비교 우위라면 비교 열위에 있는 것은 상업, 즉 자영업이다. 상업이라고 하면 가게에서 물건이나 서비스를 사고파는 행위를 통해 이익을 얻는 일을 말한다.

일본은 에도 시대부터 상업이 대단히 발달했다. 때문에 수백 년 이상 대를 이어 영업하는 가게들이 많다. 이에 비하면 우리나라는 조선 시대부터 상업을 천대했고, 전후에도 상업을 중요하게 생각하지 않았다. 지금도 경영대학에서 '상업'은 마케팅의 하위 분야 중 하나인 '유통'에, 거기에서도 하위 분야의 하나로 자리 잡고 있다. 경영대학에서조차도 잘 가르치지 않으니 관심이 적을 수밖에 없다.

내가 일본에서 귀국해 '일본 경제론'과 더불어 '일본 상업론'이라는 과목을 개설하자 주위 교수들조차도 이상하게 생각했다. '서울대 엘리트들에게 웬 장사를 가르치는가' 하는 시각이 있었다. 하지만 나는 일본적 전통을 기반으로 한 상업을 가르쳤다.

한국에서도 1970년대까지만 해도 경제학과 경영학이 '상학'이라는 큰 울타리 속에 함께 있었다. 그래서 대학의 명칭도 서울대 상과대학이었다. 지금은 경제는 경제학부로, 경영은 경영학부로 각각 나누어 가르치고 있다. 이러다 보니 경제를 배우는 학생은 경영을 모르고, 경영을 배우는 학생은 경제를 모르는 기이한 현상이 벌어진 것이다. 더구나 상업은 경영학의 마케팅 중 하나의 세부 영역으로만 가르치고 있을 뿐이다.

하지만 내가 가르친 '일본 상업론'은 일반적인 인식과 달리 학생들의 반응이 매우 좋았다. 편의점처럼 학생들이 일상적으로 이용하는 가게를 예로 들어 경영도 가르치고 경제도 가르쳤기 때문이다. 특히 학생들은 경제학을 많이 어려워했는데, 상업을 가지고 어려운 경제현상을 쉽게 설명했기 때문에 이해가 잘된다며 좋아했다.

그리고 요즘은 대기업 취직보다 자기만의 가게를 가지고 싶어하는 학생들도 많다. 그러니 우선 대학이 상업에 관심을 가지고 열심히 가르쳐야 한다. 그래야 더 많은 학생이 반짝이는 혁신 아이디어로 상업에 적극적으로 진출할 것이고, 그렇게 되면 일본에 비해 열위에 있는 한국의 상업, 자영업도 신속히 따라잡을 수 있다.

특히 젊은 세대는 글로벌 감각과 디지털 감각이 뛰어나다. 그래서 작은 가게라도 한순간에 글로벌 혁신 기업으로 성장시킬 수 있다. 실제로 그런 경우가 많다. 앞서 설명한 유니콘 기업들도, 상업에 디지털 기술 등을 접목해 탄생한 경우가 많았다.*

이것을 정부 차원에서 진흥하기 위한 조직도 만들어져 있다. 2017년에 출범한 중소벤처기업부가 바로 그것이다. 기존의 중소기업청을 부로 승격한 중기부는 중소기업, 소상공인, 벤처 등을 지원한다. 이것은 2017년 대통령 선거 공약이었는데, 정권 초기에는 청와대 경제수석실에서 추진하다가 최종 결재 단계에서 대통령께서 경제보좌관인 내게 보완하라는 지시를 내리셨다.

내게 넘어온 출범안을 살펴보니 크게 2가지 문제가 있었다. 하나가 중견기업국의 위치였다. 산업부는 신설되는 중기부에 중소기업, 벤처기업 부문은 넘기더라도 중견기업 부문은 여전히 산하에 두고 싶어 했다. 반면 중기부 입장에서는 중소기업과 벤처기업을 육성해 중견기업으로 성장시키는 것이 목표였기 때문에 당연히 중견기업도 자신들의 산하에 두고 싶어 했다. 여러 검토 끝에 중견기업국을 산업부로 넘기기로 했다. 기업을 육성시키는 노하우는 산업부가 더 많이 가지고 있었는데, 중견기업국까지 중기부

---

*   상업의 혁신은 내수 활성화와 고용 안정화의 측면에서도 대단히 중요하다. 진정한 선진국은 수출뿐만 아니라 내수도 매우 중요한데 상업의 혁신은 내수 활성화에 꼭 필요한 요소이기 때문이다. 또 상업은 일자리의 보고寶庫다. 특히 우리나라처럼 제조업의 고용이 많이 어려운 상태에서 상업의 혁신은 일자리를 흡수하고 안정화시키는 데 아주 중요하다.

▶ **[그림 9-5] 소상공인의 비율**

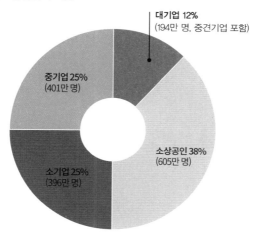

대기업 12%
(194만 명, 중견기업 포함)

중기업 25%
(401만 명)

소상공인 38%
(605만 명)

소기업 25%
(396만 명)

출처: 성경륭 등저, 《새로운 대한민국의 구상 포용국가》(21세기북스, 2017)

로 이관되면 산업부의 노하우가 사장될 수 있기 때문이었다.

또 다른 문제는, 자영업을 육성하는 조직인 소상공인정책실의 존재였다. 내게 넘어온 안에는 이 정책실이 존재하지 않았다. 행정안전부가 중소기업정책실과 벤처기업정책실 2개만 허용해 주었기 때문이었다. 하지만 중소벤처기업의 육성에 있어서 자영업 육성은 너무나 중요한 부분이다. 자영업에 종사하는 사람이 600만 명이나 된다. 또 이 부분의 혁신이 너무나 시급했기에 자영업을 담당하는 국을 실로 승격시켜 3실 체제로 만들었다.

이제 자영업을 혁신할 수 있는 정부 조직적 토대까지 갖추어졌다. 중기부도 처음에는 역량이 부족해 많은 어려움을 겪었지만 우수한 관료들이 있었기에 신속히 따라잡았다. 이제 본격적으로 상업을 혁신한다면 일본을 더욱 빠르게 추월할 수 있을 것이다.

포용과 안전망 없는 선진국은 없다

그런데 이러한 내수 경제혁신에는 포용이 동시에 필요하다. 포용은 배제하지 않고 끌어안고 보듬는 전략을 말한다. 한국은 1990년대부터 세계화와 디지털화라는 물결을 타고 눈부시게 성장했다. 그 결과 일본을 추격하고 선진국에 진입할 수 있었다. 하지만 그 과정에서 양극화라는 부작용도 함께 따라왔다. 세계화와 디지털화에 앞선 기업과 개인은 엄청난 자산과 소득을 획득했지만, 거기에 제대로 적응하지 못한 기업과 개인은 도산하거나 점점 상황이 나빠졌다.

이런 양극화는 소득과 자산에 국한된 문제만이 아니었다. 교육 분야도 양극화가 심해졌다. 부유한 사람은 자녀들에게 더욱 좋은 교육 기회를 제공했지만 돈이 없는 사람은 그러지 못했다. 때문에 소위 계층이동의 주요 수단인 '교육 사다리'마저 무너지는 아픔을 경험했다. 지역도 마찬가지다. 도시는 팽창했지만 시골은 방치되었고, 도시 간에도 수도권과 지방도시의 불균형은 더욱 커져 갔다. 이러한 양극화를 그냥 놔둔 채로는 진정한 선진국이 될 수 없다. 이들을 포용해 함께 갈 수 있는 길을 만들어야 한다.

이러한 양극화와 불균형을 완화하는 포용전략에서 특히 중요한 것은 다음 3가지로 요약된다.

첫째는 사회 안전망을 강화하는 전략이다. 사회 안전망이란 시장경제가 작동하는 과정에서 야기되는 빈곤과 질병, 노후 불안 등 각종 사회적 위험에 대비하고 안정된 사회적 보장을 제공해주는 것을 말한다. 이를 통해 시장경제가 더욱 잘 작동하도록 해주는 기반이 마련된다.

안전망에는 소극적인 개념과 적극적인 개념이 있다. 소극적인 개념의 안전망은 최소한의 생활national minimum을 보장해주는 것이다. 2차 세계대전 중에 영국에서 생겨난 제도로 전쟁으로 고통받는 영국 국민에게 최소한의 생활을 보장해주었던 것을 말한다.

하지만 지금은 적극적인 개념의 안전망으로 발전했다. 최소한의 생활만이 아니라 인간다운 생활을 할 수 있고, 또 한 사람의 사회 구성원으로서 당당히 도전할 수 있는 토대를 제공해주는 것이 필요하다. 이런 적극적인 안전망을 영어로 '세이프티 넷safety net'이라고 한다. 서커스에서 공중그네를 타는 단원의 안전을 위해 아래에 쳐놓은 그물을 뜻한다. 생명을 부지해주는 최소한의 안전장치이지만, 안전망이 있기에 서커스 단원은 더욱 자신감 있게 고난도의 연기에 도전할 수 있다.

젊은 창업자가 벤처 창업에 도전했다가 실패하더라도 다시 도전할 수 있는 안전망이 필요하고, 소상공인도 장사를 하다가 어려움을 겪으면 도움을 받아서 다시 재기할 수 있는 장치가 필요하다. 사회에 이러한 안전망이 촘촘히 깔려 있어야 도전과 혁신이 계속 일어나고 경제의 활력도 유지된다.

상실감 치유와 신바람 나는 조직문화 회복

두 번째는 임금 격차 완화다. [그림 9-6]은 실질 노동생산성과 실질 임금의 괴리를 잘 보여주고 있다. 경제발전 초기에 함께 가던 생산성과 임금이 1990년대부터 벌어지기 시작하다가 지금은 더 유리되었다. 노동자들이 그들이 창출한 생산성만큼도 보상을 받지 못하고 있는 것이다.

이것을 다른 각도에서 보여주는 것이 [그림 9-7]의 평균 임금 격차다. 앞에서 우리나라의 평균 임금이 일본을 앞질렀다고 이야기했지만, 세분화해서 보면 그 편차가 굉장히 크다. '신의 직장'이라 불리는 대기업과 공기업은 근로자 평균보다 임금이 월등히 높다. 박봉이라 여겨지는 공무원의 임금조차도 중소기업 임금보다 훨씬 높다.

이런 격차는 개개인에게 상실감을 주고, 일하려는 의지(근로의욕)를 꺾는다. 상실감은 크게 2가지로 나뉜다. 하나는 절대적 상실감이다. 최저 임금이 지나치게 낮으면 최소한의 인간다운 생활도 어려워 근로의욕이 생겨날 수 없다. 일정 수준을 상한으로 설정한 뒤 꾸준히 최저 임금을 올려야 사람들이 적극적으로 노동시장에 참여한다. 또 다른 상실감이 상대적 상실감이다. 대기업과 중소기업 간의 임금 격차뿐만 아니라 같은 기업 내에서도 정규직과 비정규직의 격차, 남성과 여성의 격차가 대단히 크다.

노사정 합의를 통해 비정규직 고용의 허용범위를 계속 줄여나가야 하고 '동일 노동 동일 임금'의 원칙에 따라 일정 정도의 하한선을 두어 그 이상 임금 격차가 나지 않도록 해야 한다. 그래야 일할 맛이 나는 것이다.

그리고 한국 기업에는 일본에 없는 '신바람', '신명'이라는 것이 있다. 일본은 한 사람 한 사람이 본분을 다하는 것으로 조직을 유지하지만, 우리는 다 함께 신명 나게 일함으로써 조직 전체의 시너지를 극대화하는 특성이 있다. 때문에 절대적 상실감이든 상대적 상실감이든, 조직 구성원의 일부라도 이러한 상실감에 빠지면 조직 전체의 신명이 사라진다. 신명은 고사하고 일할 맛이 나

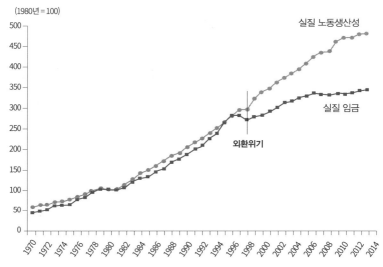

(1980년 = 100)

실질 노동생산성

외환위기

실질 임금

출처: 성경룡 등저, 《새로운 대한민국의 구상 포용국가》(21세기북스, 2017)

▶ [그림 9-7] 한국의 평균 임금 격차

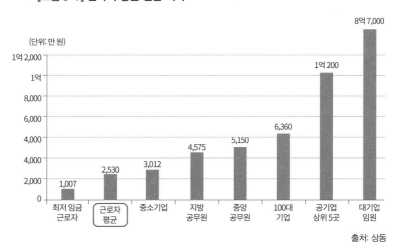

(단위: 만 원)

출처: 상동

지 않는다. 이러면 조직은 쇠퇴할 수밖에 없다.

적극적인 포용정책으로 이러한 상실감을 치유해주어야 한국의 조직문화는 다시 살아날 것이다. 포용은 단순한 치유만이 아닌 조직 전체를 '신바람 나는 조직'으로 만드는 중요한 기제이다.

계층 사다리를 복원하는 교육은 가능한가?

세 번째 포용전략은 교육이다. 교육이야말로 인간이 가진 잠재력을 일깨워서 학문과 예술, 혁신 등으로 발현시킬 수 있는 가장 본원적이고 강력한 수단이다. '한강의 기적'도, '세계화의 기적'도 한국인 특유의 교육열이 있었기에 가능했다고 해도 과언이 아니다. 하지만 한국 교육의 정점이라고 할 수 있는 서울대를 보면 우리 교육의 심각한 문제점들을 알 수 있다.

첫 번째는 학생들의 지역 편중 문제다. 서울대에 입학하는 학생들이야말로 우리나라 최고의 인재들이다. 문제는 이들이 일부 계층에 편중되는 경향이 점점 강해진다는 점이다. 우선 입학생의 반 이상이 수도권 학생이다. 비수도권 학생도 있지만 그들도 일부 대도시에 편중되어 있다.

그리고 신입생 중 많은 학생이 재수생이나 삼수생이다. 우리나라는 사교육 비중이 대단히 높다. 재수나 삼수를 해서 서울대에 입학했다는 것은, 부모의 경제력이 그만큼 뒷받침된다는 뜻이다. 그러다 보니 경제력이 있는 가정의 자녀들이 신입생의 다수를 차지할 수밖에 없다. 이렇게 되면 한국의 계층 사다리는 제대로 작동하지 못한다. 과거에는 개천에서 용 난다고 시골이나 지방도시의 학생들도 꾸준히 서울대에 진학해 좋은 교육도 받고 또 사회지도층으로 성장했다. 하지만 지금은 경제적으로 여유가 있어야 이런 특권을 누린다. 지역균형 선발제도 등을 통해 이러한 문제를 보완하고 있지만, 아직은 비율이 너무 낮다. 이 비율을 대폭 확대하는 등의 근본적인 개혁을 통해 계층 사다리를 복원해야 한다.

개혁이 시급한 또 다른 분야가 바로 재교육이다. [그림 9-8]은 다양한 이행 노동시장을 보여준다. 고용상태를 유지하면서 직장을 옮기는 경우(①)뿐만 아니라 일시적 실업상태(②)로 빠져나갔다가 고용시장으로 재진입하기도 하고, 가사노동에 전념하다가 다시 직장으로 돌아오는 경우(④)도 있다. 이처럼 사람들은 직장과 관련해서 한평생 다양한 변화를 겪는다. 더구나 평균 수명이 점점 길어지고 있기 때문에 과거보다 더 많은 이행을 경험할 수밖에 없다.

그런데 이때마다 필요한 것이 재교육이다. 실업 상태인 사람

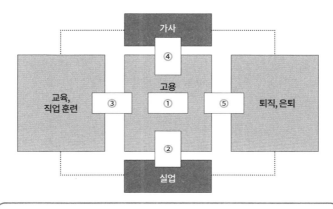

① 고용시장 내 단시간 노동과 전일제 고용 간 또는 피고용 노동자와 자영업 간의 이행
② 실업과 고용 간의 이행
③ 교육, 훈련과 고용 간의 이행
④ 가사 활동과 취업 간의 이행
⑤ 취업과 퇴직, 은퇴 간의 이행

출처: 성경륭 등저, 《새로운 대한민국의 구상 포용국가》(21세기북스, 2017)

은 전직에 대한 교육을 받아야 하고, 가사에 전념하는 사람도 온라인 교육 등을 통해 역량을 강화하는 재교육이 필요하다. 하지만 현재의 재교육은 일부에 국한되어 있다. 서울대를 봐도 대기업이나 공기업에 근무하는 사람들만 계약학과나 특수과정 등을 통해 재교육을 받는다. 물론 퇴직자나 은퇴자를 위한 평생학습 교육도 일부는 하지만 생색내기에 불과하다. 서울대가 이러하니 다른 사립 대학이나 지방 대학도 마찬가지다. 재교육을 받아야 하는 많은 국민이 배제되어 있다. 교육 분야에서부터 이들을 제대로 포용해

야만 국민의 잠재력을 극대화할 수 있다.

포용적 재교육을 위한 가장 확실한 방법이, 기존의 대학을 활용하는 것이다. 학령인구 감소로 많은 대학이 존립의 위기에 놓여 있는데, 이들을 활용해 재교육을 획기적으로 높일 수 있다.[*]

포용과 혁신이 선순환하는 '혁신적 포용 국가'

언뜻 보기에 포용과 혁신은 동떨어진 개념 같지만, 그렇지 않다. 함께 가야 하고 또 함께해야만 시너지가 극대화된다. 포용은 혁신을 위한 필수조건이다. 곳곳에 양극화가 만연하고 어느 한쪽이 다른 한쪽을 배제하는 사회에서는 혁신이 활발하게 일어날 수 없다. 포용하고 끌어안아야 혁신이 왕성하게 일어나는 것이다. 포용 교육으로 계층 사다리가 복원되어야 혁신이 활발해진다. 또 임금 격

---

[*] 최근 역량기반 성장전략이 주목을 받고 있다. 인력이나 자본의 양적 투입에 의한 성장보다 인력의 질적 역량에 기반한 성장이 더 중요해졌기 때문이다. 특히 생산 가능 인구 감소와 인공지능 등 4차 산업혁명이 본격화되면서 인간의 창의적 역량에 기반한 성장이 더욱 중요해졌다.

차가 완화되어야 신바람 나게 일할 수 있고 사회 안전망이 튼튼해야 과감하게 도전할 수 있는 것이다.

그런데 포용에는 돈이 든다. 사회 안전망 구축과 포용 교육에도 많은 돈이 든다. 이 돈은 어디에서 나올까? 혁신에서 나온다. 기존 산업의 부가가치가 높아지고 새로운 산업이 계속 생겨나면 재정이 튼튼해지는데, 이 재정을 가지고 포용을 더욱더 확충할 수 있는 것이다.

특히 우리가 직면한 인구 감소 시대에는 포용이 더욱 중요해진다. 은퇴한 사람도 생산활동에 복귀시키고 전업주부도 노동시장에 끌어들여야 경제를 지탱할 수 있다. 그렇기 때문에 더더욱 어느 한쪽을 배제하지 않고 모든 국민을 포용해야 지속적인 혁신이 가능하다. 그리고 혁신은 사회의 주류에서 일어나기도 하지만 방류에서도 많이 일어난다. 그들은 주류가 보지 못하거나 간과한 것을 더욱 잘 볼 수 있는 위치에 있기 때문이다.

포용과 혁신이 함께 가야 함을 뼈저리게 경험한 것이 서구 사회다. 장기 저성장을 경험한 서구 사회는 특정 산업이나 특정 기업만으로는 지속적인 성장이 불가능하다는 것을 알게 되었다. 많은 사람과 많은 기업을 포용해야 지속적인 성장이 가능하다는 것이다. 그 결과 2010년경부터 '포용적 성장inclusive growth'이 세계적인 화두가 되었다.

성장뿐만 아니라 혁신도 마찬가지다. 포용이 확대되어야 혁신도 지속적으로 일어난다. 이것을 실증적으로 보여주는 국가가 서구 국가 중에서도 특히 노르딕 국가들이다. 스웨덴과 노르웨이, 핀란드, 덴마크 등은 포용과 혁신을 동시에 달성하며 선도적인 국가로 앞서 나가고 있다.

[그림 9-9]는 4가지 유형의 국가를 보여준다. 혁신과 포용이 모두 낮은 정체 국가와 혁신만 높고 포용은 낮은 신자유주의 국가, 혁신은 낮고 포용만 높은 포퓰리즘 국가, 혁신도 높고 포용도 높은 혁신적 포용 국가이다. 일시적으로 미국과 영국처럼 혁신만 강조하는 국가들이 있었다. 특히 20세기 후반에는 혁신에 주목하면서 신자유주의의 붐이 불었다. 혁신을 위해서는 모든 것을 시장에 맡기고 정부가 손을 떼야 한다는 논리가 힘을 받았다. 또 혁신을 위해서는 규제를 완화하고 세금을 낮추어야 한다는 주장이 퍼져나가기도 했다. 미국의 레이건 행정부와 영국의 대처 수상은 신자유주의 정책을 강력히 추진했다. 그 결과 일부 혁신은 일어났지만 지속되지 못했다. 오히려 양극화가 더욱 심해져 혁신이 정체되기까지 했다.

가장 지속적이며 안정적인 성장을 구가한 국가들이 '혁신적 포용 국가'들이다. 포용성이 높아서 혁신이 계속 일어나고, 또한 혁신 때문에 포용성도 더욱 높일 수 있는 국가들이기에 지속 성장이 가능했다. 한국은 이 국가들을 벤치마킹하면서 성장을 계속해 나가야 한다.

▶ **[그림 9-9] 혁신적 포용 국가**

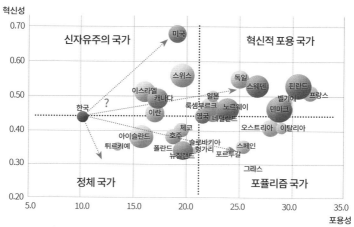

출처: 성경륭 등저, 《새로운 대한민국의 구상 포용국가》(21세기북스, 2017)

선진국의 경제성장률은 2%에 수렴한다

혁신과 포용을 계속해서 강화해 나가면 한국 경제의 미래는 어떻게 될까? 10년 뒤의 경제성장률은 얼마가 되고 20년 뒤의 경제성장률은 어떻게 될까?

학자들은 다양한 방법으로 이를 예측한다. 여러 결정 요소를 가지고 예측하기도 하고 과거의 추세를 가지고 예측하기도 한다. 하나의 좋은 방법이 다른 선진국들이 걸어온 경제성장의 궤적을 살펴보는 것이다.

[그림 9-10]은 여러 선진국의 국민소득이 늘어나면서 어느 정도의 경제성장률을 달성했는지 분석한 그림이다. 물론 이 선진국 중에는 혁신적 포용 국가도 있고 신자유주의 국가도 있다. 이 국가들을 모두 포함하는 경제성장률의 궤적을 가지고 우리의 미래를 한번 추정해보려는 것이다. 가로축은 국민소득을 나타내고 세로축은 경제성장률을 표시한다. 많은 선진국이 국민소득이 높아짐에 따라 2% 정도의 경제성장률에 수렴하는 것을 볼 수 있다.

'2% 경제성장률 수렴론'은 일찍이 케인스가 추정한 경제성장률이기도 하다. 케인스는 인류 역사상 최고의 경제학자로 추앙받는 사람이다. 그는 경제가 성장해 선진국이 되면 경제성장률은 대체로 2% 정도가 될 것이라고 내다보았다.

그런데 재미난 것은 대부분의 선진국이 2% 정도의 경제성장률을 달성했지만 단 2개의 국가는 이 수렴선에서 벗어났다는 사실이다. 그중 하나가 이탈리아다. 이탈리아는 지난 30년간 평균 성장률이 0.3%에 머물렀다. 그전에는 이탈리아도 2%대의 성장률을 달성하던 국가였지만, 2009년 유럽 재정위기 때 마이너스 성장을 몇 번 경험한 후로 0%대의 성장률을 기록하게 되었다. 또 다른 국가는 바로 일본이다. 일본 역시 2%대 경제성장률을 달성하지 못했다. 1장에서 살펴본 바와 같이 일본은 지난 30년간 4번의 경제적 충격을 경험하면서 평균 0.7%의 성장률을 보였다.

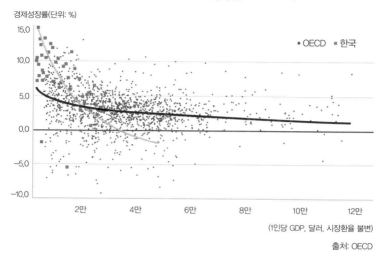

경제성장률(단위: %)

(1인당 GDP, 달러, 시장환율 불변)

출처: OECD

결국 일본과 이탈리아만 제외하고 다른 선진국들은 2%대의 경제성장률을 달성한 것이다. 이것을 보면 장기적으로 마이너스 성장률을 기록하는 선진국은 없다는 것을 알 수 있다. 대부분의 선진국은 약간의 부침이 있지만, 평균 2%의 경제성장을 해왔다. 지난 30년을 돌아보더라도 최악의 경제성장률을 달성한 이탈리아와 일본조차도 플러스 성장이었다. 때문에 한국의 중장기 경제성장률이 마이너스가 될 것이라는 일부 경제학자들의 비관적 예측은 현실적이지 않다.

다만 한국의 경제성장률 추이를 보면 너무 가파르게 내려오고 있는 것은 사실이다. [그림 9-10]에서 한국의 경제성장률을 시기

별로 보면 10%대의 고성장 상태에서 급격하게 하강하는 상황임을 알 수 있다. 즉 한국은 고성장 경제에서 중성장, 저성장 경제로 급속히 이동하는 중이다.

비행기로 비유하자면 다른 선진국들은 천천히 고도를 낮추며 착륙하는 데 비해, 한국호 비행기는 높은 고도에서 급강하하면서 활주로로 착륙하려는 듯한 모습인 것이다. 모두가 알다시피 이는 고도의 압축 성장에 따른 결과이지만, 이렇게 급강하하면 자칫 활주로에 부딪힐지도 모른다는 우려가 들 수밖에 없다.

일부 경제학자들은 한국의 경제성장률이 5년마다 1%씩 하락하는 경향이 있고, 이 추세가 계속된다면 언젠가는 마이너스 성장에 접어든다고 예측한다. 또 지난 30년간은 세계 경제가 좋았기 때문에 선진국 경제도 2%대 성장을 할 수 있었지만, 앞으로의 세계 경제는 더욱 험난할 것이기 때문에 마이너스 성장도 가능하다는 것이다. 하지만 우리가 혁신적 포용 국가의 길을 향해 계속 노력해 간다면 2% 정도의 안정적인 성장을 달성하는 것은 그리 어렵지 않을 것이다.

일본의 소득을 앞지르기 시작한 한국

앞서 설명했듯이 지금 정도의 성장을 계속 유지하면 우리는 일본을 크게 앞설 수 있다. 예를 들어 1인당 국민소득만 하더라도 일본경제연구센터가 예측한 것처럼 한일 간의 격차는 더욱 벌어지게 되어 있다. 같은 선진국이지만 한국이 일본보다 더 높은 경제성장률을 기록할 것이기 때문이다. 기관에 따라서 조금의 차이는 있지만, 전문가들은 향후 한국은 2% 전후의 성장을 달성하지만 일본은 0%대 성장에 머물 것이라고 내다보고 있다. 이러한 예측대로라면 30여 년 뒤에 한국의 1인당 국민소득은 7만 달러 수준이 되고, 일본은 5만 달러 수준이 된다.*

이렇게 보면 우리의 자녀나 그다음 세대가 우리보다 못살 것이라는 시중의 이야기는 잘못된 것이다. 우리 후손들은 큰 이변이 없는 한 우리보다 더 잘살 수밖에 없다. 그것도 일본보다 더 잘살게 될 것이다. 그런데도 왜 사람들은 자녀 세대가 부모 세대보다

---

* 이렇게 되면 한일 관계도 전면적으로 변화할 것이다. 앞에서도 살펴보았듯이 일본은 강한 국가에는 약하고 약한 국가에는 강하다. 한국이 경제적으로 격차를 벌려 앞서 나가면 한일 관계도 전면적으로 달라질 수밖에 없다.

못사는 첫 세대가 될 것이라고 이야기할까? 이것은 지금의 부모 세대가 가난에서 벗어나 급속히 잘살게 되었기 때문에 나타난 결과이기도 하다. 해마다 경제가 10~15%씩 성장하는 것만 경험하던 부모 세대는 최근 2% 전후의 저성장이 놀라울 것이다. 지레짐작이라도 자녀들의 미래를 걱정할 수밖에 없고 그런 비관론에 동조하게 되는 것이다. 하지만 이것은 잘못된 추측이다.

한국 경제가 저성장에 진입했지만, 현재의 성장률이 결코 낮은 것이 아니다. 한국 경제가 새우만큼 작았을 때는 10% 전후의 성장을 달성했다. 하지만 경제의 크기가 작았기 때문에 그것의 10%라고 해봐야 결코 큰 부가가치가 아니었다. 손가락만 한 새우가 10% 커지는 것과 집채만 한 고래가 2% 커지는 것을 비교해보라. 과연 10%가 더 대단한가?

지금 한국은 세계 10위의 경제대국이다. 때문에 지금의 몸집에서 2% 성장이라는 것은 사실상 어마어마한 부가가치를 의미한다. 이것을 국민 한 사람 한 사람이 향유하게 될 것이다.

이러한 경제성장률의 실상을 알면, 우리와 다음 세대의 경제 행동이 많이 달라진다. 부모 세대는 자녀 세대를 걱정하면서 그들에게 재산을 물려주려고 지나치게 노력할 필요가 없다. 그들은 우리보다 더 잘살 수밖에 없는 세대이기 때문이다. 오히려 부모 세대는 자신의 노후를 더 걱정해야 한다. 어떻게 하면 더 건강하고 행복하게 노후를 맞을 것인가를 먼저 생각해야 한다는 뜻이다.

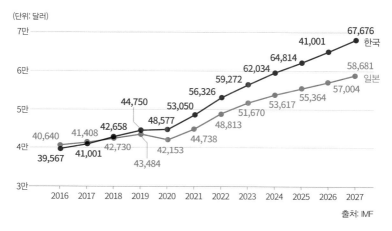

▸ **[그림 9-11] 한국과 일본의 1인당 구매력 평가 기준 GDP(PPP) 추이와 전망**

(단위: 달러)

출처: IMF

한마디로 노후대비의 핵심은 건강이다. 중장년기까지 축적한 소득은 거의 대부분 노년기에 병원비로 소진된다. 일본의 데이터만 보더라도 노년층은 축적 소득의 거의 70%를 병원비로 사용했다. 그러면 노후를 위해 소득을 모으는 것도 중요하지만 병원비를 절감해줄 건강유지에 더 신경 써야 한다. 현명한 노인분들이 '9988123'이라는 말씀을 자주 하신다. 99세까지 88(팔팔)하게 살다가 하루 아파서 이틀 병원에 입원한 뒤 3일째 죽자는 뜻이다. 너무나 현명한 말씀이다. 이틀만 병원에 입원한 뒤에 죽을 수 있다면 소득을 그렇게 모아둘 필요가 없기 때문이다.

그리고 일본을 보면 70~80대 어르신 중에도 여전히 현업에서 일하는 분들이 많다. 이것은 소득을 늘리는 수단이기도 하지만,

건강을 위해서도 계속 일을 하는 것이 중요하기 때문이다. 집에만 있지 않고 정기적으로 출퇴근하거나 파트타임으로 일을 하고, 봉사활동 등을 하면서 사람들을 만나는 것이 신체적으로나 정신적으로나 건강에 더 좋다.

무엇이 인생을 의미 있게 만드나?

자녀 세대의 경제 행동도 마찬가지로 달라질 것이다. 1인당 국민소득이 6~7만 달러 시대를 살아갈 세대라면, 기존의 통념과는 다른 선택을 해야 한다. 경제학자 케인스는 유명한 논문 〈우리 손주 세대의 경제적 가능성Economic Possibilities for Our Grandchildren〉(1930년)에서 다다음 세대를 향한 조언을 유언처럼 남겼다. 그는 이 논문에서 "앞으로 2%대의 경제성장을 할 것이기 때문에 특히 2가지를 명심해야 한다"고 주장했다.

첫 번째는 경제적 비관주의를 경계하라는 것이다. 경제적으로 어려워질 것이라는 말이나 경제가 마이너스 성장을 할 것이라는 등의 경제적 비관주의에 빠져서는 안 된다는 것이다. 두 번째는 기존의 가치관을 버리고 새로운 가치관을 가지라는 것이다. 특히 돈이나 재화에 대한 지나친 사랑을 버리고 수단보다는 목적을, 효율보다는 선함을 추구하라고 조언했다.

1930년에 발표한 논문이지만, 주요 내용은 2030년의 우리 자녀 세대에도 동일하게 적용된다. 국민소득 6~7만 달러 시대를 살아갈 다음 세대는 경제가 제로 성장 혹은 마이너스 성장할 것이라는 비관주의를 버려야 한다. 선진국이 되었기에 과거와 같은 높은 성장률은 기대할 수 없어도 지속적으로 마이너스 성장을 하는 일은 없기 때문이다. 물론 일시적으로 마이너스 성장을 할 수도 있겠지만 평균적으로는 1~2%대의 안정적인 성장을 해나갈 것이다. 그러니 우선 경제적 비관주의를 버려야 한다.

그리고 모든 세대에 만연한 물질주의, 물신주의도 함께 버려야 한다. 돈이면 최고고 돈만 있으면 다 된다는 생각을 버려야 한다. 케인스의 조언처럼 수단보다 목적을, 효율보다 선함을 추구해야 한다. 돈은 목적을 위한 수단 중의 하나에 불과하다. 돈을 버는 것보다 돈을 벌어서 무엇을 할 것인가를, 그리고 그 돈을 어떻게 쓸 것인가를 먼저 생각하라는 의미다.

특히 다음 세대는 우리 세대가 남겨준 사회적 자산social asset을 향유하며 살아갈 것이다. 한국의 경우 전 국토에 사통팔달로 깔아놓은 도로나 통신망 같은 인프라, 잘 개발된 관광지나 리조트 등 모든 국민이 공유할 수 있는 사회적 자산이 축적되어 있다. 이것은 개인의 자산으로는 계산되지 않지만, 이 땅의 모든 사람이 향

▶ **[그림 9-12] 인생을 의미 있게 만드는 것들**

각 나라 사람들에게 17가지 토픽을 제시하고, 인생을 의미 있게 만드는 것을 순서대로 꼽아보게 했다.

	1순위	2순위	3순위	4순위	5순위
호주	가족	직업	친구	물질적 웰빙	사회
뉴질랜드	가족	직업	친구	물질적 웰빙	사회
스웨덴	가족	직업	친구	물질적 웰빙/건강	물질적 웰빙/건강
프랑스	가족	직업	건강	물질적 웰빙	친구
그리스	가족	직업	건강	친구	취미
독일	가족	직업/건강	직업/건강	물질적 웰빙/긍정성	물질적 웰빙/긍정성
캐나다	가족	직업	물질적 웰빙	친구	사회
싱가포르	가족	직업	사회	물질적 웰빙	친구
이탈리아	가족/직업	가족/직업	물질적 웰빙	건강	친구
네덜란드	가족	물질적 웰빙	건강	친구	직업
벨기에	가족	물질적 웰빙	직업	건강	친구
일본	가족	물질적 웰빙	직업/건강	직업/건강	취미
영국	가족	친구	취미	직업	건강
미국	가족	친구	물질적 웰빙	직업	종교적 신념
스페인	건강	물질적 웰빙	직업	가족	사회
한국	물질적 웰빙	건강	가족	긍정성	사회/자유
대만	사회	물질적 웰빙	가족	자유	취미

출처: 퓨 리서치 센터(2021)

유할 수 있는 자산이다. 다음 세대는 이것 또한 누리며 살아갈 것이다. 이러한 자산까지 고려한다면 1인당 평균 10만 달러 전후의 소득을 향유하는 셈이 된다. 그러니 무엇을 걱정하겠는가?

다음 세대는 행복하게 자신들이 하고 싶은 일을 하면 된다. 바비 맥퍼린의 유명한 노랫말 '돈 워리, 비 해피*Don't Worry, Be Happy*'가 우리 세대가 다음 세대에 자랑스럽게 건넬 수 있는 말이 아닐까?

10

한국 경제, 추락할 것인가?
추월할 것인가?

토끼굴에 빨려 들어간 한국 경제

2023년은 한국 경제에 중요한 변곡점이다. 경제성장률이 1%대로 추락한 것이다. 한국은 경제개발을 추진한 이래로 외부적인 쇼크가 없는 한 1%대 성장으로 추락한 적이 없었다. 1970년대의 세계적인 오일쇼크나 1997년의 IMF 외환위기 등의 예외적인 경우를 제외하고는 늘 2%대 이상의 경제성장률을 유지해왔다. 그러던 한국 경제가 갑자기 1%대 성장률로 떨어졌고, 이제껏 한 번도 경험해보지 못한 이상한 현상이 벌어지고 있다.

이러한 현상은 많은 경제 전문가들이 이미 예견한 것이기도 하다. 2023년 연초에 대한상공회의소가 많은 경제 전문가들에게 경제전망을 의뢰했는데, 대다수의 결과가 한마디로 '토끼굴에 빠

▶ [그림 10-1] 계속 수정된 한국은행의 2023년 경제성장률 전망치

(단위: %, 전년 동기 대비)

진 한국 경제'였다. 토끼굴이란 동화《이상한 나라의 앨리스》에 나오는 그 토끼굴이다. 앨리스가 토끼굴에 들어가면서 이상한 나라를 경험했듯이, 2023년에 한국 경제 역시 토끼굴에 빠져 어둡고 혼란스러운 상황을 경험할 것이라고 전문가들은 우려했다. 그들이 뽑은 키워드는 '심연', '풍전등화', '첩첩산중', '사면초가' 같은 어두운 단어들이었다. 이 조사를 진행한 대한상공회의소 관계자는 "한동안 잊었던 인플레이션, 경험한 적 없는 장기 저성장, 새로운 수출 환경 등 토끼굴에 빠져 기존 방식과 전략이 통하지 않는 이상한 나라로 끌려들어 가는 형국"이라고 풀이했다.

그리고 이때 많은 경제 전문가들이 예측한 한국의 평균 경제성장률은 1~1.5%대였다. 2022년에 국내외의 경제 전문가들이 예측한 한국의 경제성장률이 1.8%대였는데 그것보다 많이 낮추어 잡은 수치였다. 특히 전문가들은 대부분 2023년을 "저성장이 고착화되는 원년"이 될 것으로 예측했다. 앞으로 2%대가 아니라 1%대 저성장이 고착될 것이라는 뜻이다. 2%대와 1%대는 단지 1% 차이가 아니다. 경제 전체로 보면 엄청나게 큰 차이다.

앞에서 살펴본 것처럼 한국은 선진국 경제이기에 2%대 성장률은 선진국들의 일반적인 경제성장률이지만 1%대 성장은 예외적인 성장률이다. 자칫하면 일본처럼 0%대로 추락할 수 있다. 이러면 한국 경제가 일본 경제를 추월하기 힘들어지며 1인당 국민소득을 역전하기도 힘들어진다.

이러한 불길한 징조는 2022년 경제 운영에서부터 나타나기 시작했다. 경제가 하강곡선을 그리는데도 새 정부는 별다른 조치를 하지 않았다. 경제비상대책회의가 시급한 상황인데도 부자 감세나 노동개혁 같은 경제 정책들이 추진되기 시작했다. 이는 다른 선진국들이 취하는 경제 정책과는 정반대로 가는 정책들이었다. 미국, 유럽연합, 일본 등 선진국들은 세계적인 인플레이션이 발생하자 취약계층을 위한 재정지출 확대를 추진했다. 하지만 이 조치가 인플레이션에 기름을 부을 수 있기 때문에 부자 증세 등을 함께 시행하면서 경제위기에 대처했다.

탈중국 선언과 험중 조장

항상 그러하듯이 경제적 충격은 외부로부터 오기 시작했다. 가장 큰 충격은 중국으로부터였다. 중국은 한국에 최고의 무역 파트너 국가이기 때문에, 중국과의 교역의 변화는 한국 경제에 큰 영향을 미칠 수밖에 없다.

이러한 중국에 대해 새 정부가 '탈중국 선언'을 해버렸다. 대통령실에서 한국 경제를 총괄하는 경제수석이 2022년 7월 28일 나토 정상회의에 참석한 뒤 가진 기자회견에서 "중국 성장이 둔화하고 있고, 내수 중심의 전략으로 전환되고 있다"면서 "지난 20년간 우리가 누려왔던 중국을 통한 수출 호황 시대는 끝나가고 있다"며 탈중국 경제 정책을 시사했다.

앞에서도 강조했지만, 중국은 우리나라 수출의 25%를 차지할 정도로 한국 경제의 근간이 되는 중요 시장이다. 물론 이 시장에 대한 과도한 의존이 문제가 될 수도 있고, 또 중국의 고성장 국면이 끝나가고 있기에 다른 대체시장이 필요하다는 데 이의를 제기할 사람은 없다. 하지만 한 나라의 경제를 총괄하는 사람이라면 대놓고 그렇게 이야기하기보다 산업통상부 등을 움직여 조용히 대안시장을 찾고, 또 그 대안시장을 충분히 성장시켜 시장 다변화를 유도해야 한다.

더구나 나토 정상회담은 경제문제를 다루는 회의도 아니었다. 군사 등 안보문제를 다루는 정상회담에서 왜 경제수석이 탈중국을 이야기한 것일까? 이것은 경제선언이라기보다는 안보선언이자 이념선언에 가까웠다. 중국을 멀리하고 유럽과 가까이하겠다는 선언처럼 들렸다. 그 후 언론들 역시 일제히 탈중국을 이야기하기 시작했다. 경제 신문들은 '차이나 리스크China risk', '차이나 런China run'을 이야기하며 빨리 중국에서 빠져나와야 한다는 기사를 연속적으로 실었다. 일부 일간지 역시 정서적인 면을 거론하며 혐중 정서를 조장했다.

특히 일본 연구자들에게 국가 혐오는 너무나 고통스러운 현상이다. 일본 우익과 보수 미디어들이 혐중, 혐한 정서를 끊임없이 만들어 퍼뜨리는 것을 직접 피부로 경험했기 때문이다. 일본의 잡지나 신문들은 대놓고 혐중과 혐한 정서를 말했고, 그중에서도 특히 출판물은 혐한이 하나의 장르가 될 만큼 많이 출간되어 서점에 별도의 대형 특설 매대가 설치될 정도였다.

때문에 일본 연구자들은 일본 내의 모임에서조차 혐한을 경험하는 일이 한두 번이 아니었다. 이러한 불쾌한 경험은 한 국가를 혐오하는 것이 얼마나 나쁜 일인지 깨닫게 해주었다. 특히 언론, 출판 같은 미디어가 이 혐오를 조장할 때 얼마나 파급력이 큰지도 뼈저리게 경험했다. 그러기에 한국에서 부는 혐중 정서와 이를 부추기

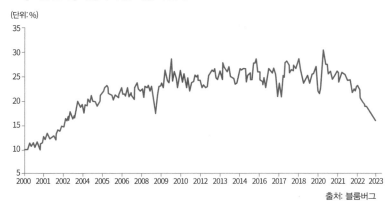

▸ **[그림 10-2] 대중국 수출 비중의 변화**

(단위: %)

출처: 블룸버그

는 언론의 행태에 대해서는 더욱 강한 거부감이 들 수밖에 없다.

문제는 이것이 경제에까지 영향을 미친다는 점이다. 혐중 정서는 중국과 사업하려는 사람들의 마음을 흔들어 놓는다. 그래서 경제적 성과에도 영향을 미치기 마련이다.* 먼저 중국과의 교역에 있어서 부정적인 영향이 나타나기 시작했다.

한국의 대중국 의존도는 무려 25%에 가깝다. 중국과의 교역 감소는 곧 한국 전체의 교역성과에 직격탄을 날렸다. 전체 수출

<hr>

*   경제는 심리다. 한국 경제의 수장이 탈중국을 이야기하고 언론까지 가세하면 사업하는 사람들의 심리가 흔들릴 수밖에 없다. 그리고 이것은 경제적 성과에도 영향을 미친다.

도 감소했고, 무역수지도 지속적으로 감소했다. 그중에서 감소폭이 가장 큰 것이 반도체 수출이었다. 반도체의 중국 의존도는 일반인의 생각과 달리 50%를 넘는다. 앞서 설명했듯 중국은 세계의 공장이다. 수많은 전자 제품을 만들어서 전 세계에 수출하는 나라다. 그런 구조이니 우리나라 반도체 회사에는 중국이 가장 큰 시장이고 고객인 것이다.

더구나 삼성전자나 SK하이닉스는 중국에 대규모 반도체 생산 공장도 가지고 있다. 수출도 줄어들고 현지 공장에서 생산된 제품의 판매도 줄어드니 이 기업들의 이익이 대폭 감소할 수밖에 없다. 그리고 이것은 연쇄적으로 거래 기업들에 충격을 주어 한국 경제 전체에 악영향을 준다.

더욱 우려스러운 것은 대중국 무역수지가 한국 전체의 무역수지에 악영향을 미친다는 것이다. 2023년 1분기에는 역대 최대의 무역수지 적자를 기록했다. 무역수지가 지속적으로 적자를 기록하면 재정수지도 적자로 돌아설 가능성이 높아진다. 기업으로부터 들어오는 세금이 줄어들면 나라의 재정도 적자에 빠질 가능성이 커지기 때문이다. 더구나 부자 감세와 부동산 종부세 감세 등의 정책을 새 정부가 함께 추진하고 있었기에 정말 그렇게 된다면 경제위기의 전조라고 할 수 있는 '무역과 재정의 쌍둥이 적자' 현상도 나타날 수 있다. 이것의 기폭제가 된 것이 나토 정상회의 후에 했던 경제수석의 발언이었다.

나토 정상회의와 신냉전에의 초대

2022년 한국의 나토 정상회의 참석은 '신냉전에의 초대'라는 또 다른 의미를 지니고 있었다. 나토는 2차 세계대전 직후인 1949년 미국과 유럽이 소련을 중심으로 한 동쪽 진영으로부터 서쪽 진영을 방어하기 위한 군사동맹으로 창설되었다. 현재는 미국, 캐나다, 유럽 등 30개국이 회원국이다.

나토는 '나토 헌장' 제5조에 규정된 집단 자위권에 따라 회원국 중 한 곳이라도 공격을 받을 경우 이를 나토 전체에 대한 공격으로 간주해 집단적 자위권을 발동할 수 있다. 러시아의 우크라이나 침공이 계속되는 상황에서 열린 나토 정상회의는 우크라이나에 대한 지원 강화와 더불어 핀란드와 스웨덴의 나토 가입 여부가 핵심 주제였다.

그런데 그 회의에 사상 처음으로 한국과 일본, 호주, 뉴질랜드의 정상들이 함께 초대되었다. 이것은 태평양 지역의 주요 국가들을 초청해 함께 중국을 견제할 목적이 깔려 있었기 때문이었다. 아니나 다를까, 나토 정상회의는 향후 10년간 나토의 전략적 방향을 담은 새로운 '전략개념'을 채택했다. 10년마다 업데이트되는 전략개념은 나토의 정치적·군사적 임무를 담는 공식 문서다. 이 문서는 중국을 '체제에 대한 도전'으로 언급했다. 2010년에 채택된 기존 전략개념에는 중국에 대한 언급이 전혀 없었지만, 이번에 개정된 전략개념에는 중국을 세계정세의 위협국으로 분명히 규정한 것이다.

그리고 2022년 나토 정상회의는 특히 일본에게 굉장히 중요한 의미를 지닌 회의였다. 일본이 구상했던 인도·태평양 전략에 대서양 동맹인 나토를 끌어들일 좋은 기회였기 때문이다. 일본은 나토 회의에서 자신들이 그토록 원하던 중국 포위 전략을 구조적으로 완성하고자 했다. 인도양과 태평양뿐만 아니라 대서양까지 참가시켜 해양 세력의 대연합전선을 이루고 이를 통해 대륙 세력인 중국을 러시아와 함께 포위할 수 있는 전략적 틀을 완성하고자한 것이다. 기시다 총리는 그러한 일본의 결기를 보여주기 위해 각오를 단단히 하고 참석했다.

그에 반해 윤석열 대통령은 나토 정상회의 연설에서 "새로운 경쟁과 갈등 구도가 형성되는 가운데 우리가 지켜온 보편적 가치가 부정되는 움직임이 포착되고 있다"고 전제하며, "자유와 평화는 국제사회의 연대에 의해서만 보장된다"고 선언했다. 이것은 중국을 지칭하는 말이고, 자유주의 연대에 가입하겠다는 선언인 것이었다. 이 또한 일본에게는 너무 감사한 선언이었다. 일본이 오래도록 공들여 온 '한미일 3각 연대'(앞서 설명한 한미일 3국 협력)에 한국이 자발적으로 참여한다는 뜻이기 때문이었다. 한미일 3각 연대로 북중러 3각 연대에 대항하는 신냉전 구조에 한국이 처음 발을 들인 순간이었다.*

일본은 여기에서 멈추지 않고 또 하나의 복선을 깔아두었다. 나토 정상회담에서 한국이 그토록 원하던 한일 정상회담을 거부한 것이다. 한국은 정부 출범 초기였기에 나토 정상회담에서 한일 간의 첫 정상회담을 강력히 희망했다. 하지만 일본은 계속 검토 중이라며 좀처럼 응해주지 않았다. 한국의 애만 태운 상태에서 결국 한미일 3국 정상회담만 이루어졌다. 이것은 일본의 '거리 두기 전략'이었다.

한일 간에 강제징용 등 과거사 문제가 불거졌을 때 일본은 일차적으로 수출보복을 감행했다. 일본이 전후 일관되게 유지했던 정경분리 원칙을 어기고 한국에 대한 경제보복을 감행한 것이다. 그 이후에 일본은 한국과의 협상을 철저히 거부하는 전략을 밀고 나갔다. 한국에서 '문희상안'(문희상 국회의장이 제안한 기부금 조성 등의 강제동원 해법) 등 새로운 제안이 나왔지만 이를 철저히 외면했다. 한국 대법원의 판결은 국제법 위반이기 때문에 받아들일 수 없다는 것이었다. 그리고 일본 내에서는 "한국은 위안부 합의를 지키

---

*   윤석열 대통령은 결국 2023년 8월 18일에 열린 한미일 정상회담에서 3국 안보협력을 맺었다. 이는 역사상 제3차 한미일 3국 협력에 해당한다.

지 않았고, 강제징용에 관해서 국제법도 지키지 않는다"는 여론전을 펼쳤다.

사실 위안부 합의를 지키지 않은 것은 일본이었다. 위안부 합의 후 한국에서는 합의에 문제는 있지만, 국가 간 합의이기에 재협상은 없다고 분명히 못 박았다. 하지만 일본에서는 합의서의 잉크도 마르기 전에 위안부 문제에 대한 추가적인 사과와 배상은 없다고 아베가 국회에서 단호하게 못을 박아버렸다. 위안부 합의에는 "양국 정부가 협력해 모든 위안부 분들의 명예와 존엄의 회복 및 마음의 상처 치유를 위한 사업을 행할 것"을 전제로 불가역적으로 합의를 한다고 돼 있다. 하지만 아베의 발언으로 이 전제가 흔들렸기 때문에 위안부 합의 전체가 흔들릴 수밖에 없었다.

강제징용도 마찬가지다. 일본의 최고 재판소(우리나라의 대법원에 해당)의 판결에 의해 개인의 위자료 청구권은 여전히 남아 있었다. 또 중국의 강제징용 피해자들에게 일본 기업들이 배상하고 사과하도록 중재까지 했다. 그러기에 한국 대법원의 판결이 국제법을 위반했다고 하는 주장은 무리가 있었다.

하지만 일본이 노린 것은 그것만이 아니었다. "약속을 어기고 법을 지키지 않는다"는 것은 식민지 시기에 조선인을 모멸적으로 규정하는 말이었다. 이러한 표현을 21세기 일본의 보수들이 한국을 대놓고 비난하는 용어로 사용한 것이다. 이 말을 들은 많은 일본인이 "조선인은 과거나 지금이나 똑같다"는 편견을 갖길 바라면서 말이다. 이 역시 혐한을 조장하는 한 방법이다.

그리고 일본은 한국의 보수 지식인과 언론들을 이용해 '사과 피로증'을 발신하기 시작했다. 한국의 보수 지식인 등을 만날 때마다 "대체 언제까지 한국에 사과를 해야 하나? 정권이 바뀌면 또 사과하라고 요구할 것 아닌가? 이제 사과하는 데 지쳤다" 같은 말을 흘렸다. 사실 일본이 과거에 사과를 여러 번 하긴 했다. 문제는 그 사과가 끝나기도 전에 다른 일본 정치인들이 사과를 부정하는 이야기를 했다는 것이다. 이것이 일본이 반복적으로 사과하게 된 역사적 경위다. 하지만 한국의 보수 지식인들은 세미나 발표나 신문 기고 등을 통해 일본 내의 분위기가 과거와 완전히 달라졌다고 주장하며 이제 한국이 양보해야 하는 게 아닌가 하는 분위기를 만들었다.

그다음 단계로 일본은 '현금화 파탄론'을 흘렸다. 강제징용 문제에 대해 한국에 있는 전범기업들의 자산을 현금화하는 순간, 한일 관계는 파탄이 난다는 주장이었다. 로마에서는 로마법을 따르는 게 너무나 당연하다. 이 사실을 일본의 전범기업들도 알고 있었다. 더구나 한국에서의 수십억 원의 배상금 때문에 전 세계적으로 일본 기업들은 전범기업이라는 불명예를 안고 있었다. 최근에는 전 세계 기업과 소비자들 사이에 ESG^{Environment, Social, Governance}를 중시하는 흐름이 있기에 '전범기업'이라는 불명예는 일본 기업을 점점 더 불리하게 만드는 요소가 될 수밖에 없다.

하지만 일본 정부는 배상하고 화해하려 하는 전범기업들을 못하게 막아 놓고, 뒤로는 한국의 보수 지식인에게 현금화 파탄론을 자주 이야기했다. 그 말을 들은 지식인들은 "전범기업의 자산을 현금화하면 정말 한일 관계가 파탄 나니 그 전에 타협해야 한다"며 역으로 한국 정부를 강하게 압박하기 시작했다. 양국의 보수 우익이 합심해 한국을 압박하는 이상한 현상이 벌어졌던 것이다.

그 이후의 결과는 독자 여러분도 잘 알 것이다. 한국 대통령이 2022년 9월, 기시다 수상이 머무는 호텔까지 찾아가서 태극기도 놓지 않은 채 약식 정상회담을 했다. 일본의 거리 두기 전략에 조바심을 느끼고 대통령이 의전도 갖추지 않은 채 일본 수상을 찾아간 것이다. 더구나 일본은 이 회담이 '간담회'일 뿐 정상회담은 아니라며 또다시 거리를 두었다.

그리고 2023년 3월에 대통령이 도쿄로 날아가 첫 한일 정상회담을 했다. 그 자리에서 대통령은 일본이 학수고대하던 바를 다 들어주었다. 일본 측이 한국 대통령의 입지를 걱정해줄 정도로 통큰 양보였다. 실제로 회담 이후 대통령 지지율은 하락한 반면 기시다 수상 지지율은 급등했다. 일본의 거리 두기 전략은 대성공이었다.

미국의 공짜 없는 점심

시간을 거슬러 올라가보자. 2017년에 문재인 정부가 출범하자마자 미국 백악관에서 한미 정상회담이 열렸다. 보통은 첫날 만찬으로 상견례를 한 뒤 둘째 날부터 정상회담을 하는 것이 일반적이다. 하지만 첫날 만찬장에서 트럼프 대통령은 폭탄선언을 했다. 북한 김정은 정권의 도발을 좌시할 수 없다는 취지의 발언이었다. 이 발언으로 화기애애하던 만찬장의 분위기는 갑자기 얼어버렸다. 이에 문재인 대통령은 트럼프를 강하게 설득했다. 한반도에서의 위기 고조는 절대 용납할 수 없다는 취지였다. 이 설득이 통했는지 트럼프는 더 중요한 의제로 넘어가자며 화제를 돌렸다. 그리고는 한미자유무역협정의 문제점을 조목조목 이야기하면서 그 개정의 필요성을 강하게 주장했다. 이 장면에서는 배석자들도 가만히 있을 수 없었다. 나와 정책실장까지 나서서 트럼프의 주장을 하나하나 반박하기 시작했다.

정상회담의 상세한 내용을 책에 공개할 수는 없지만, 여기서 강조하고자 하는 것은 미국의 태도다. 한반도에 긴장이 고조되면 오히려 동맹국인 미국이 막아주어야 하는데 미국의 태도는 달랐다. 어떤 때는 긴장을 조장하기도 하면서 자국의 이익을 먼저 챙

긴 것이다. 현재의 한미 관계도 다르지 않다. 진정으로 북한의 비핵화가 목표라면, 이것을 해결할 방안을 내놓는 게 동맹국의 의무다. 북한이 핵을 완전히 포기하게 하거나 줄여나가게 하는 것이 미국의 역할이라는 뜻이다. 하지만 미국은 어느 쪽으로도 움직이지 않았다. 한국 정부의 움직임을 보면서 뒤로는 자신들의 이익을 챙기는 데만 혈안이 된 것 같았다.

윤석열 정부가 들어서고 미국은 크게 이익을 챙길 수 있었다. 정부가 나서서 북한을 '주적'이라고 하고, 마치 선제공격이라도 할 것처럼 나섰기 때문이다. 그러면 북한은 당연히 도발할 수밖에 없다. 그래서 태평양 쪽으로 미사일을 쏘는 등 이런저런 군사도발을 이어나간 것이다.

이에 위기를 느낀 한국 정부는 확장 억제력을 요구하는 등 미국에 더욱 매달리게 된다. 그러면 미국은 전략 폭격기나 항공모함, 핵잠수함 같은 전략자산들을 한반도 주변에 출격시킨다. 문제는 이것들이 모두 공짜인가 하는 점이다. 당연히 아니다. 전략 폭격기나 항공모함 등은 미국이 선심 쓰듯 보내주는 공짜 점심이 결코 아니다.

순진한 한국은 인플레이션 감축법으로 뒤통수를 맞았다. 미국이 한국산 전기차에 대한 보조금(7,500달러)을 쏙 뺀 IRA를 통과시켜버렸다. IRA에는 미국에서 최종 조립되는 전기차에만 보조금을 준다는 조문이 포함됐다. 한국에서 전기차를 생산해 미국에 수출하는 현대자동차 등이 큰 타격을 입을 수밖에 없었다. 더구나 당시 현대자동차는 미국에서 전기차 시장 점유율 2위를 달리고 있었기에 더욱 아쉬운 결과였다.

이러한 미국의 뒤통수는 전기차에 그치지 않았다. 한국의 주력 산업인 반도체도 뒤통수를 맞았다. 미국 상무부가 미국에 반도체 공장을 짓는 기업에 주는 지원금 기준을 발표하면서 너무 가혹한 조건을 내건 것이다.

미국은 경제안보와 자국 우선주의를 내세우며 반도체 공장을 유치했다. 하지만 미국에서 생산하는 비용이 한국이나 대만보다 월등히 높기 때문에 보조금을 주지 않을 수 없었다. 문제는 보조금을 주는 조건이다. 한국 기업으로서는 도저히 받아들일 수 없는 가혹한 조건들이 많았다. 그중 대표적인 것이 초과수익 공유와 첨단칩 공정에 대한 정보 접근, 중국 또는 관련 국가에서 10년간 반도체 생산능력 확대를 금지한 조건이었다. 한마디로 보조금을 줄 테니까 더 벌면 이익을 미국에 토해내고, 핵심정보도 공개하라는 것이었다. 특히 첨단기술이 무기인 반도체 산업의 특성상 핵심정보를 공개하라는 것은 기업의 기밀을 그냥 달라는 것과 같은 말이다.

아울러 중국에 대한 투자제한은 삼성전자와 SK하이닉스 등 중국에 생산기지를 가지고 있는 한국 기업에게 '중국 사업을 접으라'는 것과 다름없다. 공정 업그레이드가 되지 않으면 중장기적으로 반도체 공장은 폐쇄 외에는 답이 없다. 이러한 독소 조항이 공개되자 반도체업계는 "이럴 바엔 미국 보조금을 받지 않는 게 더 낫다", "미국이 이런 조건을 먼저 제시했다면 국내 기업 누구도 미국에 투자하지 않았을 것"이라며 강하게 불만을 토로했다. 언론계에서는 〈조선일보〉조차 "이번엔 미국이 '반도체 깡패'를 자처하고 있다"고 비난했다.

하지만 한미 간 협상 테이블에 북핵 문제와 현대자동차 문제, 반도체 문제가 함께 올라온다면 어떻게 되겠는가? 물론 모두 중요한 문제이기 때문에 무엇 하나 양보할 수 없다. 하지만 북핵 문제 때문에 이미 미국의 전략자산을 많이 사용한 상황에서, 다른 문제의 양보를 미국으로부터 끌어내기란 거의 불가능한 일이 아닌가?

오야붕과 꼬붕, 그리고 꼬붕의 꼬붕

어디서부터 꼬이기 시작한 것일까? 전기차와 반도체 문제로 뒤통수를 맞게 된 것은, 2022년 5월 첫 한미 정상회담 때부터 조짐이 있었다. 한국의 주요 언론은 한국 대통령의 방미 전에 미국 대통령이 한국을 방문하는 것이 29년 만의 일이고, 특히 일본에 앞서서 한국을 방문한 것은 극히 이례적인 현상이라고 좋아했다.

이 정상회담에서 바이든 대통령은 한국을 방문하자마자 첫 방문지로 삼성전자의 평택 반도체 공장을 선택했다. 그리고 일본으로 향하기 전 한국에서의 마지막 일정으로 현대자동차 회장을 만나 미국에 투자해준 것에 대한 감사의 마음을 전하는 별도의 미팅도 가졌다. 언론은 한미 관계가 더욱 강화되었다고 좋아했고, 일부에서는 한국 기업의 위상이 높아졌다고 좋아했다.

하지만 바이든 대통령은 11월 8일 중간 선거를 앞둔 시점이어서 한국으로부터의 투자 유치가 너무나 급하고 중요했기에 한국에 먼저 달려온 것이었다. 이때 한국 기업들은 반도체와 전기차, 배터리 등을 중심으로 54조 원 규모의 투자 선물을 바이든 대통령에게 안겨주었다. 바이든 대통령은 이 선물을 받고 중간 선거에서 승리했고, 그러고 나서 한국의 뒤통수를 친 것이었다.*

그리고 바이든 대통령에게는 한국보다 더 중요한 행선지가 있었다. 바로 일본이었다. 한국에서는 잘 알려지지 않았지만 바이든은 곧장 도쿄로 날아가서 인도·태평양 경제 프레임워크(IPEF, Indian-Pacific Economic Framework, 회원국은 미국, 일본, 인도, 한국, 베트남, 필리핀,

---

*   2023년 4월 25일 바이든 대통령은 미국을 국빈 방문한 윤석열 대통령과의 정상회담 하루 전에 대선 출마를 공식 선언했다. 그리고 다음 날 정상회담 공동 기자회견에서 한국으로부터 1,000억 달러(134조 원)를 투자받았다고 자랑했다. 그러자 질문자로 나선 미국 기자가 "국내 정치를 위해 핵심 동맹국에 피해를 주는 것이 아니냐"고 힐난하자 바이든 대통령은 "양국 모두에게 윈윈이라고 생각한다"고 대답했다.

브루나이, 피지, 뉴질랜드, 호주, 인도네시아, 싱가포르, 말레이시아, 태국 등 14개 국) 출범식에 참석했다. 일본이 만든 인도·태평양 전략을 경제 분야까지 확대하는 출범식을 도쿄에서 했는데, 이 프레임워크도 당연히 중국을 겨냥한 것이었다. 바이든 대통령은 IPEF 출범식에서 "우리는 21세기 경제의 새로운 규칙을 쓰고 있다. 우리는 인도·태평양에서 벌어질 21세기 경쟁에서 반드시 이길 것"이라며 중국을 IPEF의 경쟁 상대로 규정했다.

더구나 바이든 대통령은 일본에 진 빚이 있었다. 오바마 대통령 시절에 바이든은 일본을 설득해 '환태평양 경제동반자협정TPP'을 체결했다. 하지만 전임 트럼프 대통령이 이를 파기해버려서 일본은 하는 수 없이 미국을 제외한 '포괄적·점진적 환태평양 경제동반자협정CPTPP'을 맺었다. 이것을 잘 아는 바이든으로서는 일본을 달래줄 필요가 있었다. 그래서 곧장 일본을 방문해 인태전략의 경제 버전인 IPEF 출범식에 가서 힘을 실어주었다.

한국 대통령도 IPEF 출범식에 화상으로 참석했다. IPEF 회원국 정상들은 화상으로 참석했고, 현장에는 바이든과 기시다 총리, 인도의 모디 총리만 참석했다. 중앙에 기시다가 앉고 오른쪽에는 바이든이, 왼쪽에는 모디가 앉은 구도였다. 이 세 사람이 앉아 있는 모습은 인도·태평양의 주빈국이 누구인지를 정확하게 보여주었다. 미국의 대리인으로서 일본이 중심이고 그다음이 인도인 것이다. 여기서 한국은 나머지 회원국 정상들과 함께 화상으로 참석하는 존재에 불과했다. 이미 한국 내에서는 '한국판'이라는 이상한 형용사를 붙여서까지 미국과 일본 주도의 인도·태평양 전략에 참여할 것을 선언한 후였다. IPEF 출범식 사진을 보면 이 판에 낀 한국의 위상을 잘 알 수 있다. 한국은 그저 일본의 꼬붕으로 참여한 것이다. 오야붕인 미국의 충실한 꼬붕인 일본, 그리고 그 일본 수상이 지켜보는 앞에서 여러 정상과 함께 화상으로 참여한 한국 대통령의 모습은, 나라 간 역학관계를 분명히 보여주었다.

1905년으로 퇴행하는 한국과 일본

나는 이 장면이 다시 '1965년 체제'로 되돌아가는 것처럼 보였다. 한국의 경제성장을 이해하려면 '1965년 체제'와 '1990년 체제'를 알아야 한다. 1990년은 일본의 장기 경제침체 속에서 한국이 처음으로 일본과는 다른 길을 걷기 시작한 때다. 그 이후에 한국은 앞서 살펴본 바와 같이 세계화와 디지털화의 흐름을 타고 선진국으로 도약했다. 그대로만 가면 일본과의 경제 격차를 더 벌릴 수 있었다. 하지만 일본은 거대한 판을 흔들기 시작했고, 한국은 다시 일본 밑으로 들어가기 시작했다. 말하자면 '꼬붕의 꼬붕'이 된 것이다.

'꼬붕의 꼬붕' 구조가 처음 만들어진 것이, 1965년 한일 국교 정상화와 청구권 협정이었다. 서로 식민지의 불법성을 묻어둔 채 일본의 자금을 받아 경제개발을 시작했다. 이때도 미국의 압력이 있었고 한국과 일본의 보수파가 합작했다. 한국의 쿠데타 세력은 반공을 국시로 내걸면서 일본 보수파에 손을 내밀었다. 그러자 같은 만주국 경험을 가진 '쇼와의 요괴' 기시는 뒤에서 돈으로 해결했다. 당시 일본의 우익이 함께 움직였는데, 그들의 검은돈이 한국에 흘러들어와 박정희 쿠데타 세력을 도왔다. 쿠데타 세력은 검은돈을 이용해 정권을 안정시켰고 일본으로부터 받은 청구권 자금을 가지고 경제를 발전시키기 시작했다. 이것이 '한강의 기적'을 만든 밑거름 중 일부가 되었다.

하지만 한강의 기적에는 다른 면도 있었다. 한국이 일본의 도움을 받아 자유주의 국제경제 질서에 편입되는 과정이기도 했다. 한국은 가발과 섬유 등을 오야붕인 미국에 수출했고, 전기·전자 산업 등에서는 꼬붕인 일본의 하청으로 편입되어 꼬붕의 꼬붕 역할을 했다. 이 과정에서 기업들은 철저히 일본을 모방하는 전략을 취했다. 재벌의 형태도, 산업의 유형도, 기업의 조직도 그리고 그 운용 시스템도 모두 일본을 모방했다.

그러던 한국이 1990년대부터 일본과 결별하며 독자적으로 새로운 길을 가기 시작했다. 또 세계화 물결 속에서 세계 7위의 선진

통상국가가 되었고, 디지털화에 앞장서 세계 최고의 디지털왕국이 되었다. 이제는 일본과 어깨를 나란히 하게 되었고, 곧 일본을 추월할 시점에 왔다. 하지만 최근에 한국은 1990년 체제를 버리고 1965년 체제로 퇴행하기 시작했다. 다시 일본의 하위로 편입되겠다는 선언인 셈이다.

서울대 일본연구소의 남기정 소장은 이것이 "1965년 체제가 아니라 1905년 체제로의 퇴행"이라고 한탄했다. 일본 도호쿠대학 교수를 역임한 남기정 소장은, 한국전쟁 이후에 한국이 전장국가가 되고 일본이 기지국가가 되어버린 과정을 규명한 학자다. 그는 우리가 '꼬붕의 꼬붕'으로 전락하는 최근의 과정을, 일본 보수 우익들 사이에서 이야기된 '1905년 체제'로 설명했다. 1905년 체제는 일본이 러일전쟁에서 천우신조로 승리한 뒤 한반도와 대만을 자신들의 손아귀에 넣은 질서를 말한다. 한국의 자주적 외교권을 박탈한 뒤 한반도와 대만을 일본의 진정한 꼬붕 국가로 만든 시점이었다.

이 체제와 유사한 체제가 지금 만들어지고 있다. 원래는 일본과 중국이 대립하면서 대만에 지정학적 긴장이 고조되는 상황이었다. 그런데 여기에서 한국이 일본 측에 가담함으로써 지정학적 긴장이 한반도에도 발생하는 체제가 되어버렸다. 자주적인 외교권을 발휘했다면 한반도는 한발 비켜 갈 수도 있었는데, 스스로가 일본 편에 붙기로 해서 일어난 결과다. 그러니 일본 우익들이 그토록 그리워하고 오매불망 희망하던 1905년 체제와 유사한 상황이 지금 21세기에 만들어지고 있다.

이 모든 변화의 시발점이 2022년 5월 윤석열 정부의 탄생이었다. 취임 후 첫 3·1절 기념사에서 갑자기 "오늘 우리는 세계사의 변화에 제대로 준비하지 못해 국권을 상실하고 고통받았던 우리의 과거를 되돌아봐야 합니다"라고 말해 모두를 놀라게 했다. 국권을 상실한 것이 우리의 잘못 때문이라는 뜻이다. 이것은 일본 우익의 역사 수정주의와도 연결되고, 특히 한국에 잔존한 식민지 근대화론 시각과도 맥을 같이 하는 발언이었다. 그리고 기념사 마지막에 강조한 '한미일 3국 협력'은 도쿄에서 열린 기시다 수상과의 첫 정식 정상회담으로 이어졌다.

첫 정상회담에서 이루어진 우리 정부의 통 큰 양보는, 역사 인식에 있어서 한국의 '대일 항복 선언'과 같았다. 기시다 총리는 정상회담이 끝난 뒤 열린 공동 기자회견에서 '강제동원'이나 '강제징용'이란 단어를 한 번도 쓰지 않고 '구 조선반도 출신 노동자 문제'라는 표현만 사용했다. 이 표현은 아베 전 총리가 새롭게 만들어 쓰도록 한 것인데, 강제성을 암시하는 '징용공'이란 표현도 못마땅하다는 뜻으로 만들었다. A급 전범인 자신의 외할아버지가 징용령을 집행한 장본인이었던 점도 함께 고려한 표현이었다.

그러기에 일본의 사죄와 배상이 없는 것은 당연한 귀결이었다. 강제로 조선 노동자를 끌고 가지 않았으니 사죄와 배상도 할 필요가 없다는 것이 그들의 논리였다. 결국 강제동원의 사실인정도, 사죄도, 배상도 없는 '3무無 선언'이었다.

일본 우익에 빙의한 한국 공직자

'3무 선언'이 나오자 국내 여론은 들끓었다. 야당은 물론이거니와 시민 단체와 종교 단체, 교수, 학생들의 반대 성명과 시국선언이 잇따랐다. 그런데 그 '3무 선언'은 김태효 안보실 1차장이 주도했다고 알려졌다. 그는 이전부터 3무 선언을 유추할 수 있는 주장을 여러 번 했다. 2015년 8월 3일 자 〈조선일보〉 칼럼 '사과받는 나라와 사과하는 나라'에서 그는 마치 일본 우익에 빙의라도 한 것 마냥 "일본인의 마음을 단순하게 축약하면, 약속하고 합의한 내용을 어기는 한국을 못 믿겠다는 것이다. 강제징용 문제는 분명히 1965년 수교 당시 정부 간 약속으로 명문화해 사과하고 보상했는데 한국 법원의 판결과 한국인의 여론은 아직도 일본의 책임을 묻고 있어 곤혹스럽다"라고 주장했다. 이어 "(일본 입장에서 보면) 위안부 문제에 관해 일본이 사과를 해도 과연 한국인들이 이를 마지막 사과로 받아들일 수 있겠는가, 나아가 그러한 합의에 동의한 한국 정부가 과연 국내 여론을 만족시킬 수 있겠는가 하는 걱정"이라며 일본의 입장을 소개한 후 "한국의 기대를 완벽하게 충족시킬 만큼은 아니더라도 충분히 충족시키고자 노력할 마음이 상대방(일본)에게 있다면 우리도 과거사 문제에 관한 원칙과 입장을 재점검할 때가 됐다"고 주장하기도 했다.

그는 이런 확신에 기반해 그동안 대통령을 설득하고 정상회담 선언을 준비했을 것이다. 그의 이러한 주장은 앞에서도 언급한 바와 같이 잘못된 인식에 근거한 것이다. 일반적으로 왜 이런 인식을 많이들 가지게 될까?

일본을 연구하다 보면 일본 학자들뿐만 아니라 미국 학자들조차 이러한 인식을 많이 가지고 있다는 사실을 알게 된다. 그 이유 중 하나는 미국 학자들 중에 소위 '일본 장학생'들이 많기 때문이다. 위안부를 부정한 하버드대 존 마크 램지어 교수가 미쓰비시 장학생이었다는 사실을 잘 알 것이다. 일본은 미국 주요 대학의 일본학 전공의 백인 학생들을 주요 타깃으로 삼고 그들을 문부성 장학생이나 민간 장학생으로 뽑아 일본을 공부하게 한다. 그리고 일본에서 유학이나 연수를 할 수 있도록 해주고, 학위취득 후에도 일본의 여러 연구기금을 제공하면서 계속 관리하고 관계를 유지한다. 이들은 다시 미국 주요 대학의 교수가 되어 일본에 유리한 학설을 만들어낸다.

그리고 이러한 교수들 밑으로 한국인 유학생들이 들어가게 되면 상황은 더욱 악화된다. 한국인 유학생들은 지도교수의 왜곡된 학설을 배우거나 유사한 미국 학자들의 이론을 바탕으로 박사학위를 받는다. 그러면 지도교수의 추천으로 그들 또한 일본의 연구기금이나 현장조사 비용을 지원받으면서 논문을 쓴다.

물론 제대로 된 학자라면 이러한 학위과정에서도 비판적 의식을 가지고 자기만의 이론을 창조하겠지만, 많은 학자가 이러한 사실도 모른 채 친일 이론으로 스스로를 무장한다. 그리고 이들이 한국의 주요 대학에서 학생들을 가르치면 이 이론이 확대 재생산되면서 실제와는 다른 일본의 모습이 전파되는 것이다. 이런 과정에서 많은 친일파들이 탄생하는 것이다.

이 시대의 '친일파'란 무엇일까? 많은 이들이 친일파의 의미를 잘못 이해하고 있다. 일본 만화나 영화를 좋아하고, 일본에 자주 놀러 가면 '친일파'일까? 그렇지 않다. 친일과 친일파는 완전히 다른 개념이다. 친일파의 정의는 해방 후 친일파 청산을 위한 반민족행위처벌법에 정확히 규정되어 있다.

일본 정부와 통모해 한일합병에 적극 협력했거나 한국의 주권을 침해하는 조약 또는 문서에 조인한 자, 일본 정부로부터 작위를 받았거나 일본 제국의회 의원이 되었던 자, 독립 운동자나 그 가족을 악의로 살상·박해하거나 지휘한 자, 작위를 받은 자, 조선총독부 중

추원 부의장·고문·참의, 칙임관 이상의 관리, 밀정 행위자, 독립운동을 방해할 목적으로 단체를 조직했거나 그 단체의 수뇌 간부로 활동한 자, 군·경찰의 관리로서 악질 행위를 한 자, 군수공업을 책임 경영한 자, 도·부의 자문 또는 결의기관의 의원이 된 자 중에서 일제에 아부해 죄적이 현저한 자, 관공리 중 악질적 죄적이 현저한 자, 일본 국책을 추진시킬 목적으로 설립된 각 단체 본부의 수뇌 간부 중 악질적인 자, 종교·사회·문화·경제 기타 각 분야에서 악질적 언론 저작과 지도를 한 자, 일제에 대한 악질적인 아부로 민족에게 해를 가한 자.

소위 사회지도층으로써 반민족적 행위를 한 자 중에 특히 죄질이 나쁜 자를 친일파로 규정하고 있다. 학자도 마찬가지다. 나처럼 일본을 좋아하고 연구하는 것만으로 친일파가 되는 것은 아니다. 그냥 일본 전공 학자에 불과한 것이다. 하지만 국가의 주요 의사결정 자리에서 반민족적 행위를 하는 사람은 이 시대의 친일파가 되는 것이다. 김태효 1차장은 나카소네가 총리를 퇴임한 뒤 만든 세계평화연구소의 상을 2009년에 받았다. 말이 상이지 일본을 위해 활동할 주요 인물들에게 상과 상금을 주며 친일파로 만들기 위한 것이다.

나카소네가 말하는 '세계평화'라는 것도 그 이면의 의미를 읽어내야 본질을 알 수 있다. 앞서 설명한 것처럼 패전을 종전이라고 하고, 전쟁 가해자가 원자폭탄을 내세워 피해자로 탈바꿈한다. 북한과 수교하려고 하면 갑자기 일본인 납치자 문제를 꺼내며 피해자로 변신하고, 한국의 대법원 판결을 국제법 위반이라며 갑자기 국제법의 피해자로 둔갑하는 것이 일본의 표현법이다.

나카소네의 '평화'도 레이건과 전두환과 함께 추진하고자 했던 제2차 한미일 3각 연대다. 한미일 3각 연대를 이루어 대륙의 공산 세력과 대항하는 것이 그가 말하는 평화다. 하지만 이것은 진정한 평화가 아니라 진영화이고 대립이다. 한국의 공직자가 한일 정상회담을 굴욕적 회담으로 만들면서 한미 정상회담마저 북한과의 대립각을 더욱 높였으니 그런 식으로 나카소네의 염원이 실현되는 듯하다.

문제는 이런 행동에 다른 많은 친일파들이 함께 호응했고, 한국 사회 곳곳에 숨어 있던 토착 왜구들이 준동하기 시작했다는 것이다. '토착 왜구'라는 단어에는 민족적 아픔이 깊이 배어 있다. 1945년 해방 정국에서 가장 주요한 민족적 과업이 친일파 청산이었다. 식민지배 35년간 일본도 미웠지만, 그 앞잡이로서 민족을 배반한 친일파를 청산하는 것이야말로 가장 중요한 민족적 과제였다. 하지만 한반도에 진주한 미군정은 한반도 치안유지와 관리를 위해 친일파를 대거 기용했다. 친일파들에게는 꿈에도 그리던 구원의 손길이었다. 때문에 그들은 하루아침에 친일파에서 친미파로 전향했다.

1948년 미군정이 종식되고 제헌국회가 처음 만들어졌을 때, 민족의 열망을 안고 반민족행위처벌법이 제정되었고 그에 기반한 반민족행위 특별조사위원회(반민특위)가 설치된 것은 너무나 당연했다. 하지만 이승만 정권은 또다시 친일파들을 기용했고 이들은 민족적 염원을 저버리고 반민특위를 해체하는 폭거를 자행했다. 한때 독립운동가였던 이승만 대통령이 반민족 행위자를 처벌하려는 사람들을 오히려 처벌하는, 심각한 역사 왜곡 사건이 벌어진 것이다. 또 그 밑에서 끝없이 변신하며 처벌을 피해온 친일파들은 다시 사회지도층으로 온존할 기회를 잡았다.

더구나 친일파들이 득세할 수 있는 결정적인 계기가 또 만들어졌다. 바로 남북 분단의 비극이었다. 이들은 재빨리 반공 투사로 변신했다. 식민통치로부터 벗어난 해방 정국에는 민족주의자와 사회주의자가 주류를 이루었다. 하지만 서서히 대두되는 냉전의 흐름을 타고 친일파들이 친미파를 거쳐서 반공주의자로 거듭났다. 그들은 민족주의자나 사회주의자들을 빨갱이로 몰아세우며 반공 투사로서, 그리고 애국주의자로서 한 번 더 변신했다. 이것이 분단과 한국전쟁으로 더욱 고착되었다.

민족의 배신자들은 끊임없이 변신하며 처벌받지 않고 살아남았다. 그저 살아남은 수준이 아니라 한국 사회의 기득권층으로 탈바꿈해 나갔다. 그들의 자녀들은 부정한 돈을 가지고 기업을 일으켜 오너가 되었고 언론사 사주가 되었다. 또 일찌감치 미국 유학을 갔다 와서 대학교수와 지식인이 되었다. 이들은 자신들의 부모와 조상이 저지른 친일 행적을 알고 있었기에 부끄러움을 가슴에 묻어두고 조용히 있었다. 하지만 최근 사회 곳곳에서 70여 년간 숨어 지내던 토착 왜구들이 일제히 준동하면서 친일 본능을 당당하게 내놓기 시작했다.[*]

식민지 근대화론의 오류

친일파 중 또 한 그룹이 '식민지 근대화론자'들이다. 이들은 조선총독부의 역사관을 이어받아 서울대를 근거지로 등장한 경제학자 그룹이다. 처음에는 경제사를 연구하는 연구자였지만 일본과의 접촉을 통해 친일파로 돌아섰다. 이들은 일본을 어설프게 연구할 때 나타나는 전형적인 현상을 그대로 보여준다. 나도 그랬지만

---

[*]   일찍이 《광장》의 작가 최인훈은 이러한 준동을 예견하고 1960년대 후반에 연작소설 《총독의 소리》를 썼다. 이 소설은 패전 후 지하로 들어간 조선총독부의 총독이 유령 방송을 통해 한반도의 친일파와 토착 왜구들에게 지령을 내리는 형태로 이야기를 전개하고 있다.

일본을 처음 접하면 그들의 선진성에 압도된다. 거리는 깨끗하고, 사람들은 친절하며, 음식은 맛있고, 영화는 매혹적이다.

기업과 산업도 찬란하다. 소니는 혁신의 아이콘이고 도요타는 일본식 경영의 진수처럼 보인다. 전자왕국과 자동차왕국은 마치 일본군의 불침 항모 같다. 그곳에 일하는 근로자들은 가미카제 특공대처럼 목숨을 걸고 일하는 전사로 보인다.

하지만 3~4년쯤 지나면 일본의 이면이 하나둘씩 보이기 시작한다. 깨끗한 거리와 달리 집 안이 얼마나 더러운지 알게 되고, 겉으로 드러난 일본인의 친절 뒤에 숨은 차가운 미소를 느끼게 된다. 기업과 산업, 경제도 마찬가지다. 앞에서 누누이 설명했듯이, 장기침체 속에 헤매는 것을 보면 어용 지식인과 해외 장학생들이 입에 침이 마르도록 칭찬하는 일본의 모습과는 정반대의 면면이 보인다.

하지만 식민지 근대화론자들은 이러한 속내와 뒷모습을 보기도 전에 일본을 떠나 한국으로 돌아왔다. 일본의 국수적인 우익 학자들이 만들어놓은 데이터와 일본의 찬란한 겉모습만 가지고 돌아온 것이다. 그리고는 '식민지 근대화론'이란 이상한 논리를 한국에서, 그것도 서울대에서 당당히 가르쳤다.

그들의 논지는 명료하다. 첫째는, 전근대적 봉건사회였던 조선은 내부적 모순으로 붕괴될 수밖에 없었다는 것이다. 소위 "너희들이 못나서 자멸할 수밖에 없었다"는 의미다. 둘째는, 근대화된 일본이 식민지배를 하면서 조선이 비로소 근대화되었다는 것이다. 그리고 그때 일본이 근대화해주었기(?) 때문에 해방 이후에도 한국이 경제발전을 이룩할 수 있었다고 한다. 그러나 이것은 경제학적으로 잘못된 주장이기에 간단히 무너진다. 철도나 도로를 건설하면 그 나라의 경제성장률은 올라가게 돼 있다. 특히 식민지 시대처럼 최빈국인 상황일 때는 조금만 투자해도 경제성장률이 자연스럽게 오른다.

문제는 무엇을 위한 투자인가다. 이것이 조선을 위한 것이었다면 일본 덕분이다. 하지만 일본의 투자는 물자를 수탈하기 위한 것이었고, 조선을 발판으로 대륙을 침략하기 위한 것이었다. 수단의 문제가 아니라 그 목적이 문제였다. 그리고 일본의 근대화 덕분에 한국이 잘살게 되었다는 것도 오류다. 한강의 기적과 세계화의 기적은 물론 일본과의 교류도 영향이 있었겠지만, 근본적으로는 우리가 세계사적 위기를 기회로 잘 활용한 결과다. 한강의 기적은 미국과 소련의 냉전을 잘 이용했고, 또 세계화의 기적은 세계화와 디지털화의 흐름에 잘 올라탄 덕분이다.

내가 특히 문제라고 보는 것은, 식민지 근대화론자들의 첫 번째 주장이다. 조선이 못나서 자멸할 수밖에 없었다는 주장 말이다. 이것은 한국의 자본주의 정신을 근본적으로 부정하는 주장이다.

한국의 자본주의 정신, "니가 뭔데?"

학창 시절에 막스 베버^{Max Weber}의 《프로테스탄트 윤리와 자본주의 정신》을 읽으며 너무나 감탄했다. 독일의 사회학자인 막스 베버는 프로테스탄트 윤리에서 독일의 자본주의 정신을 발견했다. 종교적 윤리에서 자본주의 정신을 발견했으니 그 고결함에 탄복하지 않을 수 없었다. 하지만 또 다른 한편으로 한국의 자본주의 정신은 무엇인지가 궁금해졌다.

이 문제의식은 일본에서 연구하면서도 내 뇌리에서 잊히지 않았다. 그러던 어느 날, 한국 주재 경험이 있는 일본 기업인과 대화를 하던 중 그 실마리를 발견할 수 있었다.

그 일본인은 "한국의 어린이들이 노는 방법이 일본 어린이들과 완전히 다르다"고 말했다. 일본 어린이들은 놀이터에 모이면 서로 인사를 하고 함께 사이좋게 노는데, 한국 어린이들은 한 단계가 더 있다는 것이다. 인사를 한 뒤에 반드시 서로 나이를 묻는다는 점이다. 나이가 위인 아이가 형이나 오빠, 언니나 누나가 되어 놀이를 이끈다고 했다.

그런데 그런 모습은 한국 기업에서도 마찬가지라고 했다. 일본 기업은 모두 함께 움직이는데, 한국 기업에서는 각각의 리더를 중심으로 움직인다는 것이다. 앞에서도 언급한 '황제'의 탄생이다. 소조직에도 반드시 소황제가 탄생하고, 그가 그 조직을 이끈다. 주재원 입장에서는 그 소황제를 발견하는 일이 가장 중요하고, 그에게 일을 맡기면 순조롭게 진행된다고 했다. 하지만 엉뚱한 리더를 소황제로 앉히는 순간, 조직은 내분에 휩싸인다고 했다.

그는 덧붙여 한국 조직에서 내분이 생길 때, 가장 문제가 되는 것이 "니가(네가) 뭔데?"라는 태도라고 지적했다. 잘못 앉힌 소황제에 대해 "니가 뭔데?"라며 반발하는 사람이 반드시 생겨나고, 그에게 공감하는 구성원들이 늘어나면 그 조직은 더 이상 제대로 기능하지 않는다는 것이다.

일본의 조직에서는 리더가 좀 무능해도, 구성원들은 리더의 지시에 순응한다. 그래서 어떻게든 조직은 돌아간다. 하지만 한국의 조직에서는 리더가 무능하면 구성원들이 즉각 반발하기 때문에 조직 자체가 기능하지 않는다. 더구나 순조롭게 돌아가는 조직이라도 한국의 구성원들은 언젠가는 스스로 소황제에 도전한다. 소황제가 리더십을 발휘해 성과를 잘 내면 문제가 없지만 그렇지 못하면 반드시 조직 내에서 "니가 뭔데?"라며 도전하는 구성원이 나오고 소황제 교체를 요구한다는 것이다.

이 이야기를 듣고 나는 나의 오랜 숙제가 풀리는 듯했다. 한국의 자본주의 정신은 '니가 뭔데'로 대표되는 도전 정신이다. 이러한 도전 정신이 충만한 황제들은 각자 자신의 영역에서 새로운 세계를 개척해왔고, 그러한 성과 덕분에 한국이 전체적으로 성장해온 것이다. 이것을 기반으로 나는 일본에서《일본의 주군 경영과 한국의 황제 경영》이라는 책을 출간했다. 이 책은 일본에서 큰 반향을 불러일으켰고 많은 독자가 공감해주었다.

이러한 한국의 자본주의 정신에 비추어보면 식민지 근대화론자들의 첫 번째 주장은 한국의 자본주의 정신을 부정하고 말살하는 것이다. "너희들은 못났으니 도전하지 말고 순종하라"는 뜻이니 말이다. 이것은 식민지배의 장본인인 일본의 입장과 동일하다. 일본에 도전하거나 기어오르려 하지 말고 꼬붕으로서 순종하라는 것이다. 또 이 논리는 한국 사회 기득권층의 논리이기도 하다. 기득 권익에 도전하지 말고 순종하며 지내라는 논리다.

경제의 뿌리에는 정신이 있고 이 정신을 지탱하고 있는 것이 역사다. 식민지 근대화론자들은 역사의 탈을 쓰고 교묘하게 우리의 정신을 흔들어 놓았다. 식민지 근대화론자들의 이런 반민족적, 반자본주의적 주장이 한국 사회 기득권층의 지배 논리와 공명하면서 한국을 뒤흔들고 있다.

소니 세대는 가고 김연아 세대가 온다

2010년 밴쿠버 동계올림픽의 피겨스케이팅 금메달 장면은 평생 잊을 수가 없다. 김연아 선수가 일본의 아사다 마오 선수를 누르고 금메달을 딴 것이다. 특히 인상적이었던 것은 두 선수의 기 싸움이었다. 쇼트 프로그램에서 아사다 마오가 먼저 연기를 했다. 최고의 기량으로 연기를 끝냈는데 마오의 코치가 일부러 김연아가 있는 대기 장소 근처까지 와서 환호했다. 김연아의 멘탈을 무너트리기 위한 오버액션이었다. 하지만 이것을 본 김연아 선수는 '흥, 그래?' 하며 코웃음을 치고 나가서 세계 최고의 연기를 했다. 다음 날 프리 프로그램에서는 김연아가 먼저 세계 신기록을 세웠다. 마오는 헤드폰을 끼고 환호하는 관중들의 소리를 애써 무시하려 했다. 하지만 멘탈이 흔들려 큰 실수를 하며 무너졌다.

한일 간의 경쟁이 벌어지는 여러 분야에서 한국이 이기는 패턴이 이렇다. 당당하고 주눅 들지 않은 채로 맞서는 자세가 한국인의 승리의 원동력이다. 김연아의 자세가 그것을 상징적으로 보여주었다. 이 세대를 우리는 믿어야 한다.

김연아 세대와 비교되는 것이 소위 소니 세대다. 젊었을 때 소니 워크맨이나 소니 TV를 샀던 세대에게 일본은 대단히 앞선 국가였다. 잘살아보자며 열심히 쫓아갔지만 일본을 넘어서기에는 너무나 힘겨웠다. 마음속에 항상 '일본은 대단하다'는 생각과 함께 '우리는 왜 이런 제품을 못 만들까' 하는 열등감이 병존하기도 했다.

봉준호 감독의 영화 '기생충'에는 3개의 계층이 나온다. 지상과 반지하, 그리고 지하다. 지하에 사는 근세는 지상의 대저택에 사는 박 사장에게 항상 "리스펙트^{respect!}"라고 외친다. 하지만 반지하에 사는 기택네는 끊임없이 지상으로 올라가려고 도전한다. 박 사장이 선을 넘지 말라고 경고도 하고, 냄새난다고 모멸감을 주어도 그들의 도전은 멈추지 않는다. 기우의 뒤를 이어 기정이 도전하고, 기정의 뒤를 이어 기택이 도전한다. 결국 기택은 다시 지하로 추락하지만 아들 기우는 새로운 도전을 꿈꾼다. 이것이 한국인의 정신, 에토스^{ethos}다.

하지만 박 사장과 같은 한국의 지도층들은 통 큰 결단으로 일본에 무릎을 꿇었다. 피해자인 한국이 가해자인 일본에 무릎을 꿇은 것이다. 마치 식민지의 사회지도층들이 식민 본국 앞에서 무릎을 꿇은 것처럼. 일본의 우익들은 한국의 도게자(무릎을 꿇음으로써 충성을 서약하는 일본식 자세)라며 좋아했지만 우리 국민의 굴욕감은 씻을 수 없다.

우리 국민은 정치인과 사회지도층이 일본에 정정당당하게 권리를 요구하길 바란다. 동등한 선진국으로서 공정하고 정의로운 관계를 요구하길 바란다. 위안부 문제라든가 독도 문제, 오염수 문제를 거론할 때 당당하게 주장하라는 것이다. 하지만 한국의 지도자들은 "이야기는 되었지만 논의한 적은 없다"며 비굴하게 꽁무니를 뺐다. 더구나 한국의 지도자들은 1998년의 김대중 오부치 선언을 들먹이면서 국민에게 일본의 과거는 잊고 미래로 가자고만 했다. 그러나 김대중 대통령은 분명히 말했다. "과거에 대한 통절한 반성 위에서 미래로 가자"라고. 오부치 수상도 분명히 응답했다. "역사적 사실을 겸허히 받아들이고 이에 대해 통절한 반성과 마음으로부터의 사죄"를 기반으로 미래로 가자고.

역사를 잊은 민족에게 미래는 없다.

선진국으로 가는 마지막 관문, 자주성의 확립

일부 소니 세대들은 일본의 메이지 유신을 '리스펙트'한다. 일본이 메이지 유신으로 아시아에서 가장 먼저 근대화에 성공했기 때문이다. 물론 그 이면에는 "한국은 어리석게도 근대화의 조류에 올라타지 못하고 식민지로 전락하게 되었다"는 울분도 함께 있다.

이러다 보니 함께 모여서 메이지 유신을 공부하고 그 본고장인 야마구치현을 방문하기도 한다. 그러면 야마구치 하기시에 있는 요시다 쇼인의 기념관을 가보기도 하고, 그가 길러낸 후학들의 면면을 보며 메이지 유신의 대단함에 경탄하기도 한다. 하지만 그곳이 아베의 지역구이고 일본 보수 우익들이 그곳을 의도적으로 성역화했다는 사실은 잘 모른다. 더구나 그 후학들이 조선 총독으로 부임해 물자를 수탈했던 사실이나 그들의 잘못된 판단으로 말미암아 일본조차도 군국주의의 길로 들어섰다는 사실을 잘 모른다. 그리고 그 군국주의는 태평양전쟁의 참담한 패배로 끝났다는 사실도 잘 모른다.

일본 근대화의 입구인 메이지 유신만 봤지 그 말로인 태평양전쟁의 참담한 내막은 잘 모르는 것이다. 그리고 그 전범들이 반공을 기치로 정치가가 되고 일본 사회지도층으로 거듭난 것도 모른다. 그리고 그들이 패전을 종전이라고 하며 전쟁 책임을 회피하고, 미국을 숭상하고 아시아를 멸시하는 것도 모른다. 또 그들의 아들딸이 대를 이어 정치가가 되고 사회지도층이 된 것도 잘 모른다.

강상중 전 도쿄대 교수도 메이지 유신의 비틀린 구조를 신랄하게 비판했다. 국가는 떠올랐을지 몰라도 국민은 버려졌다는 것이다. 약한 국민과 약한 사회 위에 강한 국가를 건설하다 보니 그 국가가 제국주의로 폭주하여 일본 국민뿐만 아니라 조선과 아시아에까지 엄청난 피해를 주었다고 설명했다. 그에 비하면 한국은 강한 국민과 강한 사회를 가지고 있었기에 강한 국가를 견제하면서 함께 발전할 수 있었다고 평가했다.

우리는 한국인만의 정신과 기질을 바탕으로 균형 잡힌 국가를 만들어냈다. 비록 근대화는 늦었지만 한강의 기적과 세계화의 기적을 통해 근대화의 목표 중 하나인 경제적 부를 이룩했다. 메이지 유신을 부러워하는 소니 세대가 그 기적에 동참했고 그 기적을 이루는 데 크게 이바지했다. 그렇다면 이 '세계사적 기적'에 커다란 자부심을 가지고 일본을 대하면 된다.

미국에 대해서도 마찬가지다. 미국이 한국전쟁에서 북한의 적화 통일로부터 우리를 구해준 것은 사실이다. 또 그 뒤에 미국 시장을 활짝 열어주어 한강의 기적을 이룩하게 해주었던 것 역시 사실이다. 하지만 2차 세계대전의 마무리를 잘못해 한반도로 소련이 진주하게 했고, 그래서 한반도를 분단시키는 우를 범한 것도 엄연한 사실이다. 또 일본으로 진주하려는 소련을 막아 세워 전범 국가인 일본이 분단되지 못하게 한 것도 사실이다.

그러면 우리는 일본과 마찬가지로 미국도 냉철하게 볼 필요가 있다. 한국인들이 자연스럽게 "중국놈, 일본놈, 미국놈"이라고 부르듯이, 쿨하게 미국을 하나의 국가로 보면 되는 것이다. 북한과 중국이 무섭다고 한미일 3국 협력 체제로 들어가서 미국을 오야붕으로, 그 꼬붕인 일본을 또 하나의 오야붕으로 모시는 일은 없어야 한다.

우리는 근대화(modernization, 학자들에 따라서는 '탈식민'이라고도 한다)를 경제적 부의 달성으로만 보는 경향이 있다. 하지만 근대화에는 개인의 자각과 자주성의 확립이라는 정신적인 면도 함께 있다. 경제적 부는 이미 많이 이룩했으니, 이제 또 하나 남은 과제가 자주성의 확립이다. 특히 미중 패권경쟁과 자국 이기주의가 범람하는 대변혁의 시대에는, 우리의 위치를 자각하고 주체성과 자주성을 확립하는 것이 그 무엇보다 중요하다. 이것을 실현해야 우리는 비로소 근대화를 완성할 수 있다. 우리 민족이 그토록 꿈에서도 그리던 조국 근대화를.

다시 성장과 포용의 길로

똑똑한 다변화를 추구하는 세계 각국의 전략

2023년 5월 21일에 열린 히로시마 G7 정상회담의 공동선언에서는 5년 동안 끌어오던 미중 패권경쟁에서 분기점이 되는 중요한 선언이 있었다. 중국과의 관계를 디커플링에서 디리스킹으로 바꾼 것이다. 앞서 설명했듯이 디커플링은 중국과의 전면적인 관계 단절을 의미한다. 하지만 디리스킹de-risking은 리스크를 낮추는 것을 의미한다.

디리스킹에는 2가지 방법이 있다. 첫째로 중요 물자 등에서 중국에 대한 과도한 의존도를 낮추기 위해 다변화diversification하는 것이고, 둘째는 중국의 경제적 강압에 대해서는 협의체를 만들어 공동으로 대응하는 것이다. 이것은 기존에 중국을 적대시하는 정책에서 안정적인 관계로 전환하면서 특정 물자나 특정 행동에 대해서만 서방 선진국들이 공동으로 대응하겠다는 의미다. 또 바이든 대통령은 조만간 대중 관계가 해빙될 것이라고 시사했고, 이후 블링컨 국무장관과 옐런 재무장관, CIA 국장 등이 중국을 방문해 관계개선을 모색했다.

이러한 변화는 그간 유럽연합 국가들이 꾸준히 문제제기한 결과였다. 가장 먼저 포문을 연 것은 독일의 숄츠 총리였다. 숄츠 총리는 2022년 10월 중국 공산당 제20차 당 대회를 마치자마자 중국을 방문했다. 시진핑 주석과의 만남에서 "우리는 중국과의 디커플링을 원하지 않는다"면서 지나친 의존을 줄이는 "똑똑한 다변화를 추구하겠다"고 강조했다.

그로부터 약 다섯 달 뒤인 2023년 3월, 우르줄라 폰데어라이엔 유럽연합 집행위원장은 유럽의 대중국 전략으로 디리스킹을 천명했다. "중국과의 디커플링은 가능하지 않으며 유럽의 이익에도 부합하지 않는다. 우리의 관계는 흑백이 아니다"라며 향후 디리스킹에 집중하겠다고 선언하였다. 그리고 여기에 쐐기를 박은 것은 프랑스의 마크롱 대통령이었다. 마크롱 대통령은 한 달 뒤 중국을 방문하여 시진핑과 2차례 회담을 가진 뒤, "유럽은 미국 의존도를 줄여 대만과 관련된 미중 대립에 휘말리지 말아야 한다. 두렵다고 우리가 미국의 추종자나 속국이 되어서는 안 된다"는 폭탄 발언을 했다. 나아가 마크롱은 "대비하지 않은 상황에서 두 초강대국 간 대립이 격화되면, 우리의 전략적 자율성을 재정적으로 뒷받침할 시간도 재원도 확보할 수 없다"며 미국과의 전략적 자율성을 강조했다. 프랑스는 유럽연합 국가 중 유일하게 유엔안전보장이사회 상임이사국이기에 마크롱 대통령의 발언은 미국에 큰 충격을 주었다. 이러한 유럽연합의 여러 노력 끝에 '디커플링'이 '디리스킹'으로 변화되었다.

이러한 변화를 가장 먼저 알아차린 것은 일본이었다. 히로시마 G7 의장국인 일본의 기시다 수상은 G7 공동성명을 준비하면서 G7 국가들의 움직임을 누구보다도 먼저 파악했다. 그리고 하야시 외무상을 베이징으로 급파해 친강 외교부장과의 만남을 추진했다. 이 자리에서 친강은 "일본이 악인의 앞잡이가 되어서는 안 된다"며 강하게 일본을 비난했지만 하야시 외무상은 "현재 일중 관계는 수많은 과제와 심각한 현안에 직면해 있는 매우 중요한 국면"이라고 규정하면서 "양국은 지역과 국제사회의 평화와 번영에 중요한 책임을 공유하고 있는 강대국이기도 하다"라며 한발 물러섰다.

하야시 외무상은 친중파로 일중의원연맹 회장을 역임했다. 그의 아버지도 동 의원연맹의 회장직을 맡았을 정도로 대대로 중국에 우호적인 정치인이다. 기시다는 중국과 지나치게 대립각을 세운 아베의 대중국 정책을 전환하기 위해 의도적으로 그를 기용했고, 그 목적이 비로소 빛을 발하기 시작했다. 그리고 기시다는 7월 5일 일본무역협회 회장인 고노 요헤이 전 중의원 의장을 중국에 급파했다. 우리에게 고노 회장은 위안부와 관련해 사실을 인정하고 사죄한 역사적인 '고노 담화'를 발표한 인물이다. 아시아를 중시한 그는 무역협회장 자격으로 여러 차례 중국을 방문해 중일 관계가 껄끄러울 때마다 양국 간에 윤활유 역할을 했다. 그는 80여 명의 기업인 방중단을 대동하고 중국을 방문해 리창 총리를 비롯한 중국 지도부를 만났다. 그 자리에서 고노 회장은 "여러 가지 마찰들을 묻어두고 큰 틀에서 협력하는 것이 중요하다. 특히 일중 경제, 무역 협력은 양국 관계와 지역의 안정·번영에 중요한 의미가 있다"며 중국과의 관계개선을 희망했다. 하야시 외무상과 고노 회장의 중국 방문은 2012년 이후 일본이 추진한 대중국 봉쇄 정책에서 크게 후퇴하는 움직임이었다.

디리스킹 시대, 잘못된 대외 팽창의 결과

이 책의 첫머리에서 설명했듯이 일본은 역사상 3번의 대대적인 대외 팽창을 감행했다. 그 첫 번째가 임진왜란이었다. 당시 일본은 경제적으로나 군사적으로 대외 팽창을 감행할 여건이 되었다. 세계 최대의 은광이 발견되었고, 조선의 은 재련기술이 도입되어 은광 개발 붐silver rush이 일어났다. 일본은 이 은을 가지고 포르투갈 상인들과 통상을 했고 그 결과 경제가 폭발적으로 성장했다. 일본의 은은 전 세계 유통량의 3분의 1을 차지할 정도로 많았고, 그 은으로 서양의 최신식 무기인 조총을 구입하고 군선도 만들었다.

특히 당시 일본에는 전국시대를 거치면서 다양한 전투를 경험한 사무라이들이 있었는데, 도요토미 히데요시는 이들로 하여금 조선을 침략하게 했다. 하지만 당시 조선은 구한말보다는 강력했다. 신식 농법이 도입되어 농촌의 경제력도 탄탄했고, 이순신 같은 관군도 이러한 경제력을 기반으로 활약했다. 또 명나라도 건재했기에 왜군은 패퇴할 수밖에 없었다. 국내적으로는 대외 팽창의 조건을 갖추었지만 한반도와 중국의 사정을 몰랐기에 패퇴한 것이다. 도요토미 히데요시의 큰 오판이었다.

일본의 두 번째 팽창이 19세기 말과 20세기 초의 대륙 침략과 태평양전쟁이었다. 이때도 경제력과 군사력은 대외 팽창을 충분히 뒷받침할 만큼 강력했다. 일본은 메이지 유신으로 아시아에서 가장 먼저 산업혁명을 이룩했고 최신식 대포와 군함, 항공기도 보유했다. 반면 당시의 조선과 청나라는 최약체 국가였다. 대내외적 여건이 갖추어진 것으로 생각한 일본은 조선을 시작으로 대륙 침략을 강행했다. 하지만 미국의 굴기를 간과했다. 미국은 대외 불

간섭주의를 표방했지만 미 대륙 내에서 산업혁명이 급격히 일어나며 제국으로 성장해가고 있었다. 이를 간과한 일본은 미국을 상대로 태평양전쟁을 일으켰고, 미드웨이 해전을 계기로 계속 밀리다가 결국 히로시마, 나가사키 원자폭탄으로 항복했다.

이때의 참혹한 패전으로 오랜 기간 경제발전에만 전념하던 일본이 2012년을 기점으로 또다시 대외 팽창을 꿈꾸기 시작했다. 하지만 이때는 경제력이 뒷받침해주지 못했다. 20년간의 장기침체로 경제는 최악이었고 군사력 또한 약했다. 군사비를 GDP 대비 2%로 증액하고자 했지만 경제력이 약해 그조차 쉽지 않았다. 이런 상황에서 일본의 보수 우익들은 엉뚱한 아이디어를 생각해냈다. 장기침체로 의기소침해진 일본 국민에게 역사 수정주의 등을 통해 자긍심을 주입하고자 한 것이다. 하지만 이것 역시 생각대로 잘되지 않았다. 역사적 사실 왜곡에 문제를 제기하는 지식인과 언론을 틀어막으며 무리하게 추진했기 때문이다.

이후 일본의 보수 우익들은 미국을 끌어들였다. 워싱턴에 상주한 친일 인맥을 총동원해 트럼프를 설득했다. 공화당의 일부인 네오콘도 적극적으로 활용했다. 그 결과 미국이 일본의 인도·태평양 전략을 받아들였고, 민주당 정권의 바이든 행정부도 의외로 이를 계승했다. 미국 내에 들끓는 혐중 정서를 정치적으로 이용할 필요가 있었기 때문이다.

하지만 우크라이나를 침략한 러시아에 대한 제재에서 의외로 약화된 미국의 모습이 노출되었다. 글로벌 사우스 국가들뿐만 아니라 쿼드 가입국가인 인도, 전통적인 우방인 사우디아라비아와 이스라엘까지도 미국의 러시아 제재에 동참하지 않는 이상한 일이 벌어졌다. 이것은 미국의 일극 패권시대unipolar era에는 상상도 할 수 없는 일이었다.

이 틈을 유럽연합 국가들이 비집고 들어왔다. 유럽연합 국가들에게 중국은 최대 수입국이자 3대 수출국이다. 중국은 유럽연합에 중요한 이익선인 것이다. 특히 코로나19 팬데믹으로 경제의 체력이 상당히 악화된 상황에서 유럽연합 국가들에게는 중국과의 교역이 너무나 중요했다. 게다가 미국이 패권국 역할을 저버리고 자국 이기주의로 치닫자 유럽연합 국가들의 이반은 더욱 빨라졌다.

한편 의외의 동조자는 미국 기업들이었다. 미국 기업들은 자사의 이익을 위해 워싱턴 정가의 행보와 정반대로 움직였다. 워싱턴의 중국 봉쇄를 교묘하게 피해가기도 했고 정부의 디커플링 정책에 대놓고 반기를 들기도 했다. 그 결과 미중 패권경쟁 하에서 미국과 중국의 교역액이 사상 최대를 기록하는 아이러니한 현상이 벌어졌다.

국민을 이기는 정부는 없다. 특히 최첨단 자본주의 국가인 미국이 자본의 힘을 앞세운 기업들에 척질 수는 없다. 미국은 4년마다 투표로 정권이 교체되는 나라다. 그러한 체제에서 기업들의 정치 헌금은 대선 결과를 좌우하는 중요 요소다. 이를 아는 미국 재무부와 백악관 안보보좌관이 먼저 움직이기 시작했고 대통령이 따라 움직였다. 그 결과가 바로 2023년 5월의 히로시마 G7 공동 선언이었다. 하지만 5년 만에 디커플링이 디리스킹으로 변경되었다 해도 패권국 미국이 한번 빼든 칼을 쉽게 거두어들이지는 못할 것이다. 한동안은 디리스킹을 가지고 미국과 중국, 그리고 여러 국가들이 암중모색을 계속해 나갈 것이다.

또한 인태전략을 적극적으로 추진한 일본은 변화하는 미국을 보면서 언제까지나 자신들이 돌격대 역할만 할 수는 없음을 깨달았다. 특히 아베파를 위시한 신주류들의 힘이 서서히 빠지면서 대중국 정책도 수정되고 있다. 하지만 그사이 국가 간, 진영 간 대립은 격화되었고 세계 경제는 큰 충격을 받았다. 일본이 어설프게 나선 결과였다.

문제는 한국이다. 돌격대의 선봉을 자처한 한국 정부는 닭 쫓던 개 신세가 되어가고 있다. 더 심각한 문제는 그사이에 경제에 심각한 타격을 입었고 국내 정치 대립은 극에 달했다는 것이다. 경제는 이미 범고래 급의 선진 경제이기에 일말의 회복 가능성이 있지만, 정치 대립은 도무지 대화와 타협이 불가능한 상태다.

한의 민족과 흥의 민족

일본을 연구하다 보면 '일본은 왜 한국을 한恨의 민족이라고 규정했는가' 하는 의문이 들 때가 있다. 1990년대 초, 일본어를 좀 더 빨리 배우고 싶어서 와타나베 선생이 운영하는 일본어 교실에 다닌 적이 있다. 와타나베 선생은 NHK에서 정년 퇴임한 후 자택에서 외국인들에게 자원봉사로 일본어를 가르치셨다. 이 교실 바로 옆에 일본 민예관이 있어서 여러 번 들른 적이 있었다. 일본 민예관은 식민지 시대에 야나기 무네요시가 수집한 조선의 민예품들이 전시된 곳인데, 어느 날 조선의 미에 대한 야나기의 특별전이 열려 재미나게 본 적이 있다.

야나기에 따르면 조선의 미는 비애미悲哀美라고 한다. 조선의 민예품에는 슬픔이 묻어 있고 그것은 도자기나 버선의 곡선처럼 선으로 표현되어 있다는 것이다. 이에 비하여 일본의 민예품에는 아름다움과 즐거움이 있고 그것은 주로 색채로 표현된다고 한다. 식민지 시대에 누구보다도 앞장서서 조선의 민예품들을 수집한 점이야 높이 평가되지만, 조선의 미와 일본의 미에 대한 주장은 쉽게 납득할 수가 없었다.

이에 비하면 이어령 선생의 주장이 훨씬 더 공감되었다. 이어령 선생은 원한怨恨이라는 단어로 일본과 한국의 문화를 대비했다. 일본은 원怨의 문화이기에 원망이 쌓이면 복수로 결판을 내는 데 반해 한국은 한恨의 문화이기에 슬픔을 마음속에만 간직한다는 것이다. 왜 한국과 일본의 문화가 이렇게 다른가 하는 의문이 들었지만, 나의 연구 영역을 벗어나는 것이었기에 한동안 묻어두었다.

이후 일본의 장기 경제침체와 한국의 초고속 경제성장을 비교 연구하면서 내 나름의 해답을 가지게 되었다. 일본은 순종의 문화다. 정치가나 조직의 수장에게 구성원들은 반항하지 않는다. 마음에 들지 않아도 어쩔 수 없다고 생각하고 일단 따른다. 상황이 나빠지더라도 반쯤 체념하며 참고 견딘다. 물론 극한까지 가면 복수를 하곤 한다. 이에 비하면 한국은 도전의 문화다. 조직장의 지시를 잘 따르지 않는다. 납득하는 부분이 있으면 따르지만 그렇지 않은 경우는 이의를 제기하고 자기 나름의 해법을 찾는다.

일본에 있을 때 한 방송에서 일본인과 한국인을 비교하는 실험을 한 적이 있었다. 노란 무를 여러 개 나누어 준 뒤 1cm 두께로 자르도록 하였다. 일본인은 옆에 있는 자를 가지고 1cm씩 정확히 잘라 나갔다. 다음 무를 자를 때도 계속 자로 쟀다. 하지만 한국인은 처음에는 자를 가지고 1cm씩 정확히 잘랐지만 몇 번 해본 후에는 자를 버리고 자신만의 감각으로 잘라 나가기 시작했다. 결국 한국인은 모든 무를 일본인보다 빨리 잘랐지만, 일부는 정확히

1cm가 안 되고 미묘하게 얇거나 두꺼웠다. 방송은 메뉴얼대로 하는 일본인과 빨리빨리 정신을 가진 한국인을 비교했지만 나는 달리 보았다. 일본인은 순종형이라 지시받은 대로 했지만 한국인은 도전형이라 처음에는 지시대로 하지만 나중에는 각자 나름의 방식대로 일을 해치우는 것이다.

이런 차이는 직업 문화로도 나타난다. 일본인은 순종형이라 본분을 다한다. 자기가 이어받은 일이나 자기가 선택한 직업은 어쩔 수 없다고 생각하고 최선을 다한다. 업황이 바뀌어도 이것은 자신에게 주어진 일이니 반쯤은 체념하고 본분을 다한다. 하지만 한국인은 도전형이라 일에 대한 생각이 다르다. 처음에는 주어진 일을 열심히 하지만 어느 정도 역량을 축적하고 돈을 벌면 새로운 일에 도전한다.

이 도전이 삶에서 중요한 것이면 그 성공과 실패에 따라서 반응은 완전히 달라진다. 성공하면 신명이 나서 더욱 잘하게 되지만 실패하면 슬픔에 잠겨서 한이 맺힌다. 이처럼 신명과 한, 흥과 한은 동전의 앞뒤와 같다. 우리가 한의 민족이라면 또 한편으로 우리는 흥興의 민족이다. 중국 진나라 때 기록된 역사책《동이전東夷傳》은 고구려에 대해 '그 나라 백성들은 노래하고 춤추기를 좋아한다'라고 기술하고 있다. 또 삼한에 관해서도 '무리로 모여서 노래하고 춤추며 술을 마시는 데 밤낮으로 쉬지 않는다'라고 기술한다. 우리 민족에 대한 수천 년 전의 기록이 흥인 것이다. 이것은 오늘

날 우리 주변에서도 쉽게 찾아볼 수 있는 일이기에 누구나 동의할 것이다.

정치와 국민의 긴장관계 위에서 발전하는 경제

그럼 왜 일본인은 순종형인데 한국인은 도전형일까? 양국을 오래도록 연구해온 내 생각으로는 한국인이 일본인에 비해 강인하고 우수하기 때문이다. 신체적으로뿐만 아니라 정신적으로도 그렇다. 예를 들어 일본인들은 복수할 때도 혼자 결행하지 않는다. 일본의 사극 '주신구라'에서도 47명이 함께 복수를 했고, 학교에서 이지메(왕따)를 하더라도 여럿이 함께한다. 약한 개인들이기에 힘을 모아 함께 하는 것이다. 이에 비하면 안중근 의사나 윤봉길 의사는 혼자 복수를 결행했고, 조직의 왕따 문제에서도 반드시 깃발을 드는 인물이 있다.

식민통치 시기에도 마찬가지였다. 일본은 조선이 식민지가 되었으니 조선인들이 모두 체념하고 순종하리라 기대했다. 하지만 조선인들은 허구한 날 저항하고 도전했다. 일본으로서는 전혀 예상하지 못한 일이었다. 오죽했으면 조선의 민예품을 그토록 사랑한 야나기조차도 '조선의 벗들이여 제발 독립을 갈망하지 말고 면학에 힘쓰라'라고 충심으로 조언하기까지 했다. 일본인처럼 조선인도 자신의 처지를 자각하고 순종하라는 것이었다. 특히 야나기는 조선인의 예술혼을 알았기에 '독립심을 예술혼으로 승화시켜 보라'는 권유까지 했다. 하지만 조선인은 순종하는 일본인과 달리 식민통치에 계속해서 저항했다. 결국은 야나기도 3·1 독립운동을 진심으로 옹호하기까지 했다.

독립 후에도 마찬가지였다. 산업화의 판이 깔리자 우수한 한국인들은 우후죽순처럼 산업화에 매진했다. 그간 못살았던 한이 새로운 도전으로 나타났고 그 성공들이 흥으로 바뀌면서 초고속 성장을 달성했다. 그다음에 이어진 민주화도 마찬가지였다. 이승만 정권의 부정부패는 말할 것도 없고 박정희와 전두환 정권의 군부독재도 결국에는 무너뜨렸다. 수많은 분의 희생이 있었지만 한을 흥으로 승화시키며 저항했다. 촛불혁명도 외국 언론들이 감탄할 정도로 축제 분위기 속에서 진행되었다.

세계화 역시 거침이 없었다. 전 세계 방방곡곡에 진출하여 단숨에 선진국으로 도약했다. 특히 이때에는 국내에서 산업화와 민주화를 이미 경험한 뒤였기에 주력했던 해외 개발도상국 시장에서 펄펄 날았다. 순한 일본인들은 거친 개발도상국 시장을 경원시하거나 집단적으로 진출한 태국 같은 몇몇 나라에만 공을 들였지

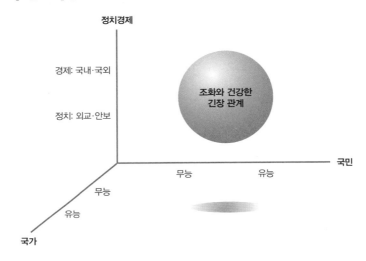

▶ [그림 11-1] 경제발전의 좁은 길

정치경제

경제: 국내·국외

정치: 외교·안보

조화와 건강한
긴장 관계

국민

무능   유능

무능

유능

국가

만, 한국인들은 전 세계 구석구석을 폭넓게 개척했다. 특히 이 국가들 중에는 독재 국가나 권위주의 국가도 많았지만 한국인은 전혀 개의치 않았다. 오히려 국내에서 압축적으로 산업화와 민주화를 경험했기에 누구보다도 먼저 사업의 기회를 발견했다. 그 결과가 바로 세계화의 기적이었다.

문제는 정치다. 《국가는 왜 실패하는가》와 《좁은 회랑》의 공저자인 대런 아세모글루 교수와 제임스 A. 로빈슨 교수는 국제 비교연구를 통하여 정치가 경제발전을 결정 짓는 가장 중요한 요인이라고 지적했다. 경제를 발전시키기 위해서는 포용적 경제제도를 갖추어야 하는데 이 제도를 결정하는 것이 바로 정치라는 것이다. 정치가 모든 국민을 아우르는 '자유롭고 공정하며 포용적인 경제 제도'를 갖추어야 하고, 간혹 폭주할 때는 국민이 연대해 정치에 족쇄를 채워 견제해야만 경제가 발전할 수 있다는 뜻이다.

지금 한국도 마찬가지다. 한국은 선진 통상국가이기에 해외 시장에서 특정 국가를 배제하거나 혐오해서는 안 된다. 모든 국가를 포용해야 한다. 국내 시장에서도 마찬가지다. 노동과 복지, 교육 등에서 온 국민을 아우르는 포용 정책을 실시해야 한다. 특히 인구가 감소하는 시대에는 국민 한 사람 한 사람을 배제하거나 차별하지 않고 포용해야 한다.

하지만 최근 정치가 경제를 발전시키기보다 발목을 잡는 경우가 더 많아지고 있다. 이렇게 된 데는 여러 가지 원인이 있지만 기본적으로 정치가의 역량이 국민을 따라가지 못하기 때문이다. 이웃 나라 일본의 정치가들은 능력은 떨어질지 몰라도 초超장기적으로 육성된다. 세습 정치인이면 어린 시절부터 부모나 조부, 증조부의 어깨너머로 정치를 배우기 시작하고, 젊은 시절부터 본격적인 정치가의 길을 밟는다. 세습 정치인이 아니더라도 사회 곳곳에 활약하다가 비교적 젊은 나이에 정치에 발을 들인다. 이후 무수한 선거와 정책 학습 등을 통해 정치가로서의 역량을 축적한다. 이렇게 30여 년 이상 역량을 축적한 뒤에야 대신이 되고 수상이 된다.

이에 비하면 우리 정치가들은 급조되는 경우가 많다. 짧은 정치 경험만을 가지고 제대로 된 역량 검증도 없이 국가 지도자가 된다. 세계 10위의 경제대국, 세계 6위의 군사대국의 수장임에도 축적된 역량이 없다.

더구나 이 정치가들은 막강한 권한을 소유한다. 일본의 수상은 여러 파벌 중 하나의 일원인 데다 지방 분권이 확실하게 자리 잡고 있기에 생각보다 권한이 크지 않다. 어떤 결정을 내릴 때도 수많은 사전 조정과 협의를 통해 공동 의사결정에 가까운 형태로 진행된다. 하지만 한국의 대통령은 중앙집권의 최정점에 있기에 일본과는 비교할 수 없을 정도로 강력한 권한을 가진다. 또한 경찰과 검찰, 국세청 등 강력한 권력기관을 거느리고 경우에 따라서는 제4의 권력이라 불리는 언론의 지원까지 받을 수 있다. 이러니 정치가 조금만 오만해지면 국가의 근간은 물론 경제의 근간조차 간단히 흔들 수 있다.

강인하고 우수한 우리 국민이 정치를 강하게 견제해야 한다. 때로는 선거로, 때로는 비판의 목소리로 정치가 경제의 발목을 잡지 못하도록 해야 한다. 때로 정치가 안보와 이념 등을 내세우며 경제의 발목을 잡을 때, 국민은 더 큰 목소리로 '먹고사니즘'의 중요성을 강조해야 한다. 국민에게는 먹고사는 문제가 죽고 사는 문제 만큼이나 중요하기 때문이다. 또 세계화를 충분히 경험한 우리 국민은 '외교의 속살은 바로 통상'이라고 주장해야 한다. 통상은 국익외교와 실용외교의 근간일 뿐만 아니라 국내 경제를 좌우하는 큰 영역이기 때문이다. 그리고 정치가 국민을 분열시키지 말고 제발 다 함께 신명 나게 일할 수 있도록 해달라고 요구해야 한다.

그렇다고 정치를 혐오할 필요는 없다. 정치가 무능하고 경제의 발목을 잡는다고 경원시하면 정치는 오히려 이것을 역으로 이용한다. 더 많은 국민이 정치를 혐오하게 만든 뒤 자기 진영의 지지만으로 정권을 유지하려 하기 때문이다. 때문에 정치와 국민은 늘 건강한 긴장관계를 가져야 한다. 그리고 이러한 관계 위에서 경제가 발전한다.

현재 한국 경제는 기로에 서 있다. 이대로 추락하거나 다시 성장하거나 하는 분기점에 놓여 있다. 국가와 국민, 정치와 경제의 관계를 새롭게 정립함으로써 다시 한번 더 성장하는 길로 나아가야 한다.

감사의 글

국제대학원 원장을 하면서 글을 쓰기가 대단히 어려웠다. 또 많은 부분을 기억에 의존하다 보니 오류도 있을 것이다. 많은 분의 지도와 편달을 부탁드린다.

이 책을 완성하는 데 많은 분의 도움을 받았다. 특히 조영남 부원장과 이수형 부원장, 부속실 안나영 님, 조교 이지은 님과 차민정 님, 금유진 님에게 감사드린다.

- 가토 요코 지음, 양지연 옮김, 《왜 전쟁까지》, 사계절, 2018.
- 강상중 지음, 노수경 옮김, 《떠오른 국가와 버려진 국민》, 사계절, 2020.
- 강상중·현무암 지음, 이목 옮김, 《기시 노부스케와 박정희》, 책과함께, 2012.
- 강철구 지음, 《일본 정치 고민 없이 읽기》, 어문학사, 2020.
- 개리 피사노·윌리 시 지음, 고영훈 옮김, 《왜 제조업 르네상스인가》, 지식노마드, 2019.
- 개번 매코맥 지음, 한경구·이숙종·최은봉 외 1인 옮김, 《일본 허울뿐인 풍요》, 창작과비평사, 1998.
- 권석준 지음, 《반도체 삼국지》, 뿌리와이파리, 2022.
- 그레이엄 앨리슨 지음, 정혜윤 옮김, 《예정된 전쟁》, 세종서적, 2018.
- 기 메탕 지음, 김창진·강성희 옮김, 《루소포비아》, 가을의아침, 2022.
- 길윤형 지음, 《신냉전 한일전》, 생각의힘, 2021.
- 길윤형·장영희·정욱식 지음, 《미중 경쟁과 대만해협 위기》, 갈마바람, 2022.
- 김기정 지음, 《김기정의 전략 디자이닝》, 굿플러스북, 2022.
- 김기정·김정섭·남궁곤 외 3인 지음, 《미중 경쟁과 한국의 외교 유연성》, 국가안보전략연구원, 2021.

- 김남국·김유정·박선희 외 3인 지음, 《유럽의 역사 화해와 지역 협력》, 이학사, 2019.
- 김덕영 지음, 《에리식톤 콤플렉스》, 길, 2019.
- 김도균 지음, 《한국 복지자본주의의 역사》, 서울대학교출판문화원, 2018.
- 김동기 지음, 《지정학의 힘》, 아카넷, 2020.
- 김범수 지음, 《한일관계 갈등을 넘어 화해로》, 박문사, 2021.
- 김세진 지음, 《요시다 쇼인 시대를 반역하다》, 호밀밭, 2018.
- 김시덕 지음, 《동아시아 해양과 대륙이 맞서다》, 메디치미디어, 2015.
- 김시우·백승호·임경빈 외 3인 지음, 《추월의 시대》, 메디치미디어, 2020.
- 김우중 지음, 《세계는 넓고 할 일은 많다》, 북스코프, 2019.
- 김우창·송북·송호근·장덕진 지음, 《한국사회, 어디로?》, 아시아, 2017.
- 김종인 지음, 《결국 다시 경제민주화다》, 박영사, 2017.
- 김준형 지음, 《대전환의 시대, 새로운 대한민국이 온다》, 크레타, 2022.
- 김창록 지음, 《대법원 강제동원 판결, 핵심은 불법강점이다》, 지식산업사, 2022.
- 김치욱·이왕휘·박창건 외 6인 지음, 손열 엮음, 《위기 이후 한국의 선택》, 홍영사, 2020.
- 김태유 지음, 《국부의 조건》, 서울대학교출판문화원, 2019.
- 김태유·김연배 지음, 《한국의 시간》, 쌤앤파커스, 2021.
- 김현철 지음, 《CEO 영업에 길을 묻다》, 한국경제신문사, 2011.
- 김현철 지음, 《일본기업 일본마케팅》, 법문사, 2004.
- 김현철 지음, 《어떻게 돌파할 것인가》, 다산북스, 2015.
- 김희교 지음, 《짱깨주의의 탄생》, 김희교, 2022.
- 나카노 고이치 지음, 김수희 옮김, 《우경화하는 일본 정치》, 에이케이커뮤니케이션즈, 2016.
- 노구치 유키오 지음, 박세미 옮김, 《일본이 선진국에서 탈락하는 날》, 랩콘스튜디오, 2022.
- 노나카 이쿠지로·스기노오 요시오·데라모토 요시야 외 3인 지음, 박철현 옮김, 《일본 제국은 왜 실패했는가》, 주영사, 2009.
- 다치바나키 도시아키 지음, 남기훈 옮김, 《격차사회》, 세움과비움, 2013.
- 대런 아세모글루, 제임스 A. 로빈슨 지음, 장경덕 옮김, 《좁은 회랑》, 시공사, 2020.
- 대런 아세모글루·제임스 A. 로빈슨 지음, 최완규 옮김, 《국가는 왜 실패하는

가》, 시공사, 2012.

- 데이비드 앳킨슨 지음, 임해성 옮김, 《위험한 일본 경제의 미래》, 더난출판, 2020.
- 데이비드 필링 지음, 조진서 옮김, 《만들어진 성장》, 이콘, 2019.
- 로버트 H. 프랭크 지음, 정태영 옮김, 《실력과 노력으로 성공했다는 당신에게》, 글항아리, 2018.
- 루이스 캐럴 지음, 김서정 옮김, 《앤서니 브라운이 그린 이상한 나라의 앨리스》, 살림어린이, 2009.
- 리처드 E. 뉴스타트 지음, 이병석 옮김, 《대통령의 권력》, 다빈치, 2014.
- 리처드 맥그레거 지음, 송예슬 옮김, 《미국, 새로운 동아시아 질서를 꿈꾸는가》, 메디치미디어, 2019.
- 마이클 샌델 지음, 함규진 옮김, 《공정하다는 착각》, 와이즈베리, 2020.
- 마인하르트 미겔 지음, 이미옥 옮김, 《성장의 광기》, 뜨인돌출판사, 2011.
- 막스 베버 지음, 박성수 옮김, 《프로테스탄티즘의 윤리와 자본주의 정신》, 문예출판사, 2021.
- 모타니 고스케 지음, 김영주 옮김, 《일본 디플레이션의 진실》, 동아시아, 2016.
- 문정인 지음, 《문정인의 미래 시나리오》, 청림출판, 2021.
- 미우라 아츠시 지음, 이종국 옮김, 《하류사회》, 씨앗을뿌리는사람, 2006.
- 미즈시마 지로 지음, 이종국 옮김, 《포퓰리즘이란 무엇인가》, 연암서가, 2019.
- 박번순 지음, 《아세안의 시간》, 지식의날개, 2019.
- 박상준 지음, 《불황탈출》, 알키, 2019.
- 박성빈 지음, 《아베노믹스와 일본 경제의 미래》, 박영사, 2019.
- 박세일 지음, 《대한민국 선진화 전략》, 21세기북스, 2006.
- 박승호 지음, 《한국자본주의 역사 바로 알기》, 나름북스, 2020.
- 박지우 지음, 《행복한 나라의 불행한 사람들》, 추수밭, 2022.
- 박태웅 지음, 《눈 떠보니 선진국》, 한빛비즈, 2021.
- 박현 지음, 《기술의 충돌》, 서해문집, 2022.
- 박훈 지음, 《메이지유신은 어떻게 가능했는가》, 민음사, 2014.
- 박훈 지음, 《메이지유신을 설계한 최후의 사무라이들》, 21세기북스, 2020.
- 방헌철 지음, 《J노믹스 vs 아베노믹스》, 이콘, 2018.
- 백낙청 지음, 《근대의 이중과제와 한반도식 나라 만들기》, 창비, 2021.
- 브랑코 밀라노비치 지음, 서정아 옮김, 《왜 우리는 불평등해졌는가》, 21세기북스, 2017.

- 브래드 글로서먼 지음, 김성훈 옮김,《피크 재팬, 마지막 정점을 찍은 일본》, 김영사, 2020.
- 상업주간 지음, 차혜정 옮김,《TSMC 반도체 제국》, 이레미디어, 2021.
- 성경륭·김재훈·김현철 외 9인 지음,《새로운 대한민국의 구상 포용국가》, 21세기북스, 2017.
- 수전 제이코비 지음, 박광호 옮김,《반지성주의 시대》, 오월의봄, 2020.
- 스티븐 레비츠키·대니얼 지블랫 지음, 박세연 옮김,《어떻게 민주주의는 무너지는가》, 어크로스, 2018.
- 시라이 사토시 지음, 정선태 옮김,《영속패전론》, 이숲, 2017.
- 아나톨 칼레츠키 지음, 위선주 옮김,《자본주의 4.0》, 컬처앤스토리, 2011.
- 아비지트 배너지·에스테르 뒤플로 지음, 김승진 옮김,《힘든 시대를 위한 좋은 경제학》, 생각의힘, 2020.
- R. 태가트 머피 지음, 윤영수·박경환 옮김,《일본의 굴레》, 글항아리, 2021.
- 야마다 마사히로 지음, 최기성 옮김,《희망 격차사회》, 아침, 2010.
- 앤소니 기든스 지음, 한상진·박찬욱 옮김,《제3의 길》, 책과함께, 2014.
- 얀베 유키오 지음, 홍채훈 옮김,《일본 경제 30년사》, 에이지21, 2020.
- 양기웅 지음,《미·일통상협상》, 한울, 1998.
- 양기웅 지음,《일본의 외교협상》, 소화, 1998.
- 에이미 추아 지음, 김승진 옮김,《정치적 부족주의》, 부키, 2020.
- 오구라 카즈오 지음, 조진구·김영근 옮김,《한일 경제협력자금 100억 달러의 비밀》, 디오네, 2015.
- 오코노기 마사오 지음, 류상영·서승원·심규선 외 4인 옮김,《한반도 분단의 기원》, 나남, 2019.
- 요시미 슌야 지음, 서의동 옮김,《헤이세이(平成) 일본의 잃어버린 30년》, 에이케이커뮤니케이션즈, 2020.
- 우노 시게키 지음, 류애림 옮김,《보수주의란 무엇인가》, 연암서가, 2018.
- 우치다 다쓰루·시라이 사토시 지음, 정선태 옮김,《사쿠라 진다》, 우주소년, 2019.
- 유시민 지음,《국가란 무엇인가》, 돌베개, 2017.
- 유시민 지음,《노무현은 왜 조선일보와 싸우는가》, 개마고원, 2021.
- 유시민 지음,《대한민국 개조론》, 돌베개, 2007.
- 이강국 지음,《일대일로와 신북방 신남방 정책》, 북스타, 2018.
- 이광훈 지음,《죽어야 사는 나라 조선과 일본》, 따뜻한손, 2010.

- 이규태 지음, 《절망을 희망으로 바꾸는 한국인의 힘》, 신원문화사, 2009.
- 이근 지음, 《경제추격론의 재창조》, 오래, 2014.
- 이명찬 지음, 《일본인들이 증언하는 한일역전》, 서울셀렉션, 2021.
- 이수훈 지음, 《한반도 평화와 동북아 협력》, 선인, 2020.
- 이승만 지음, 김창주 옮김, 《일본의 침략근성》, 행복우물, 2015.
- 이승철 지음 《나쁜 나라가 아니라 아픈 나라였다》, 행성B, 2020.
- 이영훈·김낙년·김용삼 외 3인 지음, 《반일 종족주의》, 미래사, 2019.
- 이정우·홍종학·전병유 외 4인 지음, 유종일 엮음, 《경제민주화 분배 친화적 성장은 가능한가》, 모티브북, 2012.
- 이제민 지음, 《외환위기와 그 후의 한국 경제》, 한울아카데미, 2017.
- 이준구 지음, 《미국의 신자유주의 실험》, 문우사, 2016.
- 이창민 지음, 《지금 다시, 일본 정독》, 더숲, 2022.
- 이철승 지음, 《불평등의 세대》, 문학과지성사, 2019.
- 이철승 지음, 《쌀 재난 국가》, 문학과지성사, 2021.
- 이충열·이영수·홍석준 외 4인 지음, 《포스트 차이나, 아세안을 가다》, 디아스포라, 2017.
- 이하원 지음, 《사무라이와 양키의 퀀텀점프》, 박영사, 2022.
- 장하성 지음, 《왜 분노해야 하는가》, 헤이북스, 2015.
- 장하준 지음, 《개혁의 덫》, 부키, 2004.
- 재레드 다이아몬드 지음, 강주헌 옮김, 《대변동 위기, 선택, 변화》, 김영사, 2019.
- 전강수 지음, 《부동산 공화국 경제사》, 여문책, 2019.
- 정재정 지음, 《한일회담 한일협정, 그 후의 한일관계》, 동북아역사재단, 2015.
- 정지우 지음, 《분노사회》, 이경, 2014.
- 정진성·김동환·여인만 외 3인 지음, 임채성 엮음, 《저성장시대의 일본경제》, 박문사, 2017.
- 조윤제·윤희숙·김종일 외 2인 지음, 《한국의 소득분배》, 한울아카데미, 2016.
- 조윤호 지음, 《나쁜 뉴스의 나라》, 한빛비즈, 2016.
- 조지 애커로프·로버트 쉴러 지음, 김태훈 옮김, 《야성적 충동》, 알에이치코리아, 2009.
- 존 볼턴 지음, 박산호·김동규·황선영 옮김, 《그 일이 일어난 방》, 시사저널사, 2020.
- 주병기 지음, 《정의로운 전환》, 율곡출판사, 2022.

- 최병천 지음,《좋은 불평등》, 메디치미디어, 2022.
- 최원기·서정인·김영채 외 1인 지음,《한·아세안 외교 30년을 말하다》, 국립외교원아세안인도연구센터, 2019.
- 최인훈 지음,《총독의 소리》, 문학과지성사, 2009.
- 클라이브 해밀턴 지음, 김홍식 옮김,《성장숭배》, 바오, 2011.
- 토머스 프리드먼·마이클 만델바움 지음, 강정임·이은경 옮김,《미국 쇠망론》, 21세기북스, 2011.
- 토머스 프리드먼 지음, 이건식 옮김,《세계는 평평하다》, 21세기북스, 2013.
- 토머스 프리드먼 지음, 장경덕 옮김,《늦어서 고마워》, 21세기북스, 2017.
- 토머스 프리드먼 지음, 장경덕 옮김,《렉서스와 올리브나무》, 21세기북스, 2014.
- 프랜시스 후쿠야마 지음, 이수경 옮김,《존중받지 못하는 자들을 위한 정치학》, 한국경제신문, 2020.
- 하토야마 유키오 지음, 김화영 옮김,《탈대일본주의》, 중앙북스, 2019.
- 한비야 지음,《바람의 딸 걸어서 지구 세 바퀴 반》, 금토, 1996.
- 한일관계 개선방안 연구 TF 지음,《대전환 시대의 한일관계》, 제이앤씨, 2021.
- 호사카 유지 지음,《신친일파》, 봄이아트북스, 2020.
- 홍성국 지음,《수축사회》, 메디치미디어, 2018.
- 후루이치 노리토시 지음, 이언숙 옮김,《절망의 나라의 행복한 젊은이들》, 민음사, 2015.
- 히라이 가즈오 지음, 박상준 옮김,《소니 턴어라운드》, 알키, 2022.

- 安倍晋三,《美しい国へ》, 文春新書, 2006.
- イー オリョン,《韓国人の心—恨の文化論》, 学生社, 1982.
- 猪瀬直樹, 菊澤研宗, 小谷賢 外,《事例研究 日本と日本軍の失敗のメカニズム: 間違いはなぜ繰り返されるのか》, 中央公論新社, 2013.
- 金子勝,《平成経済 衰退の本質》, 岩波書店, 2019.
- 岸田文雄,《岸田ビジョン 分断から協調へ》, 講談社, 2020.
- 金顕哲,《殿様経営の日本＋皇帝経営の韓国＝最強企業のつくり方》, ユナイテッド・ブックス, 2010.
- 小峰隆夫,《最新日本経済入門 第2版》, 日本評論社, 2003.
- 白井聡,《長期腐敗体制》, 角川新書, 2022.

- ダニエル・ヤーギン, ジョゼフ・スタニスロー,《市場対国家: 世界を作り変える歴史的攻防》, 山岡洋一 訳, 日本経済新聞出版, 2001.
- 中北浩爾,《現代日本の政党デモクラシー》, 岩波書店, 2012.
- 中野晃一,《右傾化する日本政治》, 岩波書店, 2015.
- 中藤玲,《安いニッポン 「価格」が示す停滞》, 日経BP, 2021.
- 新渡戸稲造,《武士道》, 講談社インターナショナル, 1998.
- 野口旭,《アベノミクスが変えた日本経済》, 筑摩書房, 2018.
- 野口悠紀雄,《1940年体制: さらば「戦時経済」》, 東洋経済新報社, 1995.
- _____,《戦後経済史: 私たちはどこで間違えたのか》, 東洋経済新報社, 2015.
- _____,《日本が先進国から脱落する日》, プレジデント社, 2022.
- 野中郁次郎, 徐方啓, 金顕哲,《アジア最強の経営を考える―世界を席巻する日中韓企業の戦い方》, ダイヤモンド社, 2013.
- 宮崎義一,《複合不況―ポスト・バブルの処方箋を求めて》, 中央公論社, 1992.
- 盛田昭夫, 石原慎太郎,《NOと言える日本―新日米関係の方策》, 光文社, 1989.
- 原田泰,《日本の失われた十年: 失敗の本質 復活への戦略》, 日本経済新聞出版, 1999.
- _____, 増島稔,『アベノミクスの真価』, 中央経済社, 2018.
- 福田慎一,《検証 アベノミクス「新三本の矢」：成長戦略による構造改革への期待と課題》, 東京大学出版会, 2018.
- 山家悠紀夫,《日本経済30年史: バブルからアベノミクスまで》, 岩波書店, 2019.
- 湯之上隆,《半導体有事》, 文藝春秋, 2023.
- 吉川元忠,《マネー敗戦》, 文藝春秋, 1998.
- _____,《経済覇権―ドル一極体制との訣別》, PHP研究所, 1999.
- _____,《経済敗走》, 筑摩書房, 2004.

- Jeremy Rifkin,《The Third Industrial Revolution: How Lateral Power Is Transforming Energy, the Economy, and the World》, St. Martin's Press, 2011.
- John Bolton,《The Room Where It Happened: A White House Memoir》, Simon&Schuster, 2020.

- Mike Pence, 《So Help Me God》, Simon&Schuster, 2022.
- Ramon Pacheco Pardo, 《Shrimp to Whale》, C Hurst & Co Publishers Ltd, 2022.
- Sara Bongiorini, 《A Year Without "Made in China": One Family's True Life Adventure in the Global Economy》, Wiley, 2007.
- Vogel, Ezra F, 《Japan as Number One》, Harvard University Press, 2014.

Part 1. 일본이라는 거울

저자소개

김현철

서울대학교 국제대학원 원장

현재 서울대학교 국제대학원 원장으로 재직 중이고, 국내에서 일본 경제를 심층 연구하는 대표적인 석학으로서 서울대학교 일본연구소 소장을 역임했다. 일본 경제를 분석한 '삼프로TV'의 동영상 유튜브는 288만 조회 수를 기록할 정도로 깊은 통찰을 주었다.

서울대 경영대학에서 학사와 석사를 마치고, 1996년 일본 게이오대학에서 박사학위를 받았다. 일본 쓰쿠바대학 부교수를 거쳐 2002년부터 서울대학교 국제대학원 교수로 재직 중이다. 삼성전자와 현대자동차, SK텔레콤, LG CNS, 아모레퍼시픽 등의 자문교수를 역임했고, 문재인 정부 때 대통령 비서실 경제보좌관과 신남방정책 위원장, 국제금융센터 이사장을 역임했다. 한국자동차 산업학회 회장과 중소기업학회 부회장을 지냈다. 《어떻게 돌파할 것인가―저성장 시대, 기적의 생존 전략》,《새로운 대한민국의 구상 포용국가》(공저) 등 40여 권의 저서가 있다. 그중 일부는 영어, 러시아어, 일본어, 중국어로 출간되었다.

일본이 온다

2023년 9월 27일 초판 1쇄 | 2025년 1월 24일 7쇄 발행

지은이 김현철
펴낸이 이원주

기획개발실 강소라, 김유경, 강동욱, 박인애, 류지혜, 이채은, 조아라, 최연서, 고정용
마케팅실 양근모, 권금숙, 양봉호, 이도경 **온라인홍보팀** 신하은, 현나래, 최혜빈
디자인실 진미나, 윤민지, 정은예 **디지털콘텐츠팀** 최은정 **해외기획팀** 우정민, 배혜림, 정혜인
경영지원실 강신우, 김현우, 이윤재 **제작팀** 이진영
펴낸곳 (주)쌤앤파커스 **출판신고** 2006년 9월 25일 제406-2006-000210호
주소 서울시 마포구 월드컵북로 396 누리꿈스퀘어 비즈니스타워 18층
전화 02-6712-9800 **팩스** 02-6712-9810 **이메일** info@smpk.kr

ⓒ 김현철(저작권자와 맺은 특약에 따라 검인을 생략합니다)
ISBN 979-11-6534-818-2 (03320)

쌤앤파커스(Sam&Parkers)는 독자 여러분의 책에 관한 아이디어와 원고 투고를 설레는 마음으로 기다리고 있습니다. 책으로 엮기를 원하는 아이디어가 있으신 분은 이메일 book@smpk.kr로 간단한 개요와 취지, 연락처 등을 보내주세요. 머뭇거리지 말고 문을 두드리세요. 길이 열립니다.